周蓓 主編

『民國專題史』叢書

德波林 著 林一新 譯 河南人民出版社

近代物質論史

關于物質論的主要觀點，并對思想發展的歷史背景、哲學家個人的性格生活及其與神學鬥爭的精神作了揭示

圖書在版編目(CIP)數據

近代物質論史 / 德波林著; 林一新譯. —鄭州 : 河南人民出版社, 2016. 4(2017. 1 重印)
(民國專題史叢書 / 周蓓主編)
ISBN 978-7-215-10061-9

Ⅰ. ①近… Ⅱ. ①德… ②林… Ⅲ. ①唯物主義-哲學史-近代 Ⅳ. ①B019. 1

中國版本圖書館 CIP 數據核字(2016)第 079795 號

河南人民出版社出版發行
(地址 : 鄭州市經五路 66 號　郵政編碼 : 450002　電話 : 65788063)
新華書店經銷　河南新華印刷集團有限公司印刷
開本 710 毫米×1000 毫米　1/16　印張 28. 75
字數 410 千字
2016 年 4 月第 1 版　2017 年 1 月第 3 次印刷

定價 : 185. 00 圓

出版前言

中國現代學術體系是在晚清西學東漸的大潮中逐步形成的。至民國初建，中央政治權威進一步分散和削弱，加之新文化運動帶給國人思想上的空前解放，新學的啓蒙，新知識分子的産生，民國學術如草長鶯飛，進入一個自由而蓬勃的時代。中國傳統學科乃中國學術之根基與菁華所在，民國學人采用“取今復古，别立新宗”之方法，引入西方的學術觀念，積極改造，使史學、文學等學科向現代學術方向轉型。此外，大力推介西方社會科學的新學科和自然科學，在學習、借鑒乃至移植西方現代學術話語和研究範式的過程中，逐漸建立中國現代學科，使中國的學科門類迅速擴展。一時間，新舊更迭，中西交流，百花齊放，萬壑争流，開創了中國現代學術的源頭。

伴隨知識轉型和研究範式轉换而來的，還有學術著作撰寫方式的創新。中國古代的著作向來以單篇流傳，經後人整理匯編後，方以成册成集的面目出現并持續傳播。直到十九世紀末，東西方的歷史編撰體裁不外乎多卷本的編年體、紀傳體和紀事本末體等，章節體的出現標志着近代西方學術規範的産生和新史學的興起。章節體具有依時間順序，按章節編排；因事立題，分篇綜論；既分門别類，又綜合通貫的特點。以章、節搭建起論述之框架，結構分明，邏輯清晰，較傳統的撰寫體裁容量大、系統性强。它的傳入，使中國現代學術體系從内容到形式被納入了全球化的軌道。民國時期專題史的研究、譯介、編纂、出版恰恰是在這樣的背景下欣欣而發，是學術的實驗場，也是歷史的記録儀。編選“民國專題史”叢書的初衷正是爲了從一個側面展示中國學術從傳統向現代過渡的歷史進程。

專題史是對一個學科歷史的總結，是學科入門的必備和學科研究的基礎，也是對一個時代艱深新鋭問題的解答，是學術研究的高點。民國專題史著作中，既包含通論某一學科全部或一時代（區域、國别）的變化過程的，又囊括對一時代或一問題作特殊研究的，還有少部分是對某一專題的史料進行收集的。原創與翻譯并重，翻譯的底本大多選擇該學科的代表著作或歐美大學普及教本，兼顧權威性和流行性，其中日本學者的論著占據了相當比重。日本與中國同屬東亞儒家文化圈，他們在接納西方學術思想和研究模式時，已作了某種消化與調適，從思維轉換的角度看，更便于中國借鑒和利用，他們的著作因而被時人廣泛引進。

與當代學術研究日趨專業化、專門化、專家化的“窄化”道路迥乎不同的是，中國傳統學術崇尚“學問主通不主專，貴通人不尚專家”的通識型治學門徑，處于過渡轉型期的民國學術在不同程度上保留了這種特徵。民國學術大師諸學科貫通一脉、上千年縱横捭闔之功力自不待冗言，外交家著倫理政治史、文學家著哲學史、化學家著戰争史等亦不乏其人，民國專題史研究呈現出開放、融通、跨界撰述的特點。與此同時必須看到，自晚清以來，中國的命運就在外侮屢犯、内亂頻仍的窘境中跌宕彷徨，民族存亡仿若命懸一綫。這股以創建學科、總結經驗、解决問題爲指歸的專題史出版風潮背後，包裹着民國學人企望以西學爲工具拯民族于衰微的探索精神，及以學術救亡的愛國之心。梁任公曾言：“史學者，學問之最博大而最切要者也，國民之明鏡也，愛國心之源泉也。”這種位卑未敢忘憂國的歷史使命感和國民意識是今人無法漠視和遺忘的。

“民國專題史”叢書收録的範圍包括現代各個學科，不僅限于人文社會科學，學科分類以“民國總書目”的分科爲標準，計有哲學、宗教、社會、政治、法律、軍事、經濟、文化、藝術、教育、語言文字、中國文學、外國文學、中國歷史、西方史、自然科學、醫學、工業、交通共19個學科門類。本叢書分輯整理出版，内不分科，單本發行，方便讀者按需索驥。既可作爲大專院校圖書館、學術研究機構館藏之必備資源，也可滿足個人研讀或興趣之收藏。

與目前市場已有的一些專題史叢書相比，“民國專題史”叢書具有規模大、學科全、選本精、原版影印的特點。本叢書選目首重作者的首創、權威和著作影響力，尤其注重選本的稀見性。所謂稀見，即建國後没有再版，且多數圖書館没有收藏，或即便有收藏，也是歸于非公開的珍本之列予以保存，普通讀者難以借閲。部分圖書雖有電子版，但作爲學術研究的經典原著讀本，紙質版本更利于記憶和研究之用。本叢書精揀版本最早、品相最佳的原版圖書作爲底本，因而還具有很高的版本收藏價值。

“民國專題史”的著作是民國學者對于那個時代諸問題之探究，往往有獨到之處，無論其資料、觀點短長得失如何，要之在中國現代學術史的構建與發展進程中，自有其開宗立論之地位。

譯者序

哲學是觀念形態之一，但它是最高的觀念形態。所以它常是最直接表現了一國特定歷史之諸社會關係，它底發展，常是和歷史的發展，有最密切的關係。我現在從這方面略加論述，或能使讀者對於本書所述的理論內容，更有深刻的了解，並知用歷史的方法，來作哲學的研究，這是我所希望的。

德波林本書所敍述，係十七、十八世紀荷蘭，英、法三個國家哲學物質論的思想。書中斯賓諾莎是十七世紀荷蘭物質論者，倍根、霍布士、托蘭德是屬於十七世紀底英國；梅里葉、拉梅特利、荷爾巴赫、第德諾則是屬於十八世紀底法國。斯賓諾莎之宇宙觀，實際上是一五六七年尼德蘭革命（註）之產物。尼德蘭革命是歐洲第一次的中產階級革命，在革命的前後，實際上荷蘭已發生了許多的物質論者，斯賓諾莎之宇宙觀，實是將這些物質論者觀點，集而成為一系統。英國物質論則是一六四八年英國大革命過程中得到澈底的形成，以霍布士為最高表現，而脫去一切神學的裝飾。一六四八年英國大革命，是歐洲第二次的中產階級的革命。至於十八世紀底偉大的法國物質論者，這是讀者所熟知的，它實是在思想上準備了一七八九年最光榮而至今尙顯耀簡策邀「法國大革命」。一七八九年底法國革命，是歐洲第三次的中產階級的革命。如果說，一五六七年底尼德蘭革命是一六四八年底英國大革命之模範，而此兩個荷、英底革命，又是一七八九年法國大革命底模範，那末在思想上，荷蘭和英國底物質論，一定更可以作為法國偉大的物質論者之極大思想上遡傳統了。法國底十八世紀，被稱為"哲學的世紀"，實在不是偶然的了。然而法國中產階級所以能夠鍛鍊出這樣銳利而光芒射人遡「精神武器」，實不僅僅是受思想上遡相互影響所賜。如果我們僅僅從本書所述遡梅里華計算起，直到革命前夜為止，法國純粹物質論底發展，實就有很長期的歷史

（註） 尼德蘭(Netherland)，其北部便是今之荷蘭；革命結果只是荷蘭得到成功，南部即今之比利時。

了。我們假使現在不提到荷蘭，單就英、法、兩國來加以比較，則我們便可以看見物質論勢力底雄厚，及其內容底偉大與否，實和它們各自國家發展遊條件，有非常重要的關係。我們知道，中產階級在其脫離封建社會而欲建立近代資本主義社會之時，對於舊的世界所必需遊精神批判底工具，不一定都採取絕對鮮明的物質論，來對抗中世底神學思想。其中尚可以有種種調和的方法，和採取種種的形式。但這種情形，一定要看該國家底中產階級之革命性和妥協性之程度如何來決定的，而中產階級之革命性，和妥協性則又受制於各該國之歷史的和經濟的條件。

試先就英國而論，在英國大革命過程中，其進行是在宗教的旗幟之下，當時不論是和平的和激烈的派別，(例如「長老會派」和「獨立派」)都是不能脫離宗教底面目。這如果和法國革命情形相比，相差是何止天壤之別！自然，在英國大革命過程中，同時尚產生有物質論底傾向，在「平等派」(它也是在宗教面目之下，係由「獨立派」中分化出來之更急進的一派)之中，即曾產生了一些物質論者；而有名的霍布士，亦於斯時產生。英國在革命前後遊物質論史，我們散佚無可稽考的頗不少，但是物質論在當時亦形成一重要傾向自然是無可置疑的。(註)然而如果和英國當時尚並存在宗教形式下所用之精神爭鬥傾向，則遠不及了。英國中產階級應用宗教形式底精神批判底方法，比較應用物質論，似更有過之。自然神論在英國有特殊廣大之發展，而作爲中產階級向中世精神爭鬥工具之一。自然神論之主要觀點，便是欲將理性和宗教相調和，理性的啓示和神的啓示相調和。在法國則不然，福祿特爾等之勢力，終不偉大。在英國可以並駕齊驅，甚至超過者；在法國如小巫之見大巫，終爲物質論所壓倒。從全部情形來看，物質論澈底性亦不如法國。這些都是可以證明英國在封建貴族和中產階級之間，可以相互妥協之處甚多，而法國在封建特權和中產階級之間，則處在絕對衝突的地位，而無任何調和底可能。這種原因實是兩國發展條件不同所致。英國因爲種種特殊原因，封建勢力能及早衰弱，例如國內封建制度因後來之紅白玫瑰戰爭，促成了舊勢力之敗壞，而牧羊業之發達，更促進鄉村中封建力量之瓦解。在此種情形之下，海外貿易之發展，一面引起中產階級之生長，一面亦使無強固基礎之貴族，亦傾向於新的道路之發展，藉以挽救自己之頹勢。凡此皆可以減弱二者間之對抗，而中產階級對於貴族亦可遷就，但在法國發展底條件不同，封建勢力消滅過程和速度因而相異，其最有趣而在此可

（註） 前後倘有倍根，洛克。

爲述及的，便是因此等歷史條件底不同，同一的農民戰爭，却發生不同的終局。在英國發生過作用，是加速封建勢力底崩壞，一三八一年英國農民暴動底結果，是使佃奴制驟形衰弱，此後六七十年，農民解放因而完成，而法國一五三八年底農民戰爭，反使農民負担更加不堪設想，而且維持此種情形直到十八世紀。封建障礙，既荆棘重疊，而後來因爲海外貿易底突然發達，中產階級又急速地形成而生長，於是在二者間之大隔絕，相形益彰。而且農民在英國因經過相當解放，其參加革命，亦不如法國之兇猛。故法國大革命是一方面中產階級和封建特權之嚴厲對立，另一方面又是農民對於封建壓迫之無可容忍的仇視，「法國大革命」之所以成爲典型的中產階級革命，實因此兩種敵對潮流之匯合，而在英國，則只能採取「克倫威爾進兵」和「光榮革命」底形式。此我們因論英、法諸國物質論而附帶略論該國之歷史條件。我們由此簡單分析，就能夠理解何以法國中產階級必須堅決反對維護封建制度之神學思想而完全採取最有力之澈底物質論而英國所以不如此的原因了。

本書所敍述之物質論，卽僅爲上述這一時期中英、法、荷蘭之思想，故尙未盡概括近代物質論史；完整之近代物質論史，尙須敍述德國之情形。蓋近代物質論史，亦如其它思想之發展一樣，皆以英、法、德、荷蘭諸國為其中心。就一般哲學而論，物質論如此，觀念論亦莫不如此，誠以各該國實為先進國家，而其歷史實為全部歷史典型之故。然而德國哲學之發展，較之以上所述之英、法諸國，實別具一種情形。其發展過程，非英、法等國所具有，而其發展所得之收穫，亦遠非英、法、荷蘭所能企及，不獨量之豐富，而性質亦殊異。故我們卽先在本書中以英、法、荷蘭之物質論先行一幷研究，然後進而將德國哲學之發展，作一單獨之探討，亦具有重大之意義。今試為讀者略述德國哲學之發展，俾讀者得有完全之概念。

德國哲學發展所以和荷蘭、英、法殊異之原因何在？而其殊異之情形又如何？此自亦不能不從德國歷史底特異發展研究入手，而德國歷史殊異之發展，我們可以二言括之：一曰德國歷史走入一次重覆之道路，此為英、法等國所無者；一曰德國所發生之一八四八年中產階級革命，實與法國大革命前之上述三次中產階級革命，有其不同之情形。

德國當在十六世紀時，在歐洲實為一先進之國家。其時歐洲經濟之中心，尚在地中海一帶，德、意諸邦，適當其衝，故刺激國內經濟之發展。

當時德國思想之歷史問題，實已一次提出。作為「市民運動」之路德改革發生之時，與之相並而來之「德國農民戰爭」，在其首領托瑪司·穆察爾(Thomas Munzer)思想之中，實已有無神論之新宇宙觀，繼其後尚有不少在德國之斯賓諾莎主義者。其物質論之思想，在"神衣"之下而發展者，不絕如縷。這是第一期及其後「物質論」之情形。

但是大陸國經濟之發展，並無保障，大西洋商業發達時，德國歷史發展，却引起兩世紀底歷史退潮。一七五〇年以後，雖稍復三十年戰役之創痕，但又中經變亂。十八世紀末直到十九世紀上半期，才漸有經濟復蘇之形勢。德國經濟雖是落後，但當時受英法底影響，特別是法國大革命和其啓蒙運動底刺激而引起思想上大運動。其時新興思想家蜚出，而接着開始起來佔德國哲學之舞台者，乃是「觀念論」，康德以後以至於菲希特、謝林格、黑格爾，開闢一偉大雄渾之"古典哲學"之巨大時期。

德國在其發展上，因重覆一次而落人後，然亦正因其重覆和落後，他才看見人家所已走而又爲自己將來要走之道路。德國底歷史，眞如『法律批判』中所說的"縱令依據唯一適當方法，即否定的方法，亦常止於「時代錯誤」，就是我們現狀之否定，也早在近代諸國民之歷史的廢物堆棧中而成爲滿被塵埃迺事實而存在了。"所以，此時一切在它前面之現象，人家均已拋到後面去了；在它是進步的，在別人卻是退步的了。凡此情形，都足以使他們對於各種社會發展底形式，作種種之比較，由此恍然領悟“矛盾”之觀念（“事實”），構成他們“歷史過程”之思想。英、法、荷蘭諸國中產階級雖產生物質論，但不能產生辯證法。荷蘭之斯賓諾莎，英國之托蘭德，和法國之第德諾，雖然都包含了天才的辯證法思想，甚至有一些近於專門辯證法之著作（如第德諾），但始終是有限之辯證法，而且不能跨入歷史一步。這就是因為當時雖有變革，但是沒有可能如德國那樣，以諸國民底複雜多形之歷史，構成他們底思想底豐富內容。辯證法（自康德後全部古典哲學，均闡發辯證法思想）必須是德國之產物，只有德意志這一時期之內部歷史條件和外部環境，始能築成黑格爾體系之奧深渾偉之思想殿堂。

約在一八三四年以後，是新的歷史開闢時期，在原有經濟恢復基礎之上，加速資本主義之向前進步。此時有一個新的歷史事實，便是德國以原有之根基，直接接受了歐洲當時工業革命之成果。於是從此以後，德國國家入於新的時期，資本主義之發展，因接受工業的技術改造之幫助，使其速度由以前之緩慢過程，走上急速過程；由於大工業資本主義之新的發展，便產生了新的大工業中產階級，這種大工業中產階級之驟然成長，對於舊制度，乃處於不可調和之狀態，於是便發生了一八四八年革命。在哲學思想上，在此等情形之下，於是士托老斯（David Friedrich Strauss，一八三五年，他底宗教批評之『耶蘇傳』便出現），鮑爾（Bruno Bauer），斯梯納（Max Stirner）而至於費爾巴哈（Ludwig Feuerbach）等物質論便重新顯露於德國底地平線上。德國物質論之鋒芒，並不弱於十八世紀底法國，而他因所處時期更晚，得到思想傳統之幫助更多，所以他有更出色的成就，而在自然科學物質論中，佔了最高的地位。

我們於此，尚有一事，應加注意，即一八四八年德國革命，與歐洲前此革命有相異之點。我們在近代歷史底研究中，是可以將歐洲中產階級革命，以法國大革命為界，而劃分前後為兩種不同的類型。在法國大革命以前週革命，即十六世紀底尼德蘭革命，十七世紀底英國大革命，和十八世紀底法國大革命，這三個革命是發生在工場資本主義形式基礎之上；另一種則是在法國大革命以後諸國中產階級革命，都是建立在近代大工業的資本主義形式基礎之上，即這一批後起資本主義國家之發展，都是直接輸入英國機器工業革命之成果而崛起，因此，他們底革命（都在一八四八年以後）所喚起之社會關係和矛盾，都和以前一類型不相同，換言之，卽在各該國底革命發展中，兩個時代底矛盾，是密接着發生，而不像以前，尙留下一個鴻溝。德意志底一八四八年革命，顯然是屬於這一類型，而且是最初一個。"我們，我們底牧人們，立在最先，結祗只有一度參加於自由的社會，而正是（圈我加——作者）該自由社會埋葬過當日"（同見『法律批評』）。這幾句話，替一八四八年德意志革命（以及這一類型底革命）中所含之不斷矛盾底性質之一般特徵，眞是活現地描寫了。

所以，在德國人之間，接着能產生新的物質論——辯證的物質論和歷史的物質論，代表着新的歷史階層而出現。這種物質論，自然已是國際的產物了，最主要一點，就是因爲德國緊接在一八四八年之中，雖同時展現新的歷史現象，然而整個德國是落後的，各種社會關係，不能顯著地表現出來，所以必須英法進步的政治和社會的關係，才能幫助歷史物質論底成立。但是，從我們上面所述看來，由於德國過去歷史底反覆，由於一八四八年革命之包含新舊時代之交錯，——由於它是舊物質論有最高度發展而且保持活潑的辯證法傳統之國家，我們說，辯證物質論和歷史物質論，應當在德國人中產生出來，我們亦是沒有什麽疑義的了。

我附論德國哲學發展，就以此爲止了。我在此只不過是欲引起讀者由英、法、荷蘭諸國物質論之發達和德國過程之比較，(以及荷蘭，英，法之間各自的比較)，使讀者對英、法、荷蘭之情形，能因此而更顯明，並理解德國哲學發展和物質論發展之關係。總之，我希望這裏所述能作讀者到本書(以及一般物質論研究)之一個引論或緒論而已。

× × ×

此外，我想對於本書說幾句。本書並非一本有系統的、完整的著作，而是許多文章底集合。但是這本書底各篇文章雖然是不同時而作，而且長短不一，本書著者在序言中，亦指明此種缺點，然而該書對於各個哲學家之思想，均能概括論述其中心及其主要特點，而在各文之間(在本譯本中爲各章之間)，內部實有共通之處，而無重覆。不論在前後順序上，或各國在思想之相互影響方面，經緯縱橫，均有詳細連繫可尋，望讀者再三致意。末後一章『荷爾巴赫』，不僅又將以前各篇所述，再作一次的總論，因爲荷爾巴赫底物質論思想，差不多是以前物質論之集大成，而在法國之基礎發生出來。故其中對於英、荷之物質論，又有一次之連繫敍述，這亦值讀者加以注意。另外，在本書中亦旁及德國思想底發展情形。本書中在英國沒有說到洛克(讀者可參閱他之另一著作，拙譯的中譯本在黎明出版，名爲『近代哲學史』)，但對自然神論有較多之說明。在法國沒有提及赫爾維修，但讀者可以在『第德諾』一章中知道大概。

本書底一個特點，便是他對於哲學發展底歷史背景，以及哲學家個人底性格和生活，及當時對中世精神搏鬥之情形，與理論底闡發，同時並述。這對於於我們有極大的益處，讀者由此，可以看到每一個物質論者都是具有戰鬥的精神的，而這種精神正是中國青年——他是今後中國獨立和自由之柱石——所需要的。

德波林底著作——以及這本書，雖並不是獨創的著作，但是在某些普及上說，却是需要較好的解釋者。我覺得介紹這本書於中國讀者，在物質論底研究上，是很值得的。

× × ×

關於翻譯上，在這裏我發現有三篇——梅里葉、拉梅特利、和荷爾巴赫——在某某中國譯本上亦有了。這是因爲德波林前曾將三篇收集在另一小册子中，在一九三三年，加以改編，又轉集在這本『十七、八世紀物質論史綱要』中。這種改變，是完全應該的。我譯本書而又譯出，但我後見到該「中譯本」之後，覺得我在這裏除應譯外，也並不會白譯了。

在『荷爾巴赫』一章中，首一節爲我擅行删去；『倍根』、『霍布士』等章，亦有一二小行省去，這有爲適應目下之情形者，但均不重要，對於全部意見，無絲毫影響。

在本書中如有她、底、它、……等用字，均係書局方面為維持書局全體印刷統一計所自行更改的，這並非譯者所習，亦非譯者所主張。

以上數點，特幷此聲明。

譯者序於一九三五年，十月，卅一日。

關於譯音，如譯者底「傑波林」等，關於術語，如譯者底「唯心論」等，為統一起見，概照我們底習慣用法改了。又書名『近代物質論史』亦是我們改的。原名太長，在中文不習慣。但這一切，於譯文與原文均無關。為明白責任計，特此聲明。　　出版者

著者序

本書係由許多文章集合而成。這些文章，主要皆因刊印英、法物質論者著作而寫的。多瑪斯・霍布士、約翰・托蘭德、拉梅特利、荷爾巴赫及德尼斯・第德諾諸章，第一次係出現於這些思想家之文選集中，而作爲〔各該文選〕之概括的論述。蓀・梅里葉一章，最初係作爲「戰鬥物質論者社」所出版之『遺言』一書之序言而付印。至於其它諸章，皆爲應某個紀念生辰而發現的。在本書九章中，有三章（梅里葉、拉梅特利、荷爾巴赫）曾登在一九二六年一小册子中，現在該小册子，幾乎全部改編，故著者認爲可以將該文收在這本『十七、十八世紀物質論史綱要』之內。

著者自己很知道這本『綱要』之缺點，它之不完全，各部分之不平均和斷續。有些個思想家或且太使讀者多加注意，又有些個思想家（例如斯賓諾莎）又太少，同時更有些思想家（例如赫爾維修）則簡單付之缺如了。該『綱要』上述之缺點，首先是因各文均因某些"臨時"原因而作之故。然而著者並非不希望在將來能夠補救自己這本『綱要』之主要缺點，而使之成爲完物。

目　錄

第一章　法蘭西斯·倍根

一

一六二六年四月九日，一個英國物質論者和近世全部經驗科學之始祖——法蘭西斯·倍根，沒於英國。

在倍根所遺留的遺囑中，他悲痛然而完全自覺理解他在"偉大的科學之創立"底事業上所具有之歷史意義而寫說：

> 我遺留下我善良的名字，並讓我底祖國和外國的民族來紀念它……

這個偉大思想家是說得很對，現在紀念它的，不僅是它底本國人，而且是全人類。他底善良的名字，在其生時是那樣恥辱的，但在三百年以來，可以說是完全回復起來了。無論如何，他在哲學上和科學上之無與倫比適功績，已無數倍地掩沒了他在做官本職中所犯適錯誤。

我們不在此估計倍根個人底道德，這可以讓那些專門道德家去做。然而我們可以說的是：倍根並不比別人壞，在道德上也不見得在笛卡兒和萊普尼茨之下。至於說到那些判他適貴族院，那末它中間的大多數人，無疑義地是在各方面都比倍根壞。如果我們稍稍注意十七世紀底英國，那種執行法庭事務時一種"收賄"習慣，已成爲普遍和公認之現象，而且所有法官均確然在這方面犯章，那末我們儘可以承認倍根還是一個"廉潔"的人了，因爲倍根在他七千次的判決中，只有二十次訴訟是接受賄送。沒有一點可疑，倍根是做了政治陰謀底犧牲品，他是被人選作爲贖罪的羔羊，藉此以轉移人民對於眞正犯罪者之注意力。

自然，我們重復說一句，我們並不是替倍根在其收賄的行爲中，尤其是他參加有名的伯爵愛西克斯事件適行爲中盡辯護人底作用。我們只是指出說，我們在觀察此等問題時，首先應問及歷史的前途問題；其次，我們還有全權質問那些對於這位哲學者適嚴格判斷人說："法官本身是什麼人？"

然而無論倍根底道德上人格是如何，他底歷史意義，是建立在他在科學上所創立之偉大的革命，使我們全部的知識發展，確定了前進的一大步。

倍根在自己底創作中，是以下面一個偉大觀念作出發點：卽我們爲要獲得人類支配自然之權威，便必須創立新工具。而這個有力的新工具，應表現爲一種新方法。思想（它首先是爲偉大的社會進步之表現）史上之轉灣點，通常就是在於我們認識了採用新方法是研究現實這種必要的時候。所以，封建和資本主義兩時代間之分水嶺，其一是笛卡兒，另一便是倍根。

倍根對於在他當前所提出的歷史任務，自己是非常地明白的。他在其『新工具』一書第二篇末底結束時，寫道："在結束時，我們應預先申明：新工具不過是一種邏輯，而並不是什麼哲學體系。然而這個邏輯底任務，是在於領導我們底思想，並不是肆言空虛的抽象和徵逐兒戲，而是在揭發事物之眞正性質、它底動作、以及物質中之嚴格的和特定的法則。總言之，是在形成一種科學，這種科學之形成，不僅來自理智的本性，而且是來自事物本身之本性，所以，應當也沒有什麼可怪：這本著作是提供研究本性的科學中所應有之觀察、經驗、和一種觀點——藉以指示出我們底原則，而成

爲我們哲學方法之模範者。"(註)

由此看來，倍根知道得很清楚，在他那個時候，科學所處最可悲的地位，乃是因爲沒有適當之方法。倍根在一六二〇年所出版適『新工具』中，說明了自己方法底基礎。他底所謂方法是什麼東西呢？倍根對於此點，給以完全之答覆說：方法是邏輯。自然，科學不僅是一個方法而已，然而方法却是一切科學之基礎。因爲方法乃應成爲我們思想和我們研究之領導和指向者。一切具有實際科學意義之新方法，在這方面便領導我們底批評尖端，朝向並反對歷來佔統治的邏輯。所以，倍根認爲自己最重大任務之一，是在對於煩瑣的邏輯或歸納法，痛下批評。

科學方法，據倍根底話說，它乃是指示研究途徑之明燈。大家知道，倍根底方法，是歸納法。然而我們必須知道，他底歸納法，比後來之經驗論者和歸納主義者，是有若干不同之性質。倍根是要將經驗和理智結合起來。他不似那些狹隘的經驗論者，只是以爲科學只有一個搜集事實適任務。反之，他對此加以嚴格的批評。經驗論者和獨斷論者，同是他底論敵。他說："研究科學適人，分成兩類：經驗論者和獨斷論者。經驗論者如螞蟻一樣，只要搜集，然後再消費其所

(註) 見『倍根全集』俄譯本(比比可夫譯本)，二篇，三〇〇頁。

搜集便滿足了。獨斷論者像蜘蛛一樣，只知從自己身上抽絲結網，而蜜蜂則能適得其道：牠從田園上採花，作爲原料，然後以牠自己之技巧，加以改造並使其變形。眞正的哲學所做的，亦正類此：它不完全或偏重於人類天然的理智力，及由它從自然史中所吸取之材料，眞正哲學並不是將它從此兩方面所得之原來狀態存留於記憶中，而是把它們正確地收集攏來，且預先加以改造和變形。所以我們所應當放在我們一切希望之上的最主要的要求，便是這兩種能力——經驗和理智之結合。這種結合，直到現在，還沒有完成。”

所以，我們如將倍根思想歸結起來，則所謂科學者，便是指“對對於外部感官所提供之事物，加以合理方法底應用”。

二

倍根底具體和唯物的宇宙觀，是比霍布士和笛卡兒底抽象數學和機械的物質論，還優越得多。

大家知道，倍根是非常重視德謨克里特的。他認爲德謨克里特的原子假設，是人類理智之最高收穫。倍根說，當“亞里士多德底自負和柏拉圖底驕傲，養成了他們學派的智慧之時，德謨克里特底深刻學說，只有那種愛好在“孤居獨處"中思維之思想家來尊敬和研究了。我們從古代哲學中傳到了亞里士多德和柏拉圖底學說，而此時德謨克里特底學說，却被忘記了。倍根問：此種情形應用什麽來說明呢？他對這個問題之答覆如下：消滅德謨克里特底哲學的，並不是亞里士多德和柏拉圖，而是蠻人亨塞里和安特納。因爲，當人類之科學被沉沒的時候，亞里士多德底哲學和柏拉圖底哲學，就像一塊由輕而膨脹的木材所製成的板子，在普遍洪水以後突浮現於表面上來，而傳達到我們，此時比較堅固一些的東西，便掩沒而爲人所遺忘了。但是，倍根說，德謨克里特底哲學，却可以做我們對此種遺忘的一種報復。他自認他底天職，是在於復興德謨克里特，並拿他來對抗亞里士多德和柏拉圖，首先是在論物質底本性這一問題上面。柏拉圖和亞里士多德底觀點，其出發點是物質沒有任何性質，而在形態上是沒有分別的。倍根說，這種抽象的物質，是有類於賣淫婦，而其形態，據此觀點來說，便是有類於這個賣淫婦之輕薄的追求者。"這些哲學家對於抽象物質的觀點，無異於說宇宙及宇宙中的一切，都是由範疇或其它類似之純粹邏輯觀念構成的。"(註)

所以，柏拉圖和亞里士多德是以抽象的物質作爲自己

(註) 倍根：論古代的智慧(二卷文集)五八八——五八九頁。

宇宙觀底基礎，這是符合於他們觀念論的觀點的。站在此種抽象的觀點上，必須承認幻想的實體能夠使真實的形體得到存在，然而複雜形體所賴以構成之最簡單的原素，很明顯應當是真實的存在，而不僅僅為一抽象的存在。德謨克里特底原子假設，其出發底思想是以為事物之諸原素，在本質上固然是同一的，但在形態上則是有分別的。一切事物在本性上並不同，是要看後來此等原素或原子之相互排列和結合方法如何為轉移的。倍根除德謨克里特以外，對於恩比多克(Empedocles)、亞拉克薩哥拉、亞納西門(Anaximen)等人，亦甚推崇，這些人對於原始物質底問題，各有各人極不相同的意見，但他們至少在前提上是一致的：即物質這個東西是動的，並具有一定形態，物質是複雜形體中它所構成的形態之原胎。而且，在物質自身中，即包含下物質運動底原因，我們只要不完全否認經驗，那末便不得不承認這一觀念。所以這些哲學家們是要以理智服從事實，而且力使自己底意見，能和世界之實在狀態相融合”。(註)

所以，倍根底思想是以為物質並不是以靜態為區別的表徵，它是動的。它又不是沒有形態的，和沒有性質的；運動並不是物質之外部性質，而是它底屬性。據倍根底觀點看

(註)　同上書五八九頁。

來，物質、形態、和運動是構成了不可分離的統一。“這三件東西不論如何情形都不是分離的，不過是有區別罷了。無論何種原始物質，它必須佔有一定的形式，表現一定的性質，而且它底結構要使各種形態的力、質、內容、動作和天然的運動，都能成爲它底結果和它底產物。”(註)

倍根這裏所提出的問題，是值得最嚴重地注意的。實際上，機械的宇宙觀，其出發之觀念，便是以爲物質這個東西，是由同一的、沒有形式的、和沒有性質的原素所構成的，它是相同而不具有一切性質之物質單位。近代機械的自然科學，便是站在此種觀點上，它們在十七世紀以後，均承繼此種見解。很明顯地，像這樣的認法，是必然要承認只有數量上定義的事物，才能成爲眞實和客觀的東西，而且只有一種機械的運動——即移轉的運動。倍根底意見是以爲：凡以抽象物質爲一切事物之眞正基礎的哲學家，和那些以爲原始物質一開始便具有我們在各種複雜形體中所見之諸種性質的哲學，兩者同是錯誤。由前面那種前提所生之困難和內部的矛盾，是非常之大的，是要煞費苦心來思索的。近代的機械論者(這些人我們是必須和他們論爭的)是沒有發覺到所有這些的困難。在實際上，機械論者如果以爲原始物質是

(註)　同上書五九〇頁。

沒有形態的、沒有性質的、失去一切特性的，那末，在它方面，他們便是無異於承認原始物質一開始便具有了我們在各種複雜形體中所見迯諸種性質了。因為他們在原則上是否認了有新形態或性質、新的運動形式等等發生之可能。近代機械論者，不，一切時代底機械論者，這樣一來便是把正相反對的兩個謬誤結合在一起了。然而兩種謬誤在一起，是不能產生眞理的。

在我們機械論者底觀點以為，誰的心認定物質世界在一定發展階段上，便會發生新現象，（例如發生具有特定性質和公律之生命）；那他會很快而不可避免地陷入物活說之圈套中去。然而，請問機械論者是如何解决此種問題？可是，生命存在這個事實，就是勇敢的機械論者亦未曾給以什麼分析。如果"事實"是不會引起懷疑，那便必須予以科學的說明。很顯然地，機械論者一旦否認宇宙間新的形態、性質、特性等之發生底可能，便不得不承認：生命一開始便是屬於某些物質單位，某些"電子"，這種電子並不失去在自然界中所見迯任何一種的性質，即一切生命、思維、社會之法則，也都包含其中了，我們只要專門把這個相同的，同時又是沒有一切形態、一切質和性之物質點，加以分析就盡夠了，再不必有別的費神了。

如此，機械論者們如果要澈底地話，至少必須回到認定"物質具有生命力"適地步，這是無異於表現否認了機械論的觀點。但是，他們又不曾得出此種結論。在此情形之下，會遇到更大的困難，因為依他們底觀點說，生命的與心理的現象、和無機的自然界，在本質上是同一的。因此現在二者必居其一：或是一切物質是死的，或是一切物質是活的（及能思維的）物質。如果我們承認一切物質具有生命力，那等於我們否認了機械論，進而承認原子或電子等等，是具有生命和意識。大家知道，機械論者又是反對這種說法的。如今只剩下了另一個出路：便是承認活的物質是和死的物質同一。事實上，他們也正是維持後一立場。這樣一來，他們便無力說明生命的和心理的現象了，且為物活說的思想開闢了大門，因為在此種情形之下，生命和意識之發生，有類於普列哈羅夫在某處所形容之"手鎗的射擊"，（意謂突如其來——譯者）而我們於此已是必須用特殊原則、特殊的原因——靈魂來說明它了。

三

所以，我們由上面的分析，已經知道倍根底物質論，比霍布士或笛卡兒底物質論，其性質完全不同。他否認抽象的物質，在他以爲卽使是原始物質，亦不得不有特定的形態，特定的性質和運動。他底物質論，是包含"多方面發展萌芽之質朴的和合"；物質論在它底後來發展中所以變成片面的和禁慾主義的，那是因爲物理的運動被數學的和機械的運動所犧牲了（特別在霍布士是如此）。至於倍根底觀點，那是以爲"初生物質之第一個和最重要的性質，是運動。然而這不僅僅是一種機械的和數學的運動，而且是有如一種衝動，有如生命，有如嚮導，有如雅柯夫·澎姆所說的物質苦痛那樣的一種運動。物質之最初性質，直接便是它創造生物間的特殊和個別的差別之一種力"（馬氏之言）。

這樣，倍根底物質論，依其傾向之基礎來說，不是機械的物質論，倍根之所以優越於霍布士者，亦是在此。倍根和霍布士及笛卡兒不同，他們是只以數量的範疇，作爲自己邏輯和自然科學方法論之基礎，而倍根是特別着重於質量的範疇。和它底意義。所以，如我們所見到的，他所想到的原始物質，是必須和運動及特定性質（或形態）相關聯。這絕不是說，倍根完全否認了數量的範疇，而不了解數學對於自然科學之意義。然而他拒絕專門把物理學看作"實用數學家"。他認爲必須使物理學家或自然科學家在集中注意於對象物之物理性質時，不僅及於一般方面，而且及於

特殊方面，卽注意到對象物之特殊的性質上存在之如何構成。(註)

倍根根據自己對於自然科學之基本觀點，將數學家降爲物理學家之附屬的地位。他反對數學家將物理學家從屬於數學家之統計。他寫道："無論如何，這是無可置疑的，在所有的自然形態（我們所能理解者）中，數量是最抽象的，而最容易和物質相分離，所以它所佔有的，是和深入於物質中游它種形態，完全不相同"。(註)

人們常說倍根是沒有理解數學對於自然科學之一般意義。然而這自然是完全不對的。倍根僅僅是反對將對象物底數量方面和全體對象物同一起來，他很好地知道：雖然'數量的範疇是所有東西最主要性質之一"，如黑爾菁所說的，但它總還沒有包括盡全部的性質。數量本身，祇是抽象物，抽象的"形態"。倍根這樣指出數學之抽象的、形式的方面之功績，我們是必須承認的。但是，倍根亦已提出了數量和質量之間不可分離的連繫底問題，並已觸及了量度底問題了。例如，他寫道："我們今有二十三列的數量符號，如果借

(註) L. Feuerbach, geschichte der neueren philophie, 1847, P. 38-39.

(註) 「倍根文集」，第一卷，二八四頁。

用醫學的新語來說，這些數量符號，我們亦可稱之爲自然界的“服量”(Dose)。而這就是那個用以測定依形體中物質數量而定之形體底性質的東西；同時又是向我們表明出這個物質底數量對性質之外延相適應程度的東西。”他接着又繼續發揮此種思想說道：“……我們不應當只停留在不確定的數量上，而應當確定其適應底比例，即要確定：物質底數量對於外延、對於每一類形體中之性質的關係……

“末了，我們在每次研究自然現象時，都必須確然肯定一定物質在某種情形下所必需的數量，——像一帖藥方的服量那樣的一定數量，務必注意勿使其數量太多或太少”。

(註)

四

現在我們還要說幾句話，闡明倍根底一般歷史意義。倍根以新起階級底代表者，即以新的歷史時代的代表者之資格，曾起來對落後中世紀的宇宙觀和中世紀底科學，作了劇烈的批評。他否認其於字與概念的分析和基於演繹法之煩瑣哲理，認爲應把自然科學提到尊貴的地位上面來，而此自然科學應以新方法爲基礎。如果倍根是率先以自然科學，

(註)　倍根文集，二卷，二四九——二五〇頁。

而不以神學和超感覺的世界，作爲科學底對象，那末，認識底根源，顯然只是由於經驗——這種經驗不是指主觀心理上的經驗，而是指客觀物質上的經驗的。在倍根，認識底工具，是感官和思維。倍根在這一點意義上，並不是一個狹隘的經驗論者，也不是一個狹隘的歸納論者。他是承認演繹底意義，但是不在於一個狹隘的範圍之內。在他，知識底客體，是“永久和不變的形態”。至於這個事物底形態，他以爲那是事物中共通的東西，但並不是形式上的共通，而是有一定物質上之共通，而此特定物質上之共通，同時又便是事物之個別的、即特殊的性質。例如，熱度這個“概念”，是共通的東西，但同時，我們所說的熱度又是運動之特殊的形態——形體因以擴大之“膨脹”運動。所以，倍根是將熱度視爲運動底形態，即近代關於熱的學說對此說法亦是稱許的。

倍根指明：所謂“形態”不過即是法則。他說：“我們現在說到所謂“形態”，那在我們看來，亦不過是那表徵和建立某一單一性質——如各種事物或對象中的熱光和重量——之單純行爲底法則和界說罷了。實際上，我們說熱底形態，光底形態；或是我們說熱底法則、光底法則，那對於我們是一樣的。因爲我們務須留心不要和實際事實或是事實之動的方面太離開了才是”(註)

因此，事物之形態不過是它底法則或實質。在這種判斷基礎之中所伏下的深刻思想，首先使人在研究自然之時，便須力求現象底法則。至於這個法則，在倍根底學說說來，它是合各種各樣的現象爲一整體之宇宙底統一性底表現。所以，共通性（法則、形態）是要分化和變形爲部分的和個別而又服從於統一法則、統一形態底現象。由此看來，我們研究自然，要研究它底統一性，又要研究由此統一性而生之異樣性。必須常由差別到統一，又由統一到差別。在這種情形之下，我們常可肯定說：我們所見之異樣性和差別的東西，那實際上也祇不過是共通性質，統一形態或實質之一種簡單的變態而已。

例如，通常人都是以爲，天體底熱、動物底熱、和火底熱，是三種不同的熱，它們在本質上是不同的。實際上這是不對。必須想這種不同歸結到統一上來，並找到它們間眞正區別底原因。研究的經驗都替我們證明它們實在的統一。倍根舉了許多相當的經驗以後，便結論說："根據第一個的證明，我們底思想，便要放棄那種以爲一切是有本質上不同之觀念後再進而研究太陽底熱和火底熱之眞正區別。且更進而尋求彼此間旣有共通性質，而其效果的動作不同之原因"。

（註）　同上書，一五二頁。

(註)這就是表示了同一的本質可以有不同的形態或實在效果。倍根用此種方法，將科學放在完全新的途徑之上了，科學就是在這個途徑之上，才在下一時代達到了其偉大的進步。

倍根是科學之改革者。或更正確些說，是它底創立者。他因而不得不去指出他當時科學所以處於可悲地位的原因。自然，他必須反對阻礙科學發展和進步的黑暗勢力。

倍根指出當時統治着的偏見、愚妄、和盲目的信仰，是阻礙科學發展和興盛之原因。雖然倍根在主觀上不是無神論者、或反對基督教的人，但他曾堅持科學的權利，科學的自動力，那他便是等於證明宗教不應干涉科學，宗教之罪狀，便是阻礙科學，且使人類離開自然界之外等等。他這樣實就已進行了反對基督教和教會的鬥爭，如果不是直接的，那也是間接地掘壞了教會的制度。

倍根是堅持研究自然不能用分析字和概念的方法，而必須用考察、經驗、和實驗的方法之第一人。如此實不能不認他已就是犯了反對教會和教皇的罪狀了。

我們必須承認倍根之偉大功績，是在於他對於科學、對於理論探討，是採取一種實踐的態度。在他看來，科學之真正目的，是人類的幸福。在他看來，實踐活動和理論思維，是連繫而不可分離的。自然科學之最後目的，是人類對自然之統治。在各方面都反映出新的社會階級企求取得支配自然之權力，確立實現現實任務並增大當時鞏固了的英國中產階級底勢力和權威之願望。

我們在上面差不多完全只指明倍根學說中之積極的一面。自然，他底學說中，尙不能避免巨大的錯誤和謬妄。他不能避免他當時代許多偏見。例如，他尙相信魔術。他底"學說還充滿着神學底不澈底性"等等。然而我們認爲沒有必要把倍根學說中之弱點和否定的方面指出來，簡單的原因，只是因爲他之誇進思想史並不是爲着自己底錯誤和謬妄，而是爲了他底學說中在推動科學和哲學底發展上曾是那樣偉大和重要之故。

我們應當記着三百多年前遡倍根，曾放置下新時代底一塊碑石了。

第二章　多瑪斯·霍布士

倍根底物質論，在霍布士底學說中，表現其繼續的發展，但霍布士是片面地發展了倍根底學說。在倍根，物質還是保持"詩意的感覺光輝，親切地向全人類微笑"，但到了霍布士，感覺已失去自己底華美，而變成了幾何學上的抽象感覺。"物理運動爲機械運動或數學的運動所犧牲；幾何學成爲最重要的科學，物質論成爲仇視人類的東西了。物質論爲要最後克服那無形而厭世的精神自己却陷於制止慾念之中，而成爲禁慾主義者。物質論以理智之本質形態出現，但他以後澈底地發揮了理智之所有結論。"（馬氏之言）

然則倍根和霍布士之間適不同處是在那裏？這個不同處是在於倍根爲一具體的物質論者，而霍布士則是一抽象的、卽機械的或數學的物質論者。費爾巴哈完全正確地指明霍布士"是以抽象的數學的形體之概念、抽象物質底概念(這個抽象物質之主要定義只是數量)，作爲自己體系底基礎。"(註)可是，這個純粹抽象的物質，只是存在於思維之中。物質或形體在此種"純粹性"或"抽象性"之中，是一切質量之否定。換言之，以此觀點而言，數量乃是物質之實體的本質。

這種抽象的和機械的物質論，是被近世進步思想家所反對，而且被宣稱之爲仇視人類適東西了。

二

多瑪斯·霍布士於一五八八年生於瑪里宓司標立——一個牧師底家庭中。他在十歲時，就表現傑出的能力和天才。霍布士十五歲時進入牛津大學，那裏是教授煩瑣哲學的。在一六〇七年，他得到了學位，二十歲便修邏輯學。自然，教派的煩瑣哲理，是不能滿足這個傑出的青年的。所以，他

(註) Ludwig Feuerbach, Samthiche werke, 1847, B. IV., P. 82.

非常喜歡他很快就有一個到西歐作長期旅行適機會。他整整三年到這法國和意大利，他在那裏能夠認識了哲學思想底新傾向和新派別。霍布士在他確認了煩瑣的形而上學對於生活是毫無用處之後，他便進行研究邏輯學和物理學，並進而研究古代的古典學術。他埋頭研究希臘和拉丁的諸作家：哲學家、詩人和歷史學家。此種研究底成果，便是他底『蘇息遠茲』(Thucydides) 之有名的翻譯。這便是這個將來哲學家之第一次文字上適工作，這個工作已佔了第一年的時間，他之認識倍根，亦是在於這個時期中，他和倍根，維持了友誼的聯繫。然而倍根底哲學宇宙觀，他是不滿意的。

一六二九年，霍布士作第二次大陸底旅行，這次旅行在他底成果上看來，他是得到了很多的收穫。他偶而得認識到歐克里得底著作，這在使他理解數學方法之有用和有益上說，是給了他以一個推動力。在哲學方面，必需而且能夠用數學方法這個思想，便在霍布士面前閃動起來了。他在尋求新方法之時，倍根對他無疑是有重大的影響，然而我們這個思想家對於倍根底新方法，是不以為滿意的。這裏我們應指出一點，社會問題底研究——法律與國家底性質之研究，乃是霍布士所重視適理想，然而為了研究此種對象，必須尋求新的方法。我們這位思想家在認識歐克里得之後，便決定要研究人底社會關係，需用幾何學的方法。

在對霍布士觀點底完全形成上有重大意義的，算爲第三次的大陸旅行。他在佛羅里認識了當時底大學者和物理學家——加里列(Galilio Galilei)，而且與之友善。他在巴黎，又接近了加桑地和麥西恩（Mersenne）——麥氏是笛卡兒之熱烈的門徒。霍布士在這個旅行中，得到新的收穫，運動底問題，成爲他底特有興趣之對象了。他底哲學體系各要素之建立如下，即，這個體系之基礎是形體運動，而形體運動，又必須藉助於幾何學的方法來研究。一六三七年，他回到了祖國，那時國內已使他感覺到革命運動底浪花來了。霍布士決定自己要成一個政治家。他成爲民主運動和國會限制王權適要求中之劇烈反對者。一六四〇年，他出版了第一部的政治著作，名爲"The Elements of Law natural and politic"。此書目的是在於擁護最高政權那王權之無限制的權力。霍布士在本書中之思想行程，可歸結如下：國家底概念，是由"人爲政治動物"這一概念而來的；而"人爲政治動物"一概念，則依據於他底天然生存條件。(註)

所以，霍布士在本書中是完全根據他自己一般理論和

(註) 見R. Hörigswald, Hobbes und die Sfaatsphilosophie, 1924, P. 15.

方法論底原則。他已完全是站在機械自然主義的基礎上去了。

霍布士在上述一書出版以後，知道他再繼續留在英國，是不利的，所以他決定應及時到法國去，這次到法國十一年中，都與加桑地、笛卡爾和麥西恩等人，有精神上適往來。霍布士從巴黎考察國內所生適革命事變，並成爲無限最高政權（保持人民和平的）之擁護者，在一六四二年又出版了一本新的政治著作，名爲"De Cive"。這本著作，構成霍布士哲學體系之第三部分。

『論人民』一書本應在其它兩部分著作『論形體』和『論人類』之先的，然而英國的政治事變使他急於出版這第三部分。"De Cive"曾由著者匿名出版於巴黎，並用拉丁文字的版權。這本書得到麥西恩和加桑地之欣慕，且亦得到了笛卡兒底稱讚。霍布士底哲學朋友，極力設法將此書在荷蘭出版。加桑地寫信給索爾彼約，說到他關心霍布士這本書在荷蘭適出版，他說，他沒有見到另一個作家，能像霍布士如此避免成見。必須很快使這本書和他底其它著作，迅速地公佈。麥西恩作信給索爾彼約，說這本書是黃金似的書，應使它出現於世，好樹立一個貴重的碑石。麥西恩亦向索爾彼約說及鼓動霍布士從他底書棚中取出他底所有的其它著作。

否則，"他是要迫得我們求助於國王底威力，來打破這個書棚了"。(註) "De Cive"在一六四七年出版於荷蘭，對於同時代人，引起了一個極大的印象。

在這本著作之後，本應於最近期內印行體系中迦第一部分——"De Corpore"；然而他本國自一六四二年開始，到一六四九年以克倫威爾爲首迦共和派之完全勝利及國王查理第一處死爲止迦偉大國內戰爭，使霍布士差不多集中全部注意力於政治問題之上。在一六五一年他有名的著作名"Leviatham"(用英文寫的)出版。我們爲要明白霍布士底政治觀點，必須指出以下一事：在"De Cive"第二版(一六四六年)的序言上，這位哲學家就特別說到：他底學說是以爲人民不論是在共和政體抑在君主政體之下，都應服從國家，因爲不管統治形式是如何，最高主權之全部，都是屬於國家的。

英國底革命事變，產生了大批的國外僑民，其中亦有逃到巴黎的。不論霍布士是和那許多移住於巴黎高級長官有友誼的關係，亦不管他是威廉皇子——即將來國王查理二世——底教師，他總是保持他底觀點底獨立性。他公開責難

(註) Ferdinand Tonnies, Thomas Hobbes, Leben und Lehre, Aufl. 1925, P. 24.

那些反對共和制度之王黨底陰謀。大家知道，反革命黨人在國外組織一種反對新共和國的陰謀。宣佈它底死刑，而且實行之。我們知道，反革命人底心理不論何時何地，都是一樣的。他們是劊子手而且是屠殺底組織者。

霍布士不但竭力反對王黨底野蠻的狂信，而且證明對共和制度維持合作關係之必要。王黨自然是謀害霍布士，說他是無神論底父親，無神論是會沾污了朝廷底氣氛的。他們要求將他免職。他實際上是免職了的，他已被禁接近"朝廷"了。還不止此。我們是有根據知道：以前在僑民中曾爲霍布士朋友的，都請求法國政府下令逮捕並驅逐這位偉大物質論者到本國去。霍布士在此種種情形之下，不得不離開法國，他怕也要捕到法庭去。——他自己曾說到此。

霍布士在十一年退隱之後，回到本國。他服從新政權。他底一些崇拜者，都來學習他底模範。他底以前學生德芬斯爾伯爵，老早就已成爲共和國底公民了。新政權方面對於他並無何種危險的威迫，反之，它還極尊敬他。大家知道，克倫威爾自己還熱心讀他底著作，克倫威爾還在他底著作中找到許多新政權底充分根據。我們上面已經指出過，霍布士所最重要的，不是統治底形式，而是最高主權之統一和不可分割性。他底國家理論，是承認國家之各種形式的。霍布士在主觀上是以專制較好於共和，認它是實現根本目的之最好手段。但在客觀上和邏輯上，他底學說是能很好地和國民會議式和民主國會式之專政相調和，因爲絕對主權亦是附屬於這個專政的。所以克倫威爾和他底黨人能夠利用霍布士底學說，爲革命底利益效勞。霍布士就是在此種情形之下，才能安然回國，並在彼繼續他底哲學研究。然而我們亦不相信那些說克倫威爾似乎尙欲使這位哲學者繼續國家秘書底職位。但無論如何，若把霍布士簡單視爲專制的和反動的宮廷之思想代言人，在我們言來，那是不對的。

一六五五年，霍布士用拉丁文出版了他底體系之第一部分——"De Corpore"。第二年，本書用英文出版。本書包含了霍布士底認識論和自然哲學。英文版和拉丁文版不同的，是關於數學那一章，曾加以改造。此外，著者認爲必須加上『數學教授之六篇講義』一文，他在那文中對當時最大的數學者之一瓦列斯(Wallis)作嚴厲的論爭。反對他將代數學和幾何學相調和了。在霍布士和天文學瓦爾德（Seth Ward)之間，在不久以前，尙發生了一次關於改組大學迻問題底爭論。數學家瓦列斯是站在瓦爾德方面的。霍布士底目的，是想把僧侶澈底消滅其在科學上迻影響。霍布士認爲大學是僧侶之地盤。瓦爾德和瓦列斯則持不同的見解，他們主要是受一種政派上遒顧慮所指揮的。

現在,隨着"De Corpore"底出世,瓦列斯便決定對自己底論敵,施以報復。然而我們這裏應指出的是:在這次關於數學分析遒意義問題底爭論中,正確的却是瓦列斯,而不是霍布士;霍布士是主張純粹數學方法之絕對性質的。這樣看來,上述『數學教授之六篇講義』一文,是對瓦列斯底進攻之答覆。

在一六五八年,他底哲學體系之第二部分——名爲"De Homine"出版了。在經過多年中出版的哲學體系,至此才把各部分完全出齊。霍布士也已經非常老年了。然而在他底暮年,是處於復辟時代,他又過了許多不如意的事,甚至還遇了許多追究。

共和國傾覆了,復辟時代又到來了。一六六〇年五月二十五日,查理二世尊嚴地回到倫敦。這位國王指定國家養老金送給自己以前的先生,然而因爲財政狀況底困難,也沒有支給這位哲學家。經過了很短時間以後,斯圖亞特黨人便開始與哲學家爲難,說他是自由思想家、無神論者,且忠於共和制度。敵人們就責他底"Leviatham"一書底唯一目的,是爲帮助克倫威爾而寫的。當時在下議院之下,曾設立有審查有害出版物遒專門委員會。自然這個委員會亦是要審查

Leviatham的，幸因有這個哲學家底友人之代請，對於霍布士適舉動，求得取消。霍布士當時總欲證明他底無罪，他爲此目的寫了一些很好的著作。雖然如此，但霍布士自然一定會被國王禁止他出版的。這樣看來，是共和派和克倫威爾待這個專制主義者和"反動派"，尙能如此之親切，而反動派在霍布士底一生中私人上還是那麼密切，他們却不能原諒他底自由思想和他對共和政體之合作底態度。

"Leviatham"在英國是被禁止的。該書拉丁文的第二段，和著者底其它拉丁文著作，一起於一六六八年在亞姆斯丹出版。同年霍布士曾寫一書，定名爲"Behemoth"或『長期國會』。八十歲的哲學家親自謁見國王，請求允許出版這本著作，但他被拒絕了。"Behemoth"是一部革命時期底歷史。只是經過了十年後，才能夠以大大修改了的形態印行。完全的"Behemoth"在一八八九年第一次由佛丁蘭德·特尼司出版之。

一六七九年十二月四日霍布士死了，他保持了精神上和生理上適勇敢，直到自已長途生命歷程之最後一日。

這個哲學家死後三年，牛津大學公佈了取締一切破壞國家和社會人類之有害書籍和不健全的思想之命令。命令中"De Cive"和"Liviatham"亦佔了一個光榮的地位。在命令公佈數日後，上述二書，便於大庭廣衆之前，在廣場上鄭嚴地焚燒了。反動者是如此敬重地來紀念這個偉大的思想家。

三

多瑪斯·霍布士完全和他當時其他的偉人一樣，主要都是從事於新方法之獲得，俾能作"有計劃的播種"藉以取得最豐富的收穫。他的『論形體』之第一部分，是論述邏輯問題的。霍布士在這一節中說："我燃起理智之光"。在霍布士看來，邏輯是尋求眞正的卽客觀的認識方法之總和。霍布士和煩瑣邏輯不同，他不是在探討思維自身之形式和過程，而是要找到思維和對象間之連繫。在這種意義上，霍布士底邏輯，是作爲一種方法，因爲他是以認識底客觀意義，作爲認識過程之重心。故凡是一般知識底對象，亦便是邏輯底對象。所以，霍布士底邏輯，最後是和方法論學說一致的。

霍布士在他分析邏輯底基礎時，便首先談到哲學底對象。他說："哲學是一種從我們所明白遡原因得出現象或結果之合理的認識；或爲我們所明白遡結果所得該結果之發生原因——或其可能原因之合理的認識"。霍布士這裏所指出的，乃是謂哲學者爲不同於我們由感官感受和記憶所得之一種合理的認識。自然，一切認識之基礎和出發點，是感受的和想像的形態，但事物之眞正認識，是由合理認識達到的。卽我們將感官的感受加以合理改造而達到，換言之，亦卽是藉理智之助而達到。由感官的感受和記憶所得到之知識，是直接知識。它是得自自然，因而不是哲學。

哲學是我們藉合理思維而得之知識底總和。每個人都賦有"天然的理智"——卽哲學，因爲每個人都可以作某種判斷。可是有系統、有計劃之思維，則必需特定的方法。

哲學是認識客觀實際之途徑，亦卽是人類支配自然之力量和權威之途徑。"因此，霍布士說，哲學之最偉大的意義，是在於我們能利用預見的結果，而達到我們底利益，並根據我們底知識、依我們底力量和才能底程度而有計劃地來造就此種結果，以增大我們生命幸福底數量"。他又繼續着說："可是，最好我們稍稍想一想哲學是如何地幫助了人類的幸福，並把那些能夠利用哲學過人民底生活狀況和他失去幸福之人民底生活狀況作一比較；由此來理解哲學底用處，——特別是自然哲學和幾何學底用處——是何等的偉大！人類之最大進步，就是在於技術，例如測量形體引導重力運動、建築、航海、生產各種消費品、計算天體運動、行星運轉、作日曆並製地圖等都是"。

霍布士之觀點以爲："一切學理——如他所說——最後

都是追求效果、或實踐的進步”。理論是密切地和實際相連繫的。人類自己最大的進步和幸福，就是在於技術。而技術底發展，據我們這位哲學家底意見，則是有賴於知識科學之發展，亦即是哲學之發展；哲學是一切利益底原因，而且是先進文明民族比落後不文化民族所以優越過原因。

霍布士物質論底強處和弱處，也就都在這個論斷之中明顯地表現出來。霍布士所以爲理論和實踐有不可分離之連繫，以及人類之發展在於技術等思想完全是正確的。然於這位有名的"物質論者，當他指出知識或哲學是人類一切進步之最後原因時，便走入觀念論和理性論中去了。我們在這裏已經可以看出十七、十八世紀中思想界風靡一時之啓蒙學派底基本觀念，在最明顯的形態中表現出來了。

若說自然哲學證明它底用處是在於它所貢獻給人類之積極的利益，那末倫理哲學和政治哲學底意義，並不是“因爲這些哲學底知識已貢獻了利益而被人重視，却是因爲在這些哲學方面之無知識會引起禍害，而才被人重視”。霍布士之出發點是：在社會生活中，根本的罪惡、和一切不幸之根源是戰爭，部分說，便是內戰。戰爭會形成普遍的貧窮、毁滅、和殺害。然而會給人類帶來最大不幸的內戰，其原因是什麼呢？霍布士是生在一個最殘酷內戰的時代中，即處在英國大革命底時期中，認爲必須集中全部注意力說明內戰底原因，卽革命底原因，藉以預防它底發生。他底全部哲學體系——邏輯、認識論、和物理學、論人類及其苦難等學說——都是以社會學說和國家學說、以及社會生活基礎中所存在之內在原因之揭發爲最後的目的。因此，純粹實際的、政治的興趣和企求，決定了霍布士全部哲學體系之性質與傾向、方法和內容。

然則，內戰的原因是什麽呢？霍布士完全是以啓蒙學派的精神來答覆這個問題。他說："內戰之所以可能，只是因爲人民不知道戰爭或和平底原因。因爲，僅有最少數人担負保證安甯和維持和平之職責適研究——人民社會之眞正法則底研究。此等法則之認識，是倫理哲學之對象。然而他們如果沒有正確和明白的方法，而按照其它的原因，是研究不了的。"

由此看來，一切罪惡的根源，是在於人們對於社會生活基礎中適法則方面之無知識，而此法則之認識，又須在"正確和明白的方法"發現時才可能。霍布士深刻地自信，這個方法已由他找到了，人類可由此吸取關於停止內戰和維持和平之一切利益了。

四

然則霍布士以之作爲他底全部體系之基礎迺方法論原則，是什麼呢？這個問題是我們首先注意而且亦應是作爲我們了解霍布士全部體系之鎖鑰。十七世紀是自然科學底世紀，部分說來，是機械學底世紀。這個時代中迺哲學，是沒有和實證科學隔離而孤立存在的。哲學和科學一致，因而哲學本質上是與自然哲學、自然科學一致。自然科學底方法，成爲全部人類知識應具有迺方法了。霍布士自然是以加里列在機械學和物理學方面之成就爲出發點。幾何學是形成一切科學所需之方法。加里列應用幾何學的方法到機械學和物理學方面，得到了無比的成績。霍布士認爲自已底任務，是要把這個幾何學方法、或更廣泛的數學方法，作爲國家學說之基礎。眞理之研究，在霍布士看來，是純粹幾何學的任務。由此，成爲研究眞理之科學的邏輯學，便與幾何學一致，或與數學一致。這便是霍布士底新邏輯，它是建立在幾何學基礎之上，而大大區別於煩瑣的邏輯。(註)

霍布士說："我知道，這一部論究線和形之哲學，是成爲

(註)　R. Hönigswald. Hobbes und die Staatsphilosophie, P. 28.

眞正邏輯之最好的模範。”我們這位哲學家底這個辨明，是把幾何學和眞正邏輯一致起來了。幾何學家之邏輯的技巧是：他們先形成一種“定理”，然後“證明”其爲眞理。或換言之，“幾何學者先作一個假設，認待證的東西是正確的，然後邏輯地發揮這個假設，他們或是用某種確實的東西，由此能夠證明該假設的正確；或是用矛盾的反證，由此可以知道他底假設是錯誤的”。(註一)“幾何學者能將定理作爲應用的愈多，那他們之能利用邏輯學方法之處便亦愈多，是以邏輯方法在實際上是和幾何學沒有區別”。(註二)

霍布士是以下列的一個理論，作爲出發點，即所謂我們認識了事物，其意便是我們創造了或構造了事物。我們對於事物認識到了什麼程度，那要看我們創造能力之程度若何。然而此種理論，又必須從“幾何學的”意義上去了解。圓周完全被我們認識，祇是當它是爲我們所“構造”之時。事物之概念，亦和事物本身一樣，是從它底發生條件中創造起來的。據霍布士底觀點，我們能夠知道它底發生之形體，或是我們可以把它底發生形成之爲科學概念的形體，才是認識底對象，或換言之，一切能發生結合和分割的形體，才算是認

(註一) 霍布士文選集(俄譯本)；第七章，十九節，六四頁。

(註二) 同上，六四頁。

識底對象。哲學從其本身定義來說，本是考察一切發生的和生成的東西。某一事物發生底條件，同時便成爲該事物底現實性之條件。事物就是由此等條件，由各個基本和單純的原素而構成的。所以一切眞正的科學的事物定義，是帶着純粹創造的性質。了解了事物發生底條件，便是等於形成了該事物之正確的概念了。因此，最可相信的科學，便是幾何學。"在這個意義上，成爲科學的幾何學所發揮適關於大小適理論之大部分，是有嚴格證明的。每個形所佔有適性質底原因，是來自線，同時畫任何圖形，都是依我們底心意而定，所以爲要認識形之任何一個性質，祇要我們從我們自己在畫該圖形時所設定之構成中去求出其所有的結論便可以了。幾何學所以算是在論證的科學，而且實際是可以嚴格證明者，就是因爲我們自己設定了各種圖形之故。"(註)

在事物方面（這個事物之產生，是依着人類意志而成的），先天論證的認識，是可能的。幾何和算術，是純粹的數學。而物理學，依霍布士底學說，是實用的數學。物理學不能不用先驗證明的方法，因爲它是以運動爲自己底基礎，而運動不應用數量範疇是得不到理解的。可是這同一的數學方法、或幾何學方法，一樣是可以應用到倫理學和政治學方

(註)　霍布士文選集，『論人類』一章，第五節，一七八頁。

面，因爲"作爲我們對於正義和非正義本質之認識標準的各種原則，或換言之，正義(即法律和條約)底各種原因，都是我們自己創造的。(註)

因此，一切科學都應以數學爲自己底表徵，而霍布士所認爲數學者，主要是幾何學。數學的方法、或幾何學的方法是普泛的方法。科學是從原因方面對於對象所作的認識，或是用歸納方法對於對象底發生所作之認識。霍布士所謂的事物發生，並非指現實上或實驗上事物之發生或其起原，而是指事物發生條件之在邏輯上的歸納。所以，霍布士是沒有把邏輯根據和現實原因加以區別的。

霍布士以爲，一切眞正的認識，首先是歸結於分析。科學的研究，是在於將對象分解成爲它底各原素，並把各原素加以綜合的結合。我們在認識世界時，是從感受的和想像的形態出發的。此等形態對於我們是一定的，是我們從感官得到的。這些形態對於我們是最確實和可信的，但是各形態存在及發生底原因，其認識是必須經過科學研究的；而科學研究者，是指經過理智而得到最明白的性質(如霍布士所說的)之認識。

我們用感官所認識的對象，是整個的、統一的。然若我

(註) 同上，一七九頁。

們是用理智來認識，那便要先認識部分，再認識整個，先認識共通性，再認識單一的事物。霍布士說："因爲共通性是包含在每一個事物底性質之中，所以它應用理智來認識，卽需用分析的方法來認識"。例如，金子是一個單一的對象，是一個整個體的東西。金子之科學的認識，那便要把它分解爲各種的共通性來，卽是要分解出它之構成原素來。認識共通概念的方法，是一種純粹分析的方法。我們在分析事物時，便可得到一切現象之最初的原素——運動。我們用綜合的方法，再可從運動構成複雜現象。一切共通性之唯一的和廣泛的原因，是運動，"因爲一切形式之相異，都是由運動之相異而來，一切形式是藉運動而形成的。至於運動原因，那只能說是運動"。

分析——卽對於各種複雜的單一事物之分解，使我們得到了那成爲各個事物原因之共通性。而一切共通概念底——亦卽是各單個事物底——最後原因，是運動。例如，金子是一種單一的事物。然而我們由分解金子的結果而得到之概念，如堅固、重底概念等，便是比金子更共通的概念。或換句話說，這些概念是比金子本身更共通的一種共通性。然而最共通性的概念，是運動。因此，一切單一事物之基礎或原因，是運動。"卽各種被感受的事物在感覺上所生之相異形態，如色、聲、味等等，其原因沒有別的，也是運動。運動一部分是由於客體對於我們感官，起了作用；一部分是由於我們自身。雖然，沒有科學的研究，是不能說出這是那一類的運動”。將各種各樣的現象和事物，都歸結之爲運動，這一件事是霍布士在哲學上及科學上一個偉大的功績。運動這一概念，在霍布士看來，是具有認識論上和方法論上最廣泛的意義，在他看來，事物之認識，無非卽是各種運動形態之認識。霍布士徹底地將他以前那些在哲學上和科學上尙佔有巨大作用之抽象化的本質和實體化的形態驅逐出去。霍布士力求揭發出一種運動底內在法則，用以代替這種抽象的和煩瑣的本質。在他看來這種法則，是幾何學法則底表現。

然而我們必須指出，霍布士論運動遊學說，是帶有抽象性質的。運動在霍布士看來，是一種“實體”，一切過程（或存在）之基本原素。在另一方面，它是思維之唯一眞實的客體。運動是自在之物或物質底屬性之一。物質之另一種屬性，霍布士以爲是外延。這兩種屬性是連而不可分離的：因爲運動是形體——卽外延的客體——之變化；另一方面，亦唯有形體，才可視爲運動或引起運動遊東西。哲學是以形體性質，作爲自己研究底對象。形體者（或譯物體）——霍布士說——一切離我們思維獨立存在而相當於空間某部分之事物之謂也。

邏輯學是以思維，或正確些說，它底符號——卽字和名，作爲自己底對象。它是哲學之第一部分；第二部分是自然哲學，這是分爲本體論——或最初的哲學、和特殊的物理學。本體論是研究形體和它的偶性，研究運動和大小逈學說。霍布士關於形體的定義，我們已經知道了，現在剩下要說幾句話，是關於形體和偶性之間相互關係逈問題。偶性，一般地說，是我們所感覺於形體之形態，或形體足以引起我們對它的觀念之一種能力。偶性不是形體之部分，因爲假如是如此，它便要成爲形體底本身，例如，紅色，或聲音，並不是形體。然而亦有某種偶性，在主體本身——卽偶性底負担者——沒有消滅以前，亦不能消滅者。例如，沒有外延，便看不到什麽形體。而且，外延還是形體最主要的特徵。形體底外延不是別的，它乃是形體底大小。霍布士分出想像空間和實在空間兩種。想像空間是意識的偶性；實在空間、或大小，是存在於意識外逈形體之偶性。依霍布士的觀點，形體最後只是一種大小——卽形體之數量的特徵。霍布士說：“因此，大小或稱之爲形體逈那種東西，是不能創造，亦不能消滅。“所以，以自然理智爲嚮導逈哲學家，是以爲形體不能創造，亦不能消滅。它僅是以各種形態呈現於吾前，準之而得到各種名稱——今日之稱之爲人者，明日亦可以稱之爲非人。然而說到形體，那是任何時候都不能稱之爲非形體。很明顯地，除了大小或外延之外，其它一切的偶性，都是可以創造或可以消滅的"。一句話，形體不生，亦不滅。物質底數量是固定的。唯有偶性才有生滅。偶性是形體變化之基礎，而且給與形體以一種形態。至於事物所共有之物質，——卽所謂原始物質，並非有別於其它一切形體之形體，然亦不是此等形體之一。"因此，原始物質並不是獨立的事物——霍布士說——所以它除了數量之外，是不具任何形態；和任何其他的偶性，可是因此一切獨立的事物，則均具有自己的形態和一定的偶性。Materia Prima 是一般意義上之形體，卽從共通性上而觀察之形體。但這亦不是說它係沒有一切形態和一切偶性之形體之意，而是我們將它的形態和偶性(除數量外)抽象出去而想像它之意。"(註)

因此，一切物質及自然，皆歸納爲抽象的**數量**和幾何學的**運動**。霍布士自己在我們上引的引證中就說過，一切獨立的事物是有特定的形態和特定的偶性，而作爲數量而了解之形體，乃是純粹抽象的形體，因爲我們已將它底形態和它底偶性抽象出去了。如此則這種抽象的形體，不是實在的

(註　論形體，第八章，二四頁。

形體，而僅是思維底特殊對象，或說淸楚一些，是觀念上過形體。但是這個觀念上過形體，不是活生生的、具體上存在的、並具有各種可能性質過形體，而是純粹的抽象。故霍布士理論之特徵是：他從唯名論出發，而以後又回到實在論，卽他又承認了共通性（數量，大小）之眞實存在，這些共通性都成爲形體底唯一主要的賓辭。形體與數量、大小同一起來了。然數量本身是沒有生命之抽象物，故如此說法是等於將抽象的共通性，提高之而看成一種實在的事物了。若霍布士所說過"原始物質"（或一般物質）並非有別於其它一切形體之形體，然亦不是此等形體之一"這一主張是正確的，那末，所謂物質者，僅是如霍布士自己所指出的，只是一個名字罷了。我們也和霍布士一樣，願意承認抽象概念之一定用處，然而我們應當記着：具體的物質是不和物質之抽象概念（或名字）相一致的。因爲具體的和特定的形體，不是形體的數量所盡可概括，它同時還具有質量上過性質的。自然，形體之一定性，不僅是得自抽象的數量，而且得自運動。霍布士亦以爲，大小之在質量上成爲一定的，是由於運動。然而他所認定過運動，只是從機械觀點來考察的，只是壓力、推力、撞擊。我們上面已指出過，霍布士之最大功績，便是他把運動提高之作爲自然底一般原則，然而霍布士物質論之狹隘性，是在於他把運動一個特殊形式，卽數學的、機械的形式，當作運動之唯一形式。所以，霍布士底物質論是犧牲了物理運動，而代以數學的和機械的運動。霍布士是以數學的形體概念，作爲自己體系之基礎。

五

"最初的哲學"之外，便是特殊意義之物理學，它是研究自然科學的科學。據霍布士所下的定義，哲學是從原因所得結果或現象之合理的認識，或從我們所明白的現象而求得原因的合理認識。我們這位哲學家建立了兩種認識底方法。第一種方法，是由原因到結果和現象，第二種方法，是由現象到可能的原因。"在第一種情形之下，我們藉基本的定義，創造一切推論之原則，這個原則之眞實性，其根據是在我們對於事物名稱之公認的上面"。在第二種情形之下，我們是從我們由感官直覺而得的自然現象出發，進而探求這些現象所以產生之原因。最初的哲學（或本體論）所賴以爲根據之一般定義，那是由我們自己創造的。至於研究自然的科學——物理學所根據之原則，並不是由我們創造，它是根源於事物自身中的。因此作爲物理學基礎之各原則，我們只能從中求得個別的結論，而不能求到一般的判斷。因爲從那裏是抽引不出定理來的。但是，霍布士說，如果我們在這裏亦應用一般的理論，那我們由此也只能認識到一些可能的原因來。所以，這裏所要求的結論，便會說物理學不是十分正確和完全可信的科學了。但是，一般說來，在兩種情形之下，我們所從事研究的，不過是特定的和最初的原則。"這等定義——霍布士說——有兩種。其中一種是我們能夠理解到它們原因的事物名字之定義，另一種則是原因找不到的事物底名字之定義。形體或物質、數量和外延、運動，——總言之，一切物質所具有的東西，是屬於第一種。那些有特定性質和特定大小之運動、特定量之大小、特定的形態以及那些藉以作爲彼此區別的東西，是屬於第二種。"(註)

定義是要直接明白的，而且對被定義之對象或名稱應提出一種明確的觀念。包含於定義中的一切，都應該是可以從定義之中藉推斷底結論而演繹出來的。定義是特定事物底名稱之解說。如果名字是指某種構成底概念，那末，定義便要把它底構成部分分解出來。"定義是一種判斷，這種判斷在可能時，它底賓辭便解釋了主辭，如果在不可能時，便要對它加以解釋。"這種公式完全是和康德所特有之分析判斷相同了。

(註)「論形體」，第六章，一三頁。

霍布士是站在名目論立場之上的。名目論的觀點，是以爲唯有單一的事物是實在的，而概念只是存在於思維之中。現在霍布士底任務，便是要設法將名目論和知識底嚴格普遍性——卽概念之無條件的意義相調和。定義這一概念，應作爲概念之普遍性和事物之單一性間適連鎖。定義是屬於名字（或事物名稱）的；而名字（或事物名稱），在本質上是我們公認適結果或自由意志底產物，但是名字雖是屬於事物，而我們是又把它和一定的實在內容相連繫，可是這裏純粹合理的認識和經驗的認識之間適不一致，在霍布士學說中是已表現出來了。在霍布士看來，思維不過是那些關於形體運動底名字之增加或減少，不過是一種名字底計算；形體自身，我們已知那是數量。事物總和所得之名字，則是許多的、甚至全體的單一事物之共通符號底總和。

科學是拿定義作出發點，而定義則是由我們自己創造的。因而它只是對於我們才算是眞理。在此種條件之下，一切人類的認識，便構成了人類先天理智所創造起來適判斷之總和了。我們是由我們所創造適字名，以及定義、理論、原則而求得一切結果的。因此，在霍布士底體系中，形成了介於抽象的科學（以概念爲基礎的純粹認識體系）和具體的知識（它是以經驗和提供"合理認識"以材料之感官感受爲根據的）之間遡二元論。可以說，若定義和原則爲公認的結果，則認識之原則根據，是帶着協商的性質了。這些定義和原則，在我們保持協商的條件之時，都是眞理。一方面由於名字之關係、連繫、結合與分裂——卽由於概念而得之認識，與另一方面由於事物遡經驗材料所作之研究和認識，兩者間之不一致，那是無疑的。數學的、抽象合理的認識觀念與事實及事物之經驗的、具體的認識，是相對立着的。最初的定義、先天的理論，在爲要接受或抓到來自經驗之事物之物質世界、客觀的實際之法則計，固然是應當形成的。然而將純粹邏輯、且獨立於經驗的體系應用到實在世界，其正確性是以什麼爲根據呢？其根據是建立於思維自己底法則，和邏輯判斷之正確性上。假設經驗的對象是和我們思維所自由選擇和創造底定義相符，我們底合理的認識便具有了經驗上的認識應有之意義了。(註)假使事物便是構成幾何學上圖形的那種形體，而且除了運動之外，什麼也不會產生，那末，純粹思維從幾何學圖形底概念中所得遡一切結果，對它是可以應用，而數學的或機械的自然科學，亦可得完全勝

(註) Max Frischeisen-köhler, Zur Erkenntnislehre und Metaphysik der Thomas Hobbes. (Festschrift für Alois Riehl, 1914, P. 263.)

利。

很顯然地，像霍布士這樣偉大的思想家，是不能不知道介於先天合理的認識和經驗感覺的認識之間的二元論。爲要解決這個矛盾，霍布士提出了一種關於實踐作用之獨創的和豐富的思想，但是他還是解決不了這個矛盾。霍布士從以下一點出發：即人類不僅是思維的動物。他同樣還是活動的動物。而且，我們底活動、我們底實踐，是構成了我們認識底前提和出發點。我們自己創造了事物底名字，並由它構成各種的結合和混合，而在字與字之間、概念與概念之間，建立最可能之關係。正因爲它們是我們自己創造的，概念和定義，才是有絕對的確信性的。然而因爲我們不僅創造概念而且創造對象，所以對象亦因它是我們所創造，亦是具有絕對的確信性的。這在幾何學圖形上是如此，在人類制度上同樣是如此。幾何學和政治學，都是先天的和合理的科學。然同時這些科學底客體，都是實在的對象，而不僅是邏輯思維底對象。

邏輯學、幾何學、和論運動的學說，"只是建立我們自己所創造的字之正確的使用之上"，所以這裏的問題，是在合理認識底原則。至於物理學，它是建立在假設之上，所以它也還是可以如幾何學一樣，能夠有嚴格的證明的。霍布士說。"我們第三步驟，便轉入研究那來自運動𨑹部分，即不是關於事物自身𨑹部分；而是關於事物變化𨑹部分。因此，我們在這部分的哲學中，是研究感官所得之性質，例如：光、色彩、透明、非透明、聲音、香、味、熱、冷……等等。又因爲我們沒有認識知覺本身底原因，便不能認識此等性質底原因，所以第三部分的哲學便要以視覺、聽覺、嗅覺、味覺和觸覺，作爲自己研究底對象。而上述的一切性質及一切的變化之研究，便祇是第四步驟的工作了。這兩種對象，是構成了那叫做物理學𨑹哲學部分。凡在自然哲學中能夠證明的，都包含在這四部分之中"。(註) 所以，物理學雖亦是建立在假定之上，亦還是有嚴格之證明的。

六

在這方面底關係上，我們認爲有必要說幾句話，說明霍布士對於空間和時間𨑹了解。和霍布士全部體系一樣，先天合理的認識和經驗感覺的認識之間𨑹不一致，在論空間和時間底問題上，是特別明顯地表現出來。實際上霍布士開始自己自然哲學之分析，是先假設除了一個人之外，一切事物和一切生物都已完全消滅。這位哲學家說，這個人在世界

(註) 論形體·第一章，六頁。

消滅之後，只剩下他以前由感官所得關於一切形體之觀念。他留下關於大小、運動、聲音、色彩、以及它們之排列程序底回憶和觀念。"自然，所有這些東西，只是存在於他底想像中之理想和形態。然而這些事物在他看來，又是存在於他之外，似乎完全離他底觀念而獨立迻東西"。

霍布士這幾句話，自己是想說明什麼東西呢？是否他欲說客觀世界是不存在的，它只是感覺上迻欺瞞呢？自然不是的。他只是欲拿自己底譬喻，加重地指明即使在世界上是存在有事物，我們仍然是以我們想像迻一個形態來思維的。關於我們是以觀念來思維，這一點自然是對的。然而我們所不同意於霍布士的，是在世界消滅之後，事物對於這一個殘留的人看來，還是離他底觀念而獨立存在這一點。麵包底觀念，是觸不到、取不來、吃不得的。這個人是非常明白事物觀念和事物本身之區別的。然而這是另一問題。自然，我們和霍布士自己都是完全同意這一點的。他之假說世界消滅等等，可以說僅是方法上迻性質。霍布士不是一個懷疑論者。但是他底思想行程，不是完全沒有錯誤的。他說："如果我們記憶某一存在於世界底事物在他消滅之時，或是我們在我們幻像中來構思它之時，我們所注意的（完全抽開它底性質），是它於我們意識之外，有它的存在，那末，我們所得到底觀念，便是所謂"空間"了。這個空間，自然是想像的，因爲它僅是想像的產物。然而這正是所有的人所命名底觀念。因爲誰也沒有估計那事實上被充滿了的空間是如何，所估計的，祇是可能充滿的空間。同樣的，誰也沒有想到形體在它底運動中，會抓住所佔有的空間，因爲在同一的空間之內，忽而包含這個形體，忽而包含它個形體。如果空間是緊隨着空間所包含的形體而不變，那是不可能的。"(註)

霍布士拿這些論斷，證明"空間是存在於我們之外底事物之想像的形態。因爲事物簡單是存在着，所以我們在此除了那外於意識底事物存在之外，我們看不到其它任何一種的偶性。"時間亦是如此，霍布士完全確定地說，時間不是存在於物之自身，而僅是存在於我們理智的思維之中，時間不是別的，運動底形態而已。

我們已經指出過，依霍布士底觀點，形體是歸結之爲數學上底大小(數量)和運動。現在若是說空間祇爲物的大小之想像的形態，而時間祇是運動底想像的形態，那末很可以得出結論說，眞實的空間和時間是不存在的，換句話說，形體也不過是我們底觀念，因爲形體所依據之基本定義是消失了的。因此有些人就得到結論說，霍布士是預說了康德

(註)　論形體，第七章，二節。

所說適空間和時間之爲主觀性適問題。這是對的嗎？不，這是不對的，雖然如我們所見的，霍布士確使此種見解有了嚴重的根據。如果霍布士所站適觀點，眞是以爲時間和空間只有主觀性，那末，他是什麼物質論者也談不上。他將是現象主義者和觀念論者了。

霍布士底觀點之獨創性是如此：他一面承認時間和空間是想像上適形態，或是幻象，同時他又以客觀世界有眞實的外延和眞實的運動。他是把時間和空間之主觀形態和客觀底外延與運動底界限，分得十分嚴格。形體之眞實的大小，是我們底空間形態底原因。在時間方面，亦是如此，它是客觀運動之主觀的形態。在霍布士，眞實形體底外延，是構成了客觀的、數學的空間。構成運動之特定成分之數學的時間，同樣亦是客觀的。主觀的時間，是由數學的客觀時間——眞實的運動所引起的。(註)

羅伯特生以爲霍布士之基本哲學主張，曾以爲空間只是主觀上適幻像，此種不正確的說法，便是由上述那種設想來的。

可惜，我們沒有可能將霍布士所提出適許多重要問題及其對此等問題之獨創的解答，加以論述。我們看見的，主

(註)　Frischeisen-köhler, ibid, P.296-297.

要是他底感覺論，記憶爲第六感官之學說，他底一般物理學理論、人類學、倫理學、宗教及國家論，在任何一處，霍布士是最澈底應用同一的方法——抽象數學的方法。

第三章　比列狄克司·斯賓諾莎

（一六三二——一六七七）

一

在十七世紀，斯賓諾莎哲學是被人看做最極端的，卽最革命的哲學。人們把它看做無神論和物質論之最危險的表現。所以，當時社會一切保守勢力，在他生時就已形成了反對斯賓諾莎的聯合戰線了。但在另一方面，十七世紀一切進步的先驅份子，都直接或間接地隨從斯賓諾莎主義。這不僅在荷蘭是如此，就在其它國家亦是如此。早在十七世紀末，我們在法國、意大利、英國等等，都可以遇見到斯賓諾莎主義者。斯賓諾莎底名字，在當時就很普遍，這只要由於那些反對斯賓諾莎底許多書籍和小册底普遍，亦可顯然地看得出來。教授們藉着大學底講壇對這個時代底"傳染病"作鬥爭；至於神學家，他們自然更不必用語句來表示他們對於這個胆敢公然反對宗教偏見適人之厭惡了。

斯賓諾莎主義是十七世紀尼德蘭那些承繼十六世紀傳統的小資產者份子中一種反對派和革命的情緒之直接表現。自然，十六世紀和十七世紀之間，是隔着一道鴻溝。十六世紀是流佈着一種有力的革命的社會主義運動，這個活動荷蘭人是參加過的。這次革命社會主義運動底領袖，是多瑪斯·穆爾塞(Thomas Müzer)，他是用基督教的辭句形式掩蓋(最新的哲學在長時期中是被它掩蓋着)"(註)，來宣揚自己底學說。

孟斯特暴動大半是發生在尼德蘭。在孟斯特落在再洗禮派手中之後，革命運動在尼德蘭，特別是亞姆斯特丹，很快地發展起來；亞姆斯特丹繼孟斯特之後，成爲運動的大中心。然而在這兩個大中心，孟斯特和亞姆斯特丹底革命運動，亦很快地被鎮壓下去。"再洗禮派(它不僅是勞働階級底事業，而且是全體民主派底事業)在一世紀之內，均化爲

(註) 恩格斯：「德國農民戰爭」。

灰燼了。除了德國以外，武裝的戰鬥的再洗禮派便失去一切的意義"（註）

尼德蘭不久便經過了自己底資產階級革命。"在列因河上底聯合國中，亨柏斯堡束縛的解放，引起了某種特定形式的信仰自由和信教容忍自由之提出。這事底發生，差不多正是亨柏斯堡在摩拉非亞和波希米亞壓迫宗教自由的時候，在那裏，宗教自由在虎斯戰爭之後，事實上是佔着優勝。十六世紀末，新教徒(Mennonite)堅持於荷蘭，一六二六年，他們正式得到了信仰宣傳底自由。他們直到現在還存在着。但是這一派底門徒老早就已成爲沒落的小資產者底代表，它在勞働階級爭取解放的爭鬥中，或是在社會主義思想底發展中，是一點作用也沒有了。"（註）

所以，當斯賓諾莎走上社會舞台之時，所有這些曾經一時的革命社會主義的派別，已變成爲和平的、庸俗的小資產者之流派了。他們亦探討宗教秩序底問題，但是他們已消失去革命社會主義底傾向，尼德蘭已進入於一個和平發展底年代了。它在經濟上和政治上在此時都已成一個最有力和最有文化的國家了。"荷蘭人在取得了西班牙人和葡萄牙

（註）考茨基著：近代社會主義之先驅上。

（註）全上引書。

人底殖民地以後，並沒有停止它在本國適工業發展。那些在它國爲資本主義的（?）專制制度所驅逐之勤勞的和智識的勞働者，都以荷蘭作爲一個最好的避難所。在國家中適每一隅，工作都緊張起來，像在蜂巢中一樣。高度的農業文化、無數的運河、大而富足的城市、港灣上無數擁擠的航檣，使荷蘭變爲十七世紀中沒有誰比得上適一個國家了。隨着工業勞働底發展，科學與藝術亦迅速發達，藝術家列布蘭德(Rembrandt)、哲學家斯賓諾莎，法律家格洛西（Huho Gnosehe）等人底名字，這是衆人週知的。"(註)

所以，斯賓諾莎哲學是新組織的、和平的時代之思想底代表，雖然在他底哲學中尙可聽到戰鬥的前代之餘音。充滿於十六世紀廣大民衆中之基本的思想，現由新時代底哲學家，依社會條件底改變，在另一種表現和特殊的體系中表現出來。十六世紀底革命運動是爲十七世紀整世紀底廣大民衆中佔主要勢力之反對派的情緒所代替。如果革命的社會主義運動算是已遭破壞，而各宗派所曾充滿之社會戰鬥底內容，算是烟消雲散，那末，十七世紀時此等宗派對於佔統治地位適僧侶，一部分對於現社會，旣是站在反對派地位，

（註） 梅林格著『中世後之德國史』，斯特巴諾夫譯，三版，一九二四年，七三——七四頁。

則他們至少在理論上還有保持他們曾經參加過革命鬥爭過祖先所傳下若干基本思想。

據我們底見解看來，斯賓諾莎算是十七世紀中出發自廣大民衆之反對派底領袖。他在科學形式中繼續了對於『聖經』之歷史的批評、和前世紀原來的異教的思想，而他這種宗教的批評，是和他底一般哲學宇宙觀，密相連繫。

恩格斯指出多瑪斯·穆塞爾底宗教哲學，是近於無神論的。“他底神學的和哲學的學說，不僅是攻擊天主教底要點，而且是攻擊一般基督教底要點。他在基督教形式之下，宣傳泛神論，這種泛神論是十分近似於近代的懷疑論，而且甚至於接近無神論。他否認『聖經』是絕對的和不變的啓示。他以爲，眞正的和活的啓示，是理智。理智是以前各時代各民族存在過，而且直到現在還存在着之啓示。”(註)

這裏對於穆塞爾底說法，可以更大地應用於斯賓諾莎。上面曾指出過，最新的哲學是要，而且不得不要以基督教辭句的形式來掩蓋。斯賓諾莎底“泛神論”之爲一個無神論和物質論之神學辭句底形式，較之穆塞爾底泛神論，更有過之。至於說到斯賓諾莎對於『聖經』底態度，那他是否認『聖經』爲神底啓示，並以理智作爲眞正之“啓示”。

(註) 恩格斯著『德國農民戰爭』。

因此：斯賓諾莎在歷史上說，是接近於異教的思想，且在科學形式中發展一切對於宗教觀點之批評，導之而成為公開的無神論。

所以在他一方面，我們也沒有什麽奇怪：斯賓諾莎底學說很快地便得到許多的隨從者，首先在同一宗派之內，得到許多門徒。格蘭瓦特（Max Gruwald）說："哲學家底生地——荷蘭，是一切可能的宗教情熱之火爐。那裏對於這個新學說，必然很快地佔定一定的地位。正統派的神學（他以前就以最大的猜忌心來反對過笛卡兒的），現在又集中它底注意力對付他底（指斯賓諾莎——譯者）學說。然而不管是如此，或且正是因爲如此，在短時間之內，聚集於新的名字之下者，有衆多之不平份子和自由思想者。即在斯賓諾莎生時，他已有廣大的朋友和信從者，他們形成了特殊的整個學派了。他底學說，大部分（雖然是以被更改的形態）侵入於上層階級以及下層民衆之中，甚至於僧侶有時亦受這個學說所傳染。"（註）

二

（註） Max Grauwald, Spinoza in Deutschland. 1897. P. 19.

廣大的哲學天才之聲名，卽在斯賓諾莎生時，卽已爲人所確定，不管他底主要著作『倫理學』只是在他死後才出版。一六六三年，斯賓諾莎刊行『笛卡兒哲學之原則』。祇是在一六七〇年，他才出版自己底『論神學與政治』，這一本書使他引起了許多的敵人，而且引起了一批"推翻"這位哲學家觀點之書籍和小册子來。

我們現在可舉一二當時"有學問的"論敵底代表者，藉以使讀者窺見他底敵人是在什麽論調之下批評這位作家。柯烈魯斯是這位哲學家之最初的作傳者，他在一六八〇年出版於亞格斯堡格之『斯賓諾莎傳』一書中，從宣教師斯伯策勒所著迺書中，引了以下有特色的話："這位無神的作者斯賓諾莎，是以令人難信之自傲所昏迷迺人，其羞恥和汚穢，竟至於以爲預言似乎都是根據先知者之欺騙的虛構，似乎先知者亦是和使徒一樣地犯了謬誤，他們倆（先知者和使徒——譯者）都是根據自己天然理知來寫這些，而並沒有任何上面的諭令和啓示而且似乎他們是要把宗教適合當時的觀念，將宗教建立在該時代最普遍而每人熟知之原則上去的。"（註）

（註）此見瀰林斯基由拉丁文所譯之斯賓諾莎手抄本中附錄之柯烈魯斯底『斯賓諾莎傳』，一八九一年，二九——三〇頁。

另外一個當時的"博學之士"——一般斯大學教授蒙提斯在他所著述『眞理照耀下之論神學與政治』（一六七四年出版）中，論斯賓諾莎說："這個惡魔誘惑了大多數人類爲他服務並使其努力顚覆世界上所有之聖者。然而很懷疑他們中有人能像這個毀滅宗教和國家之僞學者如此用力來作破壞神的和人的權利之工作"。（註一）

特別要指出的，就是反對斯賓諾莎的，還有當時的笛卡兒派，他們以爲笛卡兒是肯定神之存在的，斯賓諾莎是用全力否認神之存在，而確立和鞏固了無神論的。例如笛卡兒主義者蘭伯特汪維里特古斯，是一個醫生，在『論神學與政治』一書出後不久便很快地寫道，在所有無神論者中最危險的，便是這位『論神學與政治』底著者。他底目的是要使自己靈魂離開一切迷信，但却是走到否認一切宗教"。（註二）

還有值得指出的，卽那時擁護宗教制度的，除了全部信教的牧師外，尙有教授，笛卡兒底門徒，當時智識份子底代表者（醫生、法律家、文學家），以及當時之大學者和大哲學家如普芬托爾夫和萊普尼茨。萊普尼茨將『論神學與政治』

（註一）見同上書，四一頁。

（註二）Ernst Altkirch, Maledictus und Beneducius, 1924, P. 28.

一書看爲“哲學自由論中最不可忍之專橫的著作”。普芬托爾夫在一六八八年寫給托瑪志遡信中，曾告訴他說：“我知道斯賓諾莎，他是神和人之誹謗者，他把『新約』和『可蘭經』合爲一册”。(註)

斯賓諾莎底著作，在“自由”的荷蘭，亦被政府禁止。自然，天主教會是要把他底著作列入Index librorum prohibitorum 中去的。當斯賓諾莎死後，他底友人出版他底遺稿全集，其中第一次將『倫理學』包含在裏面。因此，政府便頒佈了“特別”法令，遍貼國內各城，並在其中說到嚴厲懲罰來威嚇一切敢“刊行、出售、和散佈”或是把這種不敬神的書翻譯爲它國語言遡人。

然而不管是如此嚴厲而反對斯賓諾莎之著作是如此之多，他底思想還是得到極大之傳佈。固然，他底門徒害怕公開自稱爲斯賓諾莎主義者，且爲要避免檢查官之銳眼，甚至於自己表示他是反對他自己底先生。然而他們自己無論如何總散佈了他底思想。我們只要指出這位哲學家底一個最接近的朋友留得維格·梅因底例子，就可以知道了。他在文章中形式上是笛卡兒底門徒，然他在一般說來是採取了斯賓諾莎底觀點的。柏爾撻渉·柏克亦是如此，他雖然在自

(註) 同上書，六八頁。

己文章中公開反對斯賓諾莎，却是一個斯賓諾莎主義者。

斯賓諾莎主義在啓蒙事業及科學認識之發達上所具之社會的和歷史的作用，直到現在，還沒有人予以充分的說明。我們可以指出，在對於近代知識發展之直接的和間接的幫助上說，再沒有一個哲學體系，可以和斯賓諾莎學說相比較。所以哲學史家赫孟(Conrad Hermann)說得完全正確，他說："近代一切反對基督教的傾向，都是以斯賓諾莎主義爲出發點或源泉"。"一切眞正的科學對世界所力欲說明和了解的，正是斯賓諾莎對此問題所教導的：即必需將現象原因及結果連繫和統一起來。……蓋從實際自身中來理解實際，這已漸是科學之主要的觀點了。"(註)斯賓諾莎主義，據這位著者之正確意見，它不是別的，實爲近代全部自然科學之基本原則。自斯賓諾莎時代到我們現在的一部自然科學史，無非是斯賓諾莎主義的基本原則之更精細地發揚和應用。

赫孟這個判斷，在基本上是正確的。"這一時期(即十七世紀——德波林)自然科學之最高的、最普遍的思想，是自然過程合於目的性這一思想，即平凡的目的論。它以爲猫之

(註) Conrad Hermann, Geshichte der philosophie in pragmatischer Behandlung, 1867, P. 277.

創造，爲的是用以捕鼠；鼠之創造，是充作猫之捕食，一切自然，都是證明創造主底智慧。當時哲學之偉大功績和忠實，我們是必須指出的，即它不受當時自然科學底狹隘觀點之影響，它——始自斯賓諾莎，終至偉大法蘭西物質論者——堅定地企圖由世界自身來說明世界，使自然科學在將來作詳盡之證明"。(註)

我們不能在這方面詳細地說明斯賓諾莎在近代的實證科學底發展上的歷史意義。在本章我們祇是評述斯賓諾莎主義在廣義的啓蒙事業上之作用和意義。

三

斯賓諾莎主義之基本思想——世界應由世界自身來說明，實是表示他和一切宗教關於世界創造主的觀念公然宣戰了。這個思想自身已就和純粹物質論原則相連繫，物質論原則即是承認自然之獨立存在，它是不需要何種外部的，另一世界之力量的。所以，斯賓諾莎主義在無神論思想底傳佈上，在科學底發展上，都同樣具有巨大的影響的。這兩方面底傾向，是平行地走着，相互錯雜和互相影響。無怪乎斯賓諾莎主義、無神論和物質論，始終是被視爲三種意義相同的

註）恩格斯：「馬恩文匯」，二卷，一六七頁。

概念。

我們上面引了許多關於『論神學與政治』出版後所引起反對斯賓諾莎的文獻，其中一二代表者是舉來證明社會各集團底代表是用何種的嫌忌和討厭的態度來對待他，然若以爲斯賓諾莎只有敵人，那是不正確的。固然我們已經知道的，他底名字在那時各社會集團中，是如彼之被嫌忌。甚至於這位哲學家底信徒在說明他自己底觀點時，都隱瞞他底來源，且常有攻擊斯賓諾莎的。然不管那裏情形是怎樣，他底思想隨着時間是逐漸廣佈起來，而且總是和物質論相關聯着。所以近二百年來的物質論史（亦卽是無神論史）常大半是和斯賓諾莎主義的歷史，有不可分離之聯繫。

我們這樣並不是要說斯賓諾莎主義，和宗教的及神祕傾向的派別，沒有關係。非常有趣的，斯賓諾莎主義在初期侵入荷蘭，在下層僧侶和手工業者之中，乜是採取異教的形式。我們看到有所謂林柯夫主義派、德爾柯主義者、和哈特密主義等。這些派別底信徒，亦受政府方面和教會當局之追究和壓迫，甚至於被逐。(註) 但這些派別底名字，雖然是和斯賓諾莎相連繫，却不能認爲是斯賓諾莎主義的精神。他們是因爲沒有正確了解斯賓諾莎底學說所致。林柯夫、德爾

(註)　見 Antonius Van der Linde, Spinoza

柯、和哈特密和他的許多信徒，主要是抓住斯賓諾莎體系中𨑹"神學的外衣"和神學的辭句，而甚少貫通其本質。這種情形可以證明術語是本有其自己底邏輯。人間世事物之表現，是不好用神學辭句底形式——牧師底口吻的。可惜，最新的哲學是處於這樣的一種條件，使它不能不用這種的術語。

我們現在很難重新提出斯賓諾莎底"眞切的"意見。但是我們可以說，我們可以不管斯賓諾莎個人論斷是如何，都可以判定他底學說是有物質論的意義。由他底學說中，客觀上，而且是必然地要得出物質論底結論，這一件事由簡單的歷史事實就可以告訴我們。若是我們把斯賓諾莎主義有關之異教的色彩放在一邊，進而來看一看科學思想和哲學思想之發展，那一定會確定：新時代底物質論爲斯賓諾莎主義在更大範圍之繼續發展和變態。

但我們亦可來研究一下關於斯賓諾莎之個人意見𨑹問題。現在我們是可以設定：斯賓諾莎個人比他在他底著作中所表示之意見，更爲急進，他在他底著作中，因時代的條件關係，不能依他所想𨑹公然說出來。他不得不借用牧師底術語。梅因斯瑪(K. O. Meinsma)曾寫道："沒有什麼可疑的，這位哲學家將那些不能用黑字寫在白紙上𨑹思想，都告訴了自己眞切的朋友。若是他底眞切朋友是一個有邏輯上思

想過人，則他絕不會成爲一個基督教徒。”(註)

梅因斯瑪曾指出這樣的幾個斯賓諾莎朋友，特別是指出了柯爾巴格(Koorbagh)。柯爾巴格爲了自己底觀點，被禁獄中徒刑以至於死，柯爾巴格和他自己底兄弟亞思，曾召集過人數衆多的大會議，在那裏發揮自己“無神的”觀點。在審問柯爾巴格時，亦提及了斯賓諾莎底名字，因爲政府相信柯爾巴格寫他底著作時，是和斯賓諾莎直接合作的。我們必須知道的，就是在柯爾巴格所著的書中，不僅批評了基督教，還提起了政治問題，批評了現存國家和法律制度，甚至於否認教會的結婚等等。

神在柯爾巴格看來，無非是無始之實體。或正確些說，無始的實體，卽是沒有始源的世界，世界卽是神。這個實體底基本性質是外延和思維。

外延和思維，是自古就存在了的，不是誰創造起來的。“自然”便是這個無始之實體，或具有這兩個基本性質(或屬性)之實體。除了自然，是沒有什麼東西；外於自然，也沒有什麼東西。異教徒稱此實體爲耶和華，因爲它是眞正的實體。這個實體，就是他自己和萬物之實體和存在，因爲我

(註) K. O. Meinsma, Spinoza und Sein Kreis, 1909, P. 349.

們就是生活在它裏面，處在這個實體裏面。這個實體就是一切中之一切。我們所見、所聽、和所感覺的一切，只是這個實體之存在形態，因爲一切事物都是由於這個實體、經過這個實體、和爲了這個實體。”(註) 這些話便是斯賓諾莎一個直接學生和眞切的朋友對於斯賓諾莎之了解。

柯爾巴格兄弟將斯賓諾莎學說通俗化，並散佈於民間，召集過祕密的會議，爲此受了劇烈的痛苦。我們問：有誰留心過他底宣傳？我們現在對於這個問題可以得到決定之答案如下：教師、鞋匠、織工、醫生——一句話，是民主派的智識份子和手工業者。

由於反對柯爾巴格兄弟適情形，便可以知道斯賓諾莎所以在他底『論神學與政治』一書中沒有提及『新約』和批評基督教適原因了。然而斯賓諾莎關於基督教之眞正思想，是沒有什麼可疑的，他底最眞切的朋友，是知道得很淸楚。他底朋友和學生之追究，使得他對於他不大明白適人，非常謹愼，甚至非常懷疑。無疑義的，斯賓諾莎底眞正意見，比他在他底著作中所分析的是急進得多，所有斯賓諾莎說關於猶太教的，實是關於全體宗教。

(註) 係引自 meinsma, spinoza und sein Kreis, P, 358.

四

這位思想家在批評僧侶和宗教時是達到何等劇烈程度，我們只要由以下引出的一段，便看得明顯。這一段中充滿了厭惡的情緒，並對人類作革命的呼號，要他們起來推翻宗教之壓迫並起來運用自由的判斷，即要坐在人類理智的皇位上。只有理智才有權力判定關於眞理和虛僞的問題。這位哲學家寫道："我常常驚奇許多人們，他讚美基督教的信仰，即愛情、喜悅、和平、謹愼、和對衆人信用等等之信仰，但他却更不公道地在彼此間爭論，而且每日都養成彼此間劇烈的猜忌。事情發生竟至於使任何一個人，不論他是基督教徒、回教徒、猶太教徒或異教徒，我們對他都只能拿他底外表或他底"服飾"來認識，或且只能從他所祭奉之寺院，最後只能從他所宗之某種意見或他用某個先師底詞句來宣誓之習慣來認識，而其生活底規則，一切人都是一樣。我追求過罪惡底原因之後，一點也不懷疑這些罪惡是由於那些簡單人民之担負宗教義務，是將在教會的服務看作一種功績，將教會的職務，看爲收入底來源，並把牧師看爲最高的光榮。"(註)

(註) 斯賓諾莎著，「論神學與政治」六——七頁。

一旦教會的職務，成爲收入迿來源，於是所有的惡徒（如我們這位經常無情而沉靜的哲學家所給他們迿命名）便都有取得牧師地位之強烈願望。因此，曾是出自直率和眞誠的信仰，一變而成爲輕信和偏見了。牧師僅是醜惡的貪婪和名利的了。而宗教信仰使人由理智的動物變成爲禽獸。

根據斯賓諾莎底觀點，國民幸福是最高的原則，“一切事物不論是人的還是神的，都應當適合於這個原則。”換句話說，對於宗教亦只能根據人間利益——國家利益或國民幸福——底觀點來判定。斯賓諾莎在其研究宗教底歷史作用時，曾指出過宗教和政治之內在連繫。他得到結論說：“宗教常是適合於國家利益”（註）。然而，斯賓諾莎說，國家之最後目的是自由。自由的國家，是應力求解放人類的恐怖，並使他能有利用自由理智之條件。沒有理智底自由，沒有思想底自由，是不能發達科學和藝術的，因爲只有那些具有自由思想而無成見迿人，才能使後者（科學與藝術——譯者）得到有利的成功。”

斯賓諾莎熱烈地攻擊一種制度，在那種制度之下，科學思想和哲學思想底自由，因保持宗教偏見和落後的科學觀點而被人干涉。他讚揚一種人能夠爲着良善的事業，爲着自

（註） 同上書，三八〇頁。

由而高昂頭顱於刑場上。他說:"今將那些忠誠的人當作惡人而加以放逐,只是因爲他不想虛僞,或不曉得虛僞。我們能不能說這種事(即加害於忠誠的人——譯者)對於國家是再有害沒有的呢?不是因爲某人犯了罪或作了不忠的行爲,而是因爲他具有自由的理智而便待之如仇敵,而置之於死地,而刑場反成表現最高容忍和德行之範模的劇場;我問什麼比這是更有毒害的事呢?那些自知忠實的人,是不會如罪人那樣地怕死的,而且也不祈求避免刑罰,因爲他底精神,並不因什麼可恥行爲底懺悔而痛苦,反之,他是自認爲忠誠之人,而不是被責罰的人,他是爲良善事業、爲自由而光榮地死去的。"(註)

這位思想家在這個熱烈抗議那個時代對於爲自由思想和科學研究底先進份子之迫害和追究之中,對於那些願"爲良善事業而死"過人,表示了深切的同情。在這些被迫害和被追究的人們之中,除了他自己外,便是他底最親切的朋友和學生,例如柯爾巴格兄弟之類過人。

五

自然,這位哲學家底自由思想,只能在當時社會中進步

(註) 同上書,三九九頁。

的份子中，得到同情，自然是極少數的。

先說十七世紀末底德國，我們必須先注意到瑪特亞司·克律特青這個人。他得出十分急進的社會性質和政治性質之結論。克律特青根本上是站在斯賓諾莎主義底觀點，特別是在批評『聖經』方面，這是沒有一點可疑的。克律特青追隨於斯賓諾莎之後，亦是以爲理智是『聖經』底唯一裁判者。克律特青有特徵的一點，便是他要使精神界和俗界的政府，能成爲下層階級之貧困狀況負責過政府。克律特青和他底門徒底口號之一，便是："我們否認上帝，輕蔑一切政權，推翻教會和它底牧師"。不幸的克律特青爲自己的主張而死了。然而他底思想並沒有消滅。必須指出：克律特青在他生時就已團結了大多數自由思想的青年了（就那時底人數說）。很顯然的，反對克律特青的，不僅是政府和牧師所加之迫害；而且還有大學教授，他們以爲進行反對這種胆敢公然侵害宗教偏見之人過爭鬥，是他們底天職。

一六九二年，在德國，腓立特力·斯托司一本的"Con-Cordia rationis et fidei"底出現，引起了很大的衝動。著者在基本上是深得斯賓諾莎底『論神學與政治』和『倫理學』之精神的。斯托司是一個在自己著作中實質上企求調和哲學結果（卽斯賓諾莎主義）和基督教之斯賓諾莎主義者。然而斯托司底書在全德引起了憤怒的狂潮。依照腓立特力一世底命令，該書是被燒了，然而並沒有妨礙他底傳佈，因爲它藉無數的手抄本而流傳起來。這本書，據一個最近作家底意見，是替斯賓諾莎主義在德國做了很多的宣傳；而且準備後來自由思想之基礎。

斯托司在自己書上底序言上，即已向讀者說過，他是不爲斯賓諾莎和霍布士這些被嫌惡的名字所驚恐的，他在自己著作中，亦分析到他們底觀點。可注意的是斯托司將斯賓諾莎底觀點，解釋爲純粹物質論的精神。人是萬有宇宙之一部分，是最後的、思維的、和外延的生物，他是由自己的存在以及自己全部的活動所決定。神是統一的和唯一的實體，但是實體不能當作非物體來思維。因此，實體是物的、物質的。斯托司亦否認精神之非物質性和不死，所以一般說來，他雖是欲調和哲學與基督教，却是站在物質論觀點之上，而基督教顯然不過是保護的外表罷了。在十八世紀初，德國出現了無數繼續斯托司事業之作家。首先我們必須回憶到的，是留得維格·萊。

格倫瓦爾特在自己『德國中之斯賓諾莎』底研究中，指出"物質論在德國是在斯賓諾莎主義的手杖之上"發現出來的。他把在一七一七年出版一書名爲"Meditationes philosophicae de deo, Mundo et homine 遒留得維格·萊，列爲斯賓諾莎主義者，是完全正確的。該著者亦和斯托司一樣，是沒有脫去宗教的傳統，然而著者底著作，是貫通了物質論的精神。這只要指出一點就夠了：他把人看爲由兩種物質形態——精神與形體——構成之機器。

德國十八世紀上半期，最大的自由思想底代表者，是伊奧耿·愛得曼。他是狄拔里底學生，狄拔里是一個特殊而引人注意（一般說來）遒人物。這只要說一件事便夠了：就是狄拔里曾要求廢除財產、消滅國家政權、主張公民的結婚而反對教會的結婚等等。很顯然地，在狄拔里和克律特菁之間，是存在有一定的思想本質，狄拔里是反對斯賓諾莎主義，而譏罵這位亞姆斯特丹底思想家（卽指斯賓諾莎）的"機械論、宿命論、不敬神"等等，卽譏罵他底學說中物質論的成分。狄拔里自己則相信有一種不可見的世界和無終之精神實質而可見世界是依屬於它們的。

愛得曼是在狄拔里處嘗學生，但他自己底觀點却是一個斯賓諾莎最大的信徒，十八世紀上半期最傑出之啓蒙主義者。愛得曼亦是作爲狄拔里和克律特菁之擁護人而出現的。要能夠做這些事，都是需要最大的勇敢的。愛得曼對於克律特菁對於『聖經』之批評，亦是同意的。

我們底任務，並不想對於愛得曼底見解，加以分析和批評，我們對於其他斯賓諾莎底信徒，亦是如此。我們在此只是扼要地在斯賓諾莎主義史中指出其基本的成分罷了。所以我們只說到斯賓諾莎主義之最大的代表者。斯賓諾莎主義的舊派和新派之間的一個連鎖，自然是勒辛(Lessing)。他是德國十八世紀中最大的“第三等級”之思想家。勒辛之走向斯賓諾莎，是經過狄拔里、愛得曼和英國的自由思想家。海爾德和歌德亦是斯賓諾莎主義者。至於說到菲希特、謝林格和黑格爾，那末凡是我們認識他們這些人底宇宙觀的，便顯然知道這些偉大的思想家所受斯賓諾莎底影響，是達到何種程度。菲希特說，誰離開“我便是我”這一原則，誰便必傾向於斯賓諾莎。依他底觀點，以爲在一般說來，只存在有兩種澈底的體系：便是批評主義和斯賓諾莎主義。謝林格體系和斯賓諾莎主義，有許多共通之處。而黑格爾則非常重視斯賓諾莎學說中“理論與實踐合一”、“知識與活動合一”的原則。此外還應指出黑格爾底辯證法有許多部分是和斯賓諾莎底辯證法相恰合，這是可以一望而知的。唯關於這一點，是要用專門題目來論述它的。黑格爾以爲，新哲學之根本中心，是斯賓諾莎主義。無論怎樣說，斯賓諾莎主義是黑格爾學說中之主要成分。

留得維格·費爾巴哈是從黑格爾學派中出來的，他自覺地傾向於斯賓諾莎，重新宣稱這位亞姆斯特丹底思想家底學說，是基本物質論的學說，這正是它在十七、十八兩世紀所佔適地位。

現在我們說到英國，此處斯賓諾莎主義是以托蘭德爲代表，此時已是十七世紀末和十八世紀初了。它是以物質論的概念而出現的。托蘭德在他自己『給謝侖那適書信』中，批評斯賓諾莎底體系，這個批評是在反對斯賓諾莎學說中一些地方，雖是非常重要之點，但總是次等的。托蘭德全部批評，是說斯賓諾莎沒有說明到運動底概念。在這一點上，托蘭德是完全正確的。他進而發揮並加深運動底概念，他認爲運動是物質之主要性質。自然，斯賓諾莎並沒有以運動爲偶然的性質。但是托蘭德所說斯賓諾莎沒有予運動以充分的定義，我們在斯賓諾莎那裏看不到對於這個問題，有完全明白的性質，雖然他（指斯賓諾莎——譯者）在自己學說中也明白這個缺憾，這些托蘭德都是說得對的。然而對於我們看來，主要的是托蘭德將斯賓諾莎底實體，視爲建立在兩種屬性之上適物質。托蘭德以爲，運動是和外延一樣，同爲物質之最初的和不可分離的性質。至於他批評到斯賓諾莎主義其它各點，就是斯賓諾莎底道德論和物質分割性底問題。我們是難同意托蘭德所說迺斯賓諾莎倫理學會使人對他底行爲不負責任。不過這是局部性質的問題。

托蘭德是和那時代英國自由思想家——高林司一樣，在批評宗教上、及主張思想自由上，是和斯賓諾莎相接近的。

六

我們現在說到斯賓諾莎對於法國思想迺影響以前，首先須一述柏伊利在他底『哲學辭典』中所撰『斯賓諾莎』一項目。這項目在一六九七年就已出現，並在好長一個時期中，差不多成爲理解斯賓諾莎學說及其生平之僅有的唯一來源，特別是在法國。一般說來，柏伊利這一項目是不成功的，因爲他是完全不理解斯賓諾莎底學說。不過柏伊利又是十分擁護斯賓諾莎人格迺人。歌德曾說到柏伊利底文章對於他底印象，——當他第一次知道這個文章迺時候。這個印象是“不滿”和“懷疑”，一般說，印象是兩重的。歌德說，開始時柏伊利是把斯賓諾莎看作無神論者，依他底意見，這是應加以駁斥的。但在以後他又讚揚斯賓諾莎底品性和人格。我們必須知道，柏伊利，亦如他之爲一懷疑論者一樣，一般上說，其對於斯賓諾莎底關係，是不確定的。馬得勒假定柏伊利是把斯賓諾莎底體系看爲一種"獨斷的"體系。更正確些的假定，實可以說柏伊利對於斯賓諾莎是了解得不清楚。他駡斯賓諾莎爲無神論者，但是他自己同時却以爲無神論者是迷信的。然而柏伊利底文章對於許多讀者，却引起了反應。倫渦蒙司說："柏伊利底文章，顯然地是起了良好的印象，因爲在十八世紀初，宗教的作家們，都覺得自己底職責，是要重新引起他們先人對斯賓諾莎以前所作過遊呪駡來反對它。馬錫里昂在自己『論宗教懷疑』遊演說辭中攻擊斯賓諾莎；費列郎……也斥責他。卡丁納·波林亞克甚至於用拉丁詩歌駁斥斯賓諾莎，如他以前對待律克列靑一樣遊辦法。卡丁納伯尼則在法文詩歌中攻擊他。亞伯·勃留克自告奮勇要首先和斯賓諾莎爭鬥，而引起了福祿特爾底嘲笑。

"所有這些更促進了一切敬神的人們起來呪駡斯賓諾莎，但是他底名字和學說還是廣佈起來，而保證他在無神論的世紀中得到成功。"(註)

十八世紀法國的一個最初的信徒，是伯爵巴郎威利，他曾著有斯賓諾莎學說之解釋。該書只是在一七三一年、著者死了以後，在"解剖斯賓諾莎底醜惡學說"底形式之下出版。然在實際上，其目的是使法國社會認識斯賓諾莎底思

(註) 倫渦蒙司著：『斯賓諾莎底道德』。一九〇五年，二三頁。

想。十八世紀底法國哲學，是在斯賓諾莎主義強烈影響之下出現的。倫渦蒙司在他底『斯賓諾莎底道德』一書中，肯定地說，赫爾維修、拉梅特利、荷爾巴赫等人底道德學說，完全和斯賓諾莎底思想一致。頓・德珊納和魯彬列・渦蒙司則簡直是斯賓諾莎底學生。

福祿特爾是非常抬高斯賓諾莎之爲『聖經』批評家劑地位；但不以爲這位哲學家底觀點是一個眞的或僞的自然神論者。福祿特爾以爲斯賓諾莎是不承認任何的神，他之採用"此種神聖的語句，爲的是使他自己底學說不要太驚動了人民。"福祿特爾說，"在一般上，斯賓諾莎亦可像笛卡兒一樣，用兩句話形成他底學說："請給我運動和事物，我便能創造世界"。換句話說，福祿特爾是從物質論和無神論的意義上來了解斯賓諾莎底學說，這個學說從自然神論者看來，是"盲目的"而應該屬於"擯棄"之列的。

至於荷爾巴赫如何了解斯賓諾莎底"神"，那我們只要引『自然體系』中他和笛卡兒學說論戰劑一段，便很明顯：

"……笛卡兒欲以證明神底存在之證據，是完全沒有理由的。他以爲這個神便是思想、理智。但理智、思想沒有主體——此等性質之担負者，如何成立？笛卡兒說：神之成立，祇是由於它是一種直接屬於宇宙一部分之某種力量……他又說，神之可以稱之爲外延，祇是像包含於鐵塊中之火，實在說，他是除了鐵自身底外延之外，是不具有別的東西。然而根據此種的說法，我們可以答覆笛卡兒：他自己也是除了自然之外，不承認有其它的神，而這就是斯賓諾莎主義。”

用不着多舉引證，就可以證明十八世紀底法國物質論，用普列哈羅夫底話來說，它乃是變態的斯賓諾莎主義。在費爾巴哈，同樣亦是如此。

所以，在斯賓諾莎時期以後的物質論史，據我們以上扼要的概述中，可知它不過是斯賓諾莎主義之繼續發展和變態。這是歷史事實，誰也不能否認。所以十分自然地，近代物質論，在某些情形上，是和斯賓諾莎主義一致。否認近代物質論的歷史起源是由於費爾巴哈；十八世紀法蘭西物質論是由於斯賓諾莎，那是盲目的。近代全體物質論者是同一程度地和斯賓諾莎一致的。

普列哈羅夫和伯倫斯坦爭論時，首先指出了近代物質論和斯賓諾莎之親屬的關係。自然，普列哈羅夫這個指明，修正論者是非常不高興的。普列哈羅夫根據這個論點，後來在他底『費爾巴哈論』的『序言』上，寫了以下的話："如果當我在與伯倫斯坦論爭中，說了近代物質論的親屬是斯賓諾莎主義而使"批評家們"大爲驚奇叫喊，那末這唯一地是因爲他們是太不學無術了。爲要使自己理解上述的意思，必須記着：第一，近代物質論是經過費爾巴哈底哲學的，第二，再去弄明費爾巴哈底哲學和斯賓諾莎底哲學之區別倒底是在什麼地方。誰理解了上述兩點，誰便要看到：在關於思維與存在之關係迺基本觀點上，費爾巴哈便是一個不以自然稱神且放棄黑格爾學派之斯賓諾莎"。

近代物質論是黑格爾辯證法和費爾巴哈物質論，經過加工之後而得之物質論的綜合。"然而費爾巴哈物質論亦如新時代全部物質論一樣，是變態的斯賓諾莎主義。因此，斯賓諾莎主義是近代宇宙觀中之必要的"成分"。但是近代宇宙觀却無論如何又不可和斯賓諾莎主義同一起來，當普列哈羅夫說斯賓諾莎是"近代宇宙觀之親屬"（如我們上所引述的）時，他是專指存在與思維相互關係迺一個問題而言的。我們是很知道斯賓諾莎學說中迺弱點方面，（只要指出他底學說中沒有發展底觀念一事，便可以知道了），然而這並不妨礙我們對於這位偉大無神論的思想家之尊敬。他是新時代物質論之創始者和爭取科學研究自由之戰士。

第四章　斯賓諾莎之宇宙觀

一

普列哈羅夫在我底『哲學入們』所作遊序言上，曾嚴責那些哲學史家，將斯賓諾莎列爲觀念論者。

他說："十分自然地，處在近今觀念論佔全盛的統佔之下，哲學史是拿觀念論的觀點來做的。因此，他們早已把斯賓諾莎列爲觀念論者。所以，另一些讀者自然是非常驚奇我將斯賓諾莎主義理解爲物質論的意義，然而這却是唯一正確的理解。

"早在一八四三年，費爾巴哈已說過以下完全有根據的主張：他以爲斯賓諾莎學說是"新時代物質論概念之表現"。

自然，斯賓諾莎自己亦不能避免他自己那個時代之影響。據費爾巴哈底指明，他底物質論，是穿上了神學的外衣。然主要之點是在於他無論如何是將精神和自然之二元論剷除了。若是自然在斯賓諾莎是叫做神，那末，他底神底屬性之一，是外延。斯賓諾莎主義和觀念論之根本區別，即在於此。”

在這種觀念論佔全盛的情形之下，無怪乎斯賓諾莎早已被列於觀念論的門下。可惜的很，現在雖然有許多人如費爾巴哈、普列哈羅夫、恩格斯……等等，已將斯賓諾莎觀點當作物質論來解釋，而哲學史家上述此等傳統至今甚至仍為一些近代物質論者所擁護。我們現在仍然需要和此種觀念論傳統爭鬥。向我們中人證明：我們是不能把斯賓諾莎列為觀念論者。近年以來，隨着解釋黑格爾底辯證法和斯賓諾莎底概念，而分成兩“派”：黑格爾派和斯賓諾莎派。我們中間所發生過分歧和爭論，是在於兩個基本的論點和兩個基本的關節之上。如果我們底爭論是在黑格爾方面，是提出了我們方法底基礎問題，那末我們因斯賓諾莎名字而引起過分歧，便是以我們宇宙觀為中心，且係屬於物質論底理解底問題。然因方法和宇宙觀，彼此是不可分離的，所以爭論和分歧之屬於第一部分——方法問題——者，和第二部分底爭論——宇宙觀底爭論——是不可分離地連繫着。

現在我們進來從總的方面開始指出斯賓諾莎宇宙觀之一般特徵，說明斯賓諾莎在宇宙觀中、在科學中、在世界之科學的理解中增加些什麼東西，同時，在這種意義上之斯賓諾莎主義，即成爲新科學哲學之宇宙觀適斯賓諾莎主義，和那些斯賓諾莎主義所要與之作鬥爭之宇宙觀，有何區別。

斯賓諾莎和我們近代物質論者相接近適第一個理論，便是他對於客觀世界存在之承認，斯賓諾莎因爲宣言承認這個原則，被那些所謂批評主義的，即康德派的門徒稱之爲"獨斷論者"，而斯賓諾莎所承認的，正是這個原則。批評主義對於斯賓諾莎所下適評判，是有非常重要的意義，因爲批評主義所理解之"獨斷主義"，常指的是物質論。據菲希特底意見，唯有兩種澈底的和嚴格支持之哲學體系，才是可能的：獨斷主義和批評主義，而他所理解適獨斷主義，便是斯賓諾莎主義和物質論。他們連那些將宇宙認識之可能，加以"非批評的承認"者，都列爲獨斷主義。可是，我們認識能力之批評的研究，却建立了外在世界不可知論之眞理。照這樣的論斷，那便必須說：斯賓諾莎對於我們認識能力之研究，是要讓出巨大的地位，然而他所得到之結論，是和批評主義所得之結論相矛盾的。大家知道，站在否認外在世界適立場之人，尙有經驗批評論、馬赫主義、和經驗一元論及其它各種形態之實證論。然而否認外在世界，是必不可免會走到觀念論。我們從斯賓諾莎那裏，可以見到他對於那些以爲只有感覺是存在的，且除感覺外我們沒有什麼可以認識遡觀點，作了一個扼要而非常中肯之縮寫。以下便是斯賓諾莎關於這個問題所寫遡話："他們都說：精神是可以感覺，並可用許多方法感覺到，唯所感覺的，不是自己，也不是存在的事物，而僅是不存在於自身，且亦不存在於任何處遡事物。即是精神只能是一種自我創造知覺或觀念遡東西，而這種知覺和觀念並不就是事物之知覺和觀念。他們就是這樣一部分地將精神看爲神了。"（斯賓諾莎著，論「智力之鍛鍊」，波羅甫曾夫譯（俄譯本）一九一四年，一一三頁）。

所以，凡是否認了精神能感覺和認識外在事物之人，便是主張精神可以僅僅用它自身底力量而創造知覺和觀念，並把精神變成爲神，即變成爲自我創造全世界之實體遡人。這種說法便是表示：精神（在他們看來）是一點不依存於外在世界，它是創造事物世界之自我的原因。然而這種觀點完全不能和我們這位哲學家相調和的，因爲他以爲"首先要從物理的事物中去求得我們底觀念"的。

斯賓諾莎全部宇宙觀之另一個特點，是在於他否認目的性而主張嚴格的决定論。不論在研究自然的或社會的實際，都應當只採用原因的範疇。他用不可侵犯的思想力和非常的嘲弄來非笑所有那些到處尋求最後原因之哲學家。此等最後的原因，實僅是人類的虛構，落後偏見和迷信的產物。這些哲學家們欲證明宇宙一切都是爲人底利益而造出，"這不過是欲證明自然或神並不比人不糊塗些"。斯賓諾莎說："因爲了人們在自己手中和在自然界中有不少是爲實現他們利益之手段，由此他們便以一切自然手段，都是爲自己利益之手段；他們用目的解釋一切，而到處都看爲神之意志。"假設從某屋頂上落下了石頭於某人底頭上，並將他打死了，他們便要用此種方法來證明石頭落下，正是要將人打死，因爲他若不是依神之意志而按此一目的而下落，那末爲何這等情形能偶然地結合在一起，而且許許多多都是如此結合着呢？你或者可以答應說，這事發生是因爲起了風，而那個人恰走了那條路。然而，他們還要問：爲什麼風恰好這個時候起來呢？爲什麼人亦恰好在這個時候，走了那條路呢？如果你再答覆說：風所以在那個時候起來，是因海裏在前一夜開始在前此的良好氣候中翻騰起來，而那個人恰爲朋友所招請。然而他們還是固執地要問，因爲問題尚未終了：爲什麼海會翻騰起來，爲什麼朋友在那個時候招請他？如此除了你求助於神底意志之外，即求助於 Asylum ignorantiae 之外，原因底問題是不會停止的。"（『倫理學』，第一篇，附錄）。

因此，神底意志被斯賓諾莎視爲落後的遮掩物。我們這位哲學家在到處都只注意天然的現象，而此現象又是應用必然的一般法則來解釋和研究的。斯賓諾莎與許多哲學家和學者，甚至於與近代的哲學家和學者不同，那些人以爲如果不是自然現象，那末社會過程一定是可以用道德觀點來研究的，但斯賓諾莎則將必然性底法則普遍應用到人類和社會上面去。斯賓諾莎根本否認任何的倫理的和神學的原則用在實際上是合理的。實際性之研究是要揭發連繫的原因，和在其中發生作用之客觀法則。在這一點上，斯賓諾莎比近代許多哲學派別，更近於近代物質論。

斯賓諾莎是帶着"無神論之王"底榮耀頭銜而走進歷史的。實際上，只要由我們上所引述之各點看來，已可充分地表現我們這位哲學家底宇宙觀，是純粹物質論和無神論的宇宙觀了。然而斯賓諾莎認爲必需和宗教偏見作直接鬥爭，這是落後的特殊形態，是僧侶和一切權力者之支柱。我們以爲指明我們這位哲學家在這方面過歷史功績和他所著過『論神學與政治』一書所起過文化上啓蒙底偉大作用，是有特殊的必要。斯賓諾莎乃是後來全體啓蒙時代之眞正領袖。

斯賓諾莎底名字，在歷史上常和自由思想不可分離地連繫着，且聯在一起。因爲他是首先舉起反對宗教迷信適反叛旗幟，而擁護自由的科學思想適一個人。他是第一個對聖經加以科學批評，而不僅限於單純地否認宗教。後來全體對於聖經底科學批評，都是以斯賓諾莎底『論神學與政治』，爲自己底出發根據。我們還不能以爲這本著作就收到了何種的解放效果。然而啓蒙時代正是從這本著作開始。各國所有進步的先驅份子，所有後來的各國啓蒙運動者，都直接或間接地從斯賓諾莎底著作中，找到和宗教偏見鬥爭適不可反駁之論據。所以我們平心而論是應當以斯賓諾莎作爲自由思想之父。現在於此不能對『論神學與政治』一書，加以分析，可是我以爲必需指明這本『論神學與政治』一書底基本動機，我們在後來法、德啓蒙論者中亦可見到這一點。

宗教，據斯賓諾莎底解釋，是沒有任何理論意義的，它常僅對於實踐生活才有意義，換句話說，在它作爲權力者利用之束縛人民適時候，才有意義。迷信是因爲恐懼而發生、保存、和支持着的。故宗教迷信實是存留於我們時代之古奴隸制底遺跡。假使宗教偏見和古代奴隸制是息息相關，則在自由國家中是不能使此種迷信有存在餘地，無論如何，這裏對於此種偏見，自由判斷應佔統治地位的。

斯賓諾莎和古爾赤一樣地認爲："沒有什麼比迷信統治人民更壞"。他欲以此指出政治與宗教之關係。這種理論，後來在法國啓蒙論者和物質論者中，得到了繼續的發展。斯賓諾莎說，在土耳其，每個人的思想，被偏見所蒙蔽的程度，竟使他們在精神上無絲毫的健全理智，也沒有什麼懷疑。但是這位思想家所說關於土耳其底情形，他是以爲凡是君主政體統治的一切民族，都是如此的。

據我們哲學家底意見，君主政體大部分是以宗教迷信爲基礎。我們重複說一句，法蘭西啓蒙論者亦是主張斯賓諾莎這個思想的。斯賓諾莎說："若君主政制之最高祕密和他所最認爲重要的東西，是在保持對於人民的欺騙，而恐懼（人民所不得不忍受的）是用宗教之顯赫的名字作掩蓋，俾使人民爲自己奴役掙扎，當作爲自己幸福掙扎一樣；而且還不把那種爲某個人底尊貴而不惜性命和流血，視爲可恥，反而認爲最可敬的事情；那末在自由國家中則相反，那裏足以引起不幸的事情，是不可思議，且不能接受，因爲用偏見或其它的方法壓抑一切人民之自由判斷，是完全和一般自由不相兩立。"（『論神學與政治』，俄譯本，一九〇六年譯，五頁）。

斯賓諾莎在別處又說："宗教偏見和迷信，會使人從理智的生物變爲畜牲，因爲它是完全阻礙每個人用自己底判斷，區別眞理和虛僞，而且顯然地是要使理智之光最後消滅"。

可以說，在近代思想家中再沒有誰說出斯賓諾莎如此嚴酷而不敬神的語句吧。君主政制是建立在恐懼之上，而人民底恐懼，是由宗教迷信和落後所培養和支持着的。這些推動斯賓諾莎批評宗教迷信的基本動機，是爲後來全部啓蒙學者，一部分爲十八世紀法國百科全書派和物質論者所接受的。

在自由國家中，理智——即自由判斷，應佔統治地位。因此，宗教偏見是奴隸制度之殘餘，而與新形式的社會制度不相容。宗教不應當視爲一種世界之理論的認識，它與自己底信徒以一種實踐行爲之規準，要他們順從和虔信，而這乃是一定歷史和政治的條件之產物。至於僧侶，他應服從國家，即服從人民之公衆利益。科學和國家，應以自然的認識，自然的權利爲基礎，而與神學無共通之點。

斯賓諾莎依此出發，力圖將哲學（即自然的認識）和宗教分家。他要求最廣泛的哲學自由、思想自由和科學認識，我們暫不管，斯賓諾莎底聖經批評，如從近代研究底觀點來看，其爲科學遊程度是如何，這對於我們，並不是主要的任務。我們現在是指出斯賓諾莎這種活動之歷史評價。依此觀點而言，『論神學與政治』一書之意義，是巨大的。正是這一本著作，成爲人們指斥斯賓諾莎爲無神論之根據，且成爲我們這位哲學家重新被人追究之原因。若斯賓諾莎被猶太教會開除，可說是有地方的、民族的意義；那末，這位思想家在個人生活中第二次的遭難，便是和『論神學與政治』之出版有關係了。現在斯賓諾莎是成爲一切僧侶、神學家和玄學者、哲學教授和國家政府方面攻擊之鵠的和追究之對象了。甚至連許多私人朋友，他們因爲自己底狹隘，沒有預見到這位哲學家竟會採取如此極端的、反宗教的立場，亦皆嫌忌他了。然而在另一方面，『論神學和政治』一書之出現，卻替哲學家創造了國際的聲名。所有各國底急進和革命份子，都漸漸地圍繞在他底名字之下了。

我們在指出了斯賓諾莎若干基本原則之後，現在便可以進一步研究斯賓諾莎所提出的中心問題。他底主要著作，是名爲『倫理學』，但是若以爲這位思想家底目的是和康德一樣地在於揭發出某種超感覺的、神性的倫理法則，（道德律）如康德底"無上的命令"(Categorical Imperative)之類，那便不對了。

在斯賓諾莎是不存在有實際底兩面觀：即存在和與之相反而作爲彷彿另一個超經驗世界根源之應有道德（或譯爲"當爲"）。斯賓諾莎所理解之『倫理學』，乃是特定的生活方式，這種生活方式是應從實際——自然、人類、和人類社會——中得來的。『倫理學』是要藉他認識自然痛苦和願望適方法，決定人在自然中之地位，並由完全現實的和唯物的途徑，求出他底生活方式。

倫理學在這種完全合理和自然的意義上，亦就是論存在的學說，而並沒有什麼抽象的倫理規則和應有道德，與之對立。生活之正當方式，不論私人的還是社會的，其基本原素，是人類對於自然適統治、文化適創造（指最廣義的）。所以，一切科學和一切人類認識，是具有實踐的目的。

—

我們對於斯賓諾莎底基本立場，已作了最必要而概括之輪廓的敍述，現在可以再論及我們這位哲學家底宇宙觀，是建築在何種成分之上。關於這個問題底文獻，也很有一些。有人以爲猶太教是斯賓諾莎主義底根原，因爲斯賓諾莎是猶太人，而且在猶太法師處學習過，並研究過塔姆特（最好的註釋書），甚至研究過『喀拔拉』，因此便得簡單的結論說：斯賓諾莎主義底根源，是來自猶太教。我們一點也不否認那些最大的猶太思想家（如瑪因蒙里達之類）對於斯賓諾莎有某些影響，但我們仍認爲如果以爲我們這位哲學家是出身猶太教底胸懷，那是完全不正確。至於『喀拔拉』，斯賓諾莎對於他底批評，是否定的。

另外一種人，認爲煩鎖哲學是斯賓諾莎主義底來源。再有第三種人，認斯賓諾莎爲笛卡兒學說底信徒。自然，誰也不否認斯賓諾莎對於煩鎖哲學之依存關係，笛卡兒對於我們哲學家的影響，然而我們總還是應該說，所有此等關於斯賓諾莎主義根源之論斷，都只是提到問題底表面，因爲斯賓諾莎生活着和創作着的那個時代中各種派別和哲學傾向，是爲這些研究家所見不到的。

奇怪而且完全輕率的是那些似乎十七世紀只是有一個空虛的地盤存在着，那裏似乎沒有發生任何的思想運動。在它一方面，這種想法，顯然是假設斯賓諾莎不是一個能感受所有他底同時代人所提出的各種問題之活的人，而是一個封閉於自己房屋底四面圍垣之內的埃及木乃伊，並像書蟲一樣，不斷在煩鎖學者底舊本子中，或是『喀拔拉』底神秘書堆裏抓來抓去。然而所有此等想法，都是和一定事實矛盾。我以爲，爲要說明斯賓諾莎主義根源底問題，必需先研究十七世紀中佔有地位之哲學和科學底基本派別，因爲斯賓諾莎主義，是他那時代底產物。他是欲從哲學上解決當日提到議程上邀諸問題之一人。尙不止此。由我底觀點看來，斯賓諾莎主義首先是他底時代中物質論傾向之綜合。

在許多斯賓諾莎主義底研究家中，可以說，只有都林·波爾可夫斯基(Dunin-Borkowski)(註)注意到斯賓諾莎主義和近代的哲學派傾向和科學思想間之關係底問題。必須說：不管這位著者自己是一個天主教徒、觀念論者、神秘主義者，且他甚欲將斯賓諾莎用同一的精神來解釋，但仍不得不在任何情形之下承認一點：即斯賓諾莎少年時曾有一時實是物質論者，不過只有幾年和短期間罷了。可是，無疑地，他實曾經是物質論者，即機械論者。唯到了後來，——都林·波爾可夫斯基以爲斯賓諾莎是亟亟地和物質論分家了。我對於這一點所持邀意見不同，然而無論如何這個熟悉哲學家生活和時代邀都林·波爾可夫斯基，不得不承認斯賓諾莎在其自己底發展中，是曾經過物質論的，這亦是相當的勝利。

我們在十七世紀中看到許多物質論的著作，這些著作，自然是被斯賓諾莎作過根本的研究的。甚顯在斯賓諾莎生

〔註〕 Dunin-Borkowski, Der junge De Spinoza, 1910。

時，曾發生了因安利·列魯亞之出現而引起底巨大口頭的辯駁和文字的論戰。荷蘭出版它國中被禁止之物質論著作，除了合法的文獻之外，尚有極端派的最不合法著作在該國中傳佈，斯賓諾莎是生動地爲所有的派別所引動。在他被猶太教會驅逐以後，他便作廣大的涉獵，而熱心地尋求公道和眞理。我們看見他置身於各種宗教派別之中，那些派別中均聚集人民中底民主份子，他們對於統治教會，一部分對於社會制度，均持反對態度。

然而經過了民衆中底宗教爭鬥之後，便發生了科學和哲學上活躍的思想爭鬥，荷蘭在當時是歐洲最發達和最進步的一個國家。他已發生過自己底中產階級革命。新的社會形式，亦產生了相當的思想分化和派別。而這又將如何呢？我們難道能夠說，斯賓諾莎對於國內底思想生活，一點也不注意，而僅僅限於研究煩煩哲理嗎？自然，這是不能的，不僅不能，斯賓諾莎在自己著作中，恰是力圖解決他同時代人議論紛紛底問題。

在哲學思想上底基本分化，當時是分爲兩部分：正統的笛卡兒派，（這派此時已與教會結合），和各種背影的物質論派別。這裏必須特別指出的是笛卡兒派自己在法國和荷蘭還從自己底胸懷中，產生了一種物質論派別。在荷蘭，這一派物質論派別的領袖，便是安利·列魯亞。他其始是笛卡兒正統派底信徒，但以後由笛卡兒學說中得到物質論的結論。在一方面列魯亞和它方面神學家觀念論者及笛卡兒派之間的劇烈鬥爭，便開始了。列魯亞因怕追究而發言非常謹慎，然而他底發表中之物質論性質，是難以掩蓋的。他確定自己底目的，是在於克服笛卡兒派的二元論。他在曾於一六四七年公佈於烏特列哈底二十一綱領中的一條上，在他和論敵劇戰得最熱烈的時候，說過：精神是形體的方式。

他又在一六五四年所出版之著作"Philosophia naturalis"中發揮一種思想：以爲外延和思維，雖是不同，然他們彼此間並非絕對對立。從純粹哲學觀點上說，精神可視爲形體底一種方式。根據一些思想家底見解——這位著者又說——外延和思維，實際僅是屬於同一主體之屬性。這個主體是將這兩種性質結合在一起的。(註)

這裏不是很明顯，列魯亞和斯賓諾莎關於統一實體中兩個屬性——外延和思維底相互關係問題的公式是十分接近的嗎？若我們現在記得列魯亞底書是在一六五四年出版，而斯賓諾莎第一本著作(『笛卡兒哲學之原則』)只是在一

(註)　Rigius, Philosophia naturalis, 1654. 又見郁林·波爾可夫斯基：Der junge DeSpinoza, 39。

六六三年才付刊，則物質論者列魯亞對於斯賓諾莎解決他底體系中適一個中心問題上之有影響，便沒有什麼可疑了。雖然，列魯亞自己還受別個物質論者之影響，卽加桑地。加桑地曾提出理論說，形體和精神因爲是彼此連繫着，所以它倆是形成爲一事物。至於加桑地自己亦是接近於後來斯賓諾莎所提出之觀點，——這一點凡是認識這位思想家適人，類能知道。故都林·波爾可夫斯基在自己底硏究中曾經正確地指出，正是加桑地、列魯亞和色伯斯扎亞·巴可，對於斯賓諾莎是有直接的影響，這點實是沒有一點可疑。然這點恰證明我們以下的意見：卽斯賓諾莎曾特別硏究他同時代底物質論者，且正是在他們著作中找到他所需要適東西，而他是直接和他們一致，並更加發揚、加深、和改造他們底觀點。若是我們欲詳細證明這個非常重要的情形，我們將會涉到太遠去了。

我們現在來說斯賓諾莎學說中另一論題，卽：物質普遍有靈適問題。我們知道，這個問題亦若干成爲當日學者之中心問題。宇宙普遍有靈適思想，在文藝復興時代，便極流行。康帕內拉和特列司都擁護它，然而這個思想在十七世紀，又被人生動地加以考慮。（特別是五十年代與六十年代）。荷蘭和法國中適學者和哲學家分爲兩大營壘：一個是站在純粹機機的觀點，另一個則維持神祕主義。英國中大神祕主義者是有名學者加里桑，鄱林·波爾可夫斯基說：“加里桑通常是完全有根據地被人列爲神祕主義者，人們如此稱呼他，是以之和“機械論者”相對立的。神祕主義者是以爲原來的事物(ὕλη)，是賦有生命（Bios)的，它是賦有運動、希望、和觀念能力。沒有此等性質，實體一般是不可思議的”。(Danin-Borcowski, ibid., 389.)。

因此，物質普遍有靈問題，在當時是被人認爲現實的問題，並成爲學者中熱烈爭論迺問題。斯賓諾莎亦予這個以自己底解決辦法。

我欲說幾句話有關於這方面底斯賓諾莎體系中那最討厭的概念——卽神底概念。自然，照斯賓諾莎學說底全部思想來說，神無非就是實體或自然。這一點從斯賓諾莎底學說中可以指出得十分明白。然而我以爲必須轉注意力於這個問題之另一方面。我們常常以爲在這個概念中不包含通常的內容而加以說明，並努力要解釋我們現所論及迺時代中人是如何理會這個概念。爲此，我們便要轉來看看十七世紀中另一個物質論者霍布士，是如何說法。霍布士在他於一六五五年所出版迺有名著作“De corpore”一書中寫了以下的話：“誰將宇宙稱爲神，那便是主張宇宙是沒有原因的，換句話說，神是沒有的。同樣的，那些以為宇宙不是創造的，而是永遠存在的人，也是否認宇宙底原因和神之存在，因為永遠的東西，是不能有原因的”。然而大家知道的，恰是霍布士在自己底著作中，談論外延的形體的神。在斯賓諾莎，“自然”是被稱為神，而其屬性之一是外延。故在『倫理學』第二篇，定理第二是說：“外延是神之屬性，換句說，神是外延的事物”。

因此，據霍布士底確當解釋，凡是欲說宇宙不是創造，它是永遠存在之人，便把宇宙或自然，叫做神。換句話說，凡是欲說神是沒有的人，便把宇宙稱為神。這使我們記起那些近代物質論者，竟是無力“弄清”斯賓諾莎底神。關於這一點底解釋，我讓自己再引郡林·波爾可夫斯基底話。他寫道：“通常稱為神的東西，在此（即在加桑地、格拉司和別個同時代人——德波林註）被人了解為無限外延之某物，它充滿一切、包括一切，且除了它之外，沒有任何其它東西存在。”

郡林·波爾可夫斯基根據斯賓諾莎作傳者馬克西米里昂·劉卡士（他是這位哲學家之直接學生和朋友）以及其他的人所說，得到結論說，斯賓諾莎有一個時候是在“急進的、流佈的物質論”的影響之下。斯賓諾莎在這個發展階段上，是將事物當作神。唯以後斯賓諾莎放棄此種觀點，而以為實體還賦有思維。

都林·波爾可夫斯基責難劉卡士底傳達，劉卡士用斯賓諾莎自己底話祖述斯賓諾莎哲學有以下四種理論：形體的神；靈魂是生活底原則；精神是先天的幻想；不死是怪物。都林·波爾可夫斯基並不懷疑劉卡士傳述之眞實性。但是他以爲斯賓諾莎這些話是屬於早期發展的物質論階段。我以爲都林·波爾可夫斯基這種劃分，是十分牽強附會的。我沒有看到何種足以責難劉卡士這個有價値傳述之根據。同一形體適神，是可以思維作爲自己底屬性的。無論怎樣，有一點是無可疑的，這就是：在斯賓諾莎，神是應了解爲事物（自然），而它是有兩種基本性質：外延與思維。十分可能的，斯賓諾莎在原初時是以事物只有一種外延底屬性，到了後來，才把思維加上，作爲實體底屬性。這裏可以說是他底觀點之進化。然而這一點亦不能推翻劉卡士之傳述斯賓諾莎曾告訴過他形體的神——卽作爲實體之物質、事物；（註）完全不能認爲這些話是屬於他發展之第一階段。我以爲第二

（註）　M. Lucas, Das Leben und der Geist des Herrn (B. de Spinoza Gebhardt, a Spinoza, Lebensbeschreibungen und Gesprache) 我們所說這一段，是在該書德文本十四頁。我應注本原本，可惜不在手邊。

階段也不過是斯賓諾莎在不久以前所持之物質論觀點底繼續發展而已。這是自然的進化，而不是跳到相反的觀點去。到卡士將斯賓諾莎底宇宙觀，解釋爲物質論的精神，這件事如何能夠發生的呢？假若斯賓諾莎眞正是泛神論者、神祕主義者、觀念論者，那末，他底一個直接學生和朋友正指出的是斯賓諾莎體系之物質論性質，而說神是形詞……這件事如何是能夠發生的呢？

有關於這方面的事，我以爲還必須回憶起十八世紀初葉，在荷蘭流佈的一個傳說。自然，我並不說這個傳說，有特殊的意義，然而它還是很特徵的傳說。一七二四年，列克萊爾——一個"古今作家文庫"底有名發行者，在一本書上說，他從確實的本源中知道，似乎『倫理學』在最初的原稿上，只有"自然"底概念，並且似乎祇是因爲朋友對於斯賓諾莎底勸告，才將神這句話和自然同時並用。我重覆地說一句，我並不予這個傳說以嚴重的意義。然而這個事實總可以引起不少的注意，因爲斯賓諾莎底許多同時代人很好地理解和感覺到，神在斯賓諾莎體系中乃是一些外來的東西，而『倫理學』沒有神亦是可以很好地通過的……

於以上敍述之後，在我看來，斯賓諾莎對於神是作何了解一問題，是很明顯的了。這實不過是作爲表示實在的、物質的事物而用之神學術語罷了。試問，斯賓諾莎自己是否感覺自己術語底不滿意呢？在我以爲，他是很自知這點的，不過認爲必需用同時代人所能理解之語句來說話罷了。據我們所知，所有他同時代的哲學家，都是採用這個術語，雖然舊術語中裝的是新內容。斯賓諾莎自己說，表現要和大衆之發展相適應，這是生活規則之一。他說："若是我們盡可能地估計到大衆底理解力，我們會得到不少的利益。而且，由於這種實際方法底結果，會使人們願意傾耳來接受眞理"。

所以，斯賓諾莎能夠自覺地應用自己那個時代底神學的術語，知道用了這個術語，會使同時代人傾聽它。這個推斷，亦是有幾分道理。然而除了這一點之外，神底概念，像我所已說過的，自得列桑時代開始以至於十七世紀止適思想家們亦有是當作自然和事物底意義用的。在以上所有的引證之後，我覺得神（deus）這一術語是作自然底意義而了解是很明白的了。還有一點不要忽視過，就是人們在和煩瑣哲學的宇宙觀作鬥爭時，常企圖將一切屬於神之說明語辭，都當作自然。斯賓諾莎底出發點，就是由於人們曾經將自然底或社會的）說明語變爲神。那時底任務，就是在於證明神底性質便是自然底性質。

一切斯賓諾莎對於舊宇宙觀所進行之隱伏　鬥爭，主要便是要將那被舊宇宙觀屬之於神之說明語，均變之爲自然，而又將自然稱爲神。不論如何，我們在研究斯賓諾莎體系時，必須記着那時代人們都是在神學術語之下思維，神學的外衣因爲時代關係束縛在斯賓諾莎身上，而事之本質，斯賓諾莎體系之內部思想，是一點也不因此而改變的。

以上我說過了十七世紀在一定意義上形成（或譯準備）斯賓諾莎主義之各基本的唯物派別。自然，我是一點也不會從我底引述中包括盡一切斯賓諾莎主義之來源。例如，我們亦是不能懷疑斯賓諾莎是認識約但•柏呂諾、瓦林、法國人文主義者，和物質論者狄披里等等。可是，關於這方面我還想特別指出的，是斯賓諾莎對於那時代中最急進的書籍之認識。我現有一本著作名"Thoophrastus reaivivus"。這本好書底著者得出一般物質論的觀點。他否認神、一切精神和靈魂之成爲獨立本質而存在。我們在本書中看到對於宗教和僧侶之非常嚴厲的攻擊，和現存的政治制度與社會制度之批評。這本書是新時代最初作家之一，曾提出了一個有名的口號："向後！到自然去！"我們在斯賓諾莎那裏，看見到他對這個口號適反響。我們這位哲學家責難那叫人回到自然狀態的思想。他號召人類向前去，達到文化創造和社會連繫底鞏固！

上述這本書在各種問題上都是急進，至於成爲一種特殊的無政府主義。人類應當使自己有絕對自由，著者根據此點，主張廢除結婚。人類之基本目的，是快樂、一切自然嗜好和欲求之滿足。愉悅是最高的幸福。必需說，不論斯賓諾莎離這本書是多遠，但後者學說之若干成分，顯然亦是爲我們這位哲學家所接受並依自己底方法加以改造的。斯賓諾莎反對回到自然狀態，同時又以爲快樂和愉悅在人類生活中應佔有巨大的地位。

此外，斯賓諾莎亦不能不知道卡司帕魯亞・萊金底著作。那個著作對於資本主義，已有嚴格批判，使一些研究者就以此作爲一種論據，認定這位著者差不多就是馬克思氏批評資本主義制度之先驅者。但是，有一個事實在分析斯賓諾莎底理智發展上，有特殊意義的，便是這位思想家（指斯賓諾莎——譯者）是亦研究過托瑪司・摩爾底『烏托邦』。我肯定地以爲，在他底『倫理學』中可以聽到一些摩爾思想底回音。

以上便是斯賓諾莎發展自己之思想環境底一般特點了。我們所應得到之結論是：我們這位哲學家對他同時代人所提出的問題，是接受而且依自己底情形加以改造了，並綜合各種思想之諸基本趨向——首先是物質論的趨向——而成爲一個新的、偉大的物質論體系。

三

我在本章第一節中已指出過斯賓諾莎在他主要著作中所自確定遡基本任務了。這個任務，便是必須創立新的生活方式。斯賓諾莎這種實踐立場，是以一根紅線穿透了他底全部著作之中。然而正確的生活方式之規定和創立，唯有在我們說明了人類在自然中（我們加上一個："在社會中"）之地位之後，才是可能。然而，人類在自然中遡地位遡問題，直接使我們進來研究自然本身。如果"Theophrastus redivivus"這本書是要求人類回到自然狀態，那末，斯賓諾莎便是要實現一種使人類不爲自然之奴隸、而爲自然之主人遡生活方式。斯賓諾莎亦認爲，人類應於適應自然之中來生活，不過其意義是更高一層的。斯賓諾莎和基督教的禁慾主義相反，他們是宣傳禁斷肉慾，壓制一切嗜好；斯賓諾莎反乎此，他叫人類走向快樂的生活、一切嗜好的滿足；走向人類之全能力之創造的展開。然而這一些之可能，唯有人類服從自然法則。統治自然，是以自然統治人爲前提。屈服自然，唯有被自然屈服才可能。這個倍根底主題，又爲斯賓諾莎在一種特殊形式之中繼續地發揮起來。

這樣，在他面前第一個任務，是自然之研究、自然之正確認識。然爲達到自然之客觀的、正確的認識，必需先武裝起相當的方法，這首先便和我們理智力、我們認識能力之研究相關聯起來了。

我們在此沒有可能詳述我們哲學家之思想行程，我認爲只要指出一點：卽斯賓諾莎將方法當視爲理知力的工具，它有類於勞働工具一樣，它使一方面對於實踐，別方面對於理論，皆有可能佔取自然。不過，很明顯地，理論和實踐是互相關聯的。

我們試來聽聽斯賓諾莎是如何談論方法。他說：“在我們說明何種認識（Cognitio）爲我們所必要之後，便應造成一種方法（Methomus），使我們藉它能夠認識我們所應認識的事物。在此應首先指明的便是此處並不使研究趨於無窮。換句話說，我們因要尋覓研究眞理之最好的方法，並不需第二種研究這個研究眞理方法之方法，研究第二種方法不需要任何第三種方法，如此類推，以至於無窮。因爲用此種方法，是不能認識得到眞理，一般說，也得不到什麼認識。”

“在認識方法方面——他說——情形亦似天然的勞働工具（instrumenta Corporea）一樣。關於勞働工具，可有以下類似的判斷：實際上，如要冶鐵，必需用鎚，所要的鎚，必需是製造的;而製造鎚又需要鎚和別的工具;爲得到這些工具,又是必須它種工具,如此類推,可至於無窮。以此爲根據可以企圖證明:人類是沒有可能製鐵了。可是,人類在開始時,藉他天賦的天然工具(innatis instrumentis),知道創造一些最輕易的工具,雖然是費力多而少完善,然在完成此工具之後,便可進行下次比較困難些的工具,費力少且較完善。如此漸漸便由最原始的創造物轉成勞働工具;再用此工具轉到下次的工具和創造,而至於達到完成最困難的,但又費力最少之工具。理智力亦如此,經他天賦的力量(Vi sua nativa),自己創造智力的工具(instrumenta intellectua),並藉此以獲得創造新智力之新力量,而又由後者創造一種用以作繼續追求之新工具或新可能。如此地漸漸向前發展,以至於智慧最高點之達到"。(『論智力之鍛鍊』,八二頁)。

分析斯賓諾莎原來的方法,並不是我底任務。很明顯地,這種方法由近代觀點看來,是犯了重要的缺憾。然而這方面底問題,在我們所論述問題上是不必注意及的。

由上說,爲要得到自然之正確認識,我們必須有相當的方法。自然這個一般的原則立場,是完全正確的,不管他底具體方法正確與否。

斯賓諾莎武裝了自己底方法,便進一步研究自然。他底

『倫理學』是以八界說開場，這八界說是成爲全部體系底基礎。自然我不來分析或批評這八界說。然而關於前兩界說，我以爲必須說幾句話，因爲從他們中可得到一些關於斯賓諾莎全部體系和它的一般思想行程之性質的結論。

第一個界說，初看起來，似乎是純粹的煩瑣的概念，Causa sui，但是在這個概念之中，包含了斯賓諾莎全部體系之萌芽。

他說："我對於自我的原因之理解，是指實質包含於生存自身之意，換句話說，他底本性，無非是可以用生存來表示()"。

自然（或依斯賓諾莎底術語是神）及宇宙底認體，是絕對無限的存在物，而此存在物便是他自己底原因。由此，斯賓諾莎一下子把我們推到所謂無限的深淵去了。斯賓諾莎不是如意料得到的那樣，從單個的物體開始研究。許多人將能證明這種方法底不正確，可是恰是這一點，應認爲斯賓諾莎之優越處，甚至於是這位思想家之功績。

實際上，斯賓諾莎面前的任務，最先必要的，不是某個別的、單個的現象之說明，而是要建立說明自然總體之新原則。所以恩格斯曾有正確之言說：斯賓諾莎提出並建立了由世界自身說明世界之新原則。他說："必需估計到當時哲學之偉大功績和忠實，它不受當時自然科學狹隘觀點底影響，它——始自斯賓諾莎，終至德國偉大物質論者——堅欲從世界自身說明世界，使將來之自然科學得更詳盡之證實。”(『自然辯證法』，一六一頁)。

斯賓諾莎之哲學的功績，便是在於他反於當時之經驗的自然科學，而從自然、世界之創造者——神底手中，佔據了自然和世界，這個神在後來，還是緊緊地被科學之領袖如牛頓者所拉着呢。

如果自然是他自身底原因，那末它便無需乎外來的任何原因了，即無需乎什麼神了。他□應絕對由它自身，由它所賦有之內在力量，由它中間所發生作用的自身法則來說明。但是，這種觀點是純粹物質論的觀點。這個觀點因爲它是以自然總體爲研究對象時而更加深其重要性，因爲許多人在論個別現象時可以不要用“神底幫助”，但一論到自然總體時，便非神不可了。

斯賓諾莎取得了所謂自然獨立性、自動性之勝利，而將過去的暴君——神從自然的王位上滚下來，他在這一點上，是偉大的。

由此，自然是它自身底原因；自然底實質，便是包含於存在自身，它藉自身實質之固有力而存在，它的存在無需乎外來的原因，其它的實質。因此之故，自然是絕對無限的。

斯賓諾莎將無限與有限對立。"那些會受同一性質之它物所局限之事物，是本類之有限物"。

爲能在此對於斯賓諾莎底有限和無限問題，指出——雖然是表面上和在一般特點上——斯賓諾莎對於有限和無限的問題之顯著的深刻的辯證法的立場計，必須先再一引第七界說。該界說如下：

"自由云者，是那種只依自己固有性質底必然性而生存、且由自己決定其行動的東西。必然云者，（說好些，可稱之爲被迫性）是那種受某種決定而生存、且依一定方式而行動的事情。"

可惜，我在這裏不能來分析斯賓諾莎關於有限和無限、自由和必然之辯證法。所必需說到的，只是一事：卽黑格爾於其所著的『邏輯』一書上關於有限和無限、自由和必然底問題，是發揮了斯賓諾莎之根本思想。黑格爾底辯證法——關於上面這些對立性問題，只不過是斯賓諾莎辯證法思想之繼續發展和加深罷了。

自由的必然一概念，斯賓諾莎首先應用在構成自我原因（卽以自己爲原因之意——譯者）之自然總體上面。在各個別事物之間、卽在有限和自然總體——無限之間道對立，是在於有限以它種東西爲自己生存之原因，而無限——宇宙本身——是以自己爲自己存在（或實質）之原因，或換言之，宇宙無外在原因，卽它是無原因、自動的，而不依存任何外力——神。然而這唯有宇宙是無始和無終之時，才是可能的。若是宇宙是有始的，那便必有某些產生它適一種東西。若是宇宙是有終的，那便有限制它之某物存在，那便是又有外於它之某物存在了。可是這種外於它之某物，自身又是受限制於它物，如此類推，以至無限了。所以，我們思維宇宙是無限的，卽是沒有限制的，不受決定於任何它物；又是無始的，是永遠的。

斯賓諾莎是如此來主張自然之永存性，卽非創造性。"宇宙創造"底思想，受到完全的破壞了。可是爲能得到如此純粹物質論的結果，以形式邏輯爲立場，是不能成功的。因爲形式邏輯是要將因果律普遍應用於總體世界。可是，斯賓諾莎學說之辯證法思想是這樣：應用於自然部分之範疇，是不能普遍到自然總體。如果說自然中各個別現象，是受它種現象之限制，是有外在原因，那末在自然總體方面，便不能說。關於發生和消滅底概念，亦是如此。這等概念，只能應用於某種現象，然而不能應用於宇宙自身。宇宙是沒有發生和沒有消滅的。

因此，宇宙或是神，據斯賓諾莎底諾說，是 ens absolute indeterminatum， 卽是絕對非決定的、無限制的東西。indetermintum 一語，通常譯爲非一定的。然這是和斯賓諾莎學說底全部思想，完全矛盾。因爲自然（或神）是自己包含自己存在之全部，並一切豐富一定性的一種東西。因此，indeterminatum 只是表示非限制的、非決定的，以之和限制的、決定的相對立。斯賓諾莎底 Omnis determinatio est negatio 這一有名的理論，其意義應解爲一切限制的都是否定，卽一切有限的東西，都是在它自身中包含下自身底否定之意。可是通常人却把此理論理解爲一切一定性（邏輯的一定性）都是否定的。這亦是和斯賓諾莎在該理論中所包含之實際思想不符合。（註）

由上述，自然總體是不受制限的、和不受決定的，而每一個（或譯每單個）事物是受它物限制的、和決定的。卽是轉化的和變遷的。可是自然在其爲一總體之時，一點也不是決定的，而是非原因的，但在自己各種行動之中廸自然，却是十足決定的。斯賓諾莎所說自由的必然一語其意義卽在此。

（註）見 M, Friedrichs, Der Substanzbeggriff sqinoza 1896；A. Wenzel, Die Weltauschauung spinozas, I. J. 1907, C. N. starcke, Barnch de spinnoza 1923。

斯賓諾莎說："至於說到必然和自由底對立，那末這個對立在我看來……是不正確和違反理智的。（見他致羅果波塞留通信手抄稿，三五五頁）。那種只依自己固有性質底必然性而生存且由自己決定其行動的東西，便是自由。然依自己性質底必然性而生存者，只有宇宙總體（註）。因此，由自然之絕對必然性，得出自然之非原因性。反過來說：正是非原因性的是絕對必然性、絕對存在性。

在說到有限事物之性質時，必須再度注意到斯賓諾莎對於問題立場之辯證法的性質。一切有限的東西，都不是以自身作爲自己生存底原因（和自然總體相反），因爲在此種情形之下，它是以它物爲自己絕對的原因 Causa sui，每一個有限事物，是受事物之全體總和所決定，它不是孤立的存在。一切事物都是在互相聯系之中、相互影響之中。故一切有限的東西，是有限制的，卽在自身中包含上自己存在之否定了。而自然總體則是絕對積極的存在，而沒有一切否定。在它一方面，自然總體之一切否定的一定性（無限性、無限制性、不可分割性、無始性等等），並不表現否定，反而是它

（註）斯賓諾莎在依自己實質或自己本性而言之無限和依自己原因而言的無限之間，劃分出非常重要的區別。這種區別和黑格爾論眞正無限和虛僞無限之學說相一致。

之絕對積極的一定性。這裏由否定到肯定逈過渡，是辯證的。至於一切事物之積極的一定性，恰是表現否定，而過渡之於自然。

關於有限事物之相互聯系，斯賓諾莎在一封信中說了以下的話：“我們這裏對於血液之觀察方法，是能夠而且應該拿來觀察自然中逈一切形體。所有它們彼此間都是互相限制，而且藉特定法則而彼此約束存在和行動。同時它們在全部總和中、全般宇宙中，運動和靜止底關係，是不斷的。因此，每個形體凡是自己生存受某種限制的，都應視為宇宙之一部分，而且是依存於總體並和其它各部分相連繫。因自然的性質像血液的性質一樣，不是有限，而是無限；所以自然中之部分是由多種方法而依存於它（這個無限的力量），並會發生無限的變化。可是，承認總體和部分之間逈連繫，在實體方面，是更密切。因為我們在承認無限性是實體性質之一以後（這我在從林司堡發出逈一信中所努力說明的），便應得出結論說：一切部分都屬於形體的實體，沒有它不能存在，亦不能為我們所了解。”（『通信稿』一三二——一三三頁）。

因此，凡是以為斯賓諾莎底觀點，似乎是認定自然為一種靜止的、沉死的、不動的和不變的存在那是不正確的。據我們所見，斯賓諾莎是肯定地指出：自然之各部分，可以有無限之變化的。在自然中,是沒有不從活動中產生出來適東西(見『倫理學』定理第三十六,一節),自然中適一切事物,都是相互活動,卽彼此是在相互影響之中。每個形體都是宇宙之一部分,旣與其它各部分相連繫,又是依存於總體。至於全部自然,則根據斯賓諾莎底說法,那是"一個整體,而此整體之各部分——卽形體——變化非常之多,但整體的總體是不變。"全部宇宙底形式面目,(facies totius universi),在其各部分發生變化之時,仍是不變。我在此不論及全部宇宙底面目之不變性,究竟是作何了解一問題。我只引出恩格斯對此適意見,對於我底任務便可以解決了。他說:"當我們用近代自然科學底觀點來觀察運動的物質時,第一件當考究的,便是相互影響。我們考察無數運動底形式:機械的運動、光、熱、電力、磁力、化學結合和分解、有機生命之變遷,——所有這些(若現把有機生命除外),都是在此成為原因,而在彼却是結果的,至於運動之總和,在所有形式變遷時,還是照舊。斯賓諾莎之"實體是Causa sui"一語恰很好地表示了相互影響"。(『自然辯證法』二七頁)。由此,我們這裏見到了斯賓諾莎底觀點和恩格斯(以及黑格爾)之一致。

那末,人類在自然中是佔了什麼地位呢?現在我們是能對這個問題給以完全一定的答覆。人類並不是什麼特殊的生物，他並不在自然之外，亦不在自然之上。人類是自然之一部分——不論是從形體方面或靈魂方面來觀察他。作爲自然一部分適人類，亦受其它各形體之反影響，如自然底其它部分所受的一樣。所以，人底生活不是决定於任何一種超自然力，而是决定於自然之普遍法則。

然我們在沒有討論人類——雖是扼要的——之時，尙必須先說幾句話，說明實體和它底屬性之間適關係。由我底觀點看來，斯賓諾莎是建立了一個非常重要的物質論理論，這個理論是表現在兩句話上面：物質能思維。根據斯賓諾莎底學說，在自然中沒有兩種實體，而只有一種實體，而此實體同時具有外延和思維。斯賓諾莎所說之實體，翻譯成簡單的話來說，便是物質。物質是構成了所謂斯賓諾莎實體之祕密。斯賓諾莎反對將外延和思維作同一觀，然他却肯定地以爲思維是物質底性質。所以他不能接受笛卡兒之物質與外延之同一說。他在一封給秦瓦斯適信中說過："你問我，從外延一概念中能否先驗地（a priori）證明事物之不同形態。我以爲，我已十分明顯地證明過這是不可能的。所以我亦說笛卡兒之物質是外延中定義，是不成功的。因爲它是應祇爲表現永遠而無限的實質之屬性。"（『通信稿』，三八七——三八八頁）。

如果物質底性質，是可以全由外延來包括，則物質和外延同一，而作爲物質性質𨑨思維，便成爲不可能了，因爲思維和外延，是完全不同的性質。所以斯賓諾莎在給亨利·奥列鄧堡格𨑨信中，論及此一問題，說了以下的話："你或者說，思維不是有形的活動嗎？縱是如此，然而我一點也不能承認這一點。但是你有一點是不否認的，便是外延者非思維也。"（『通信稿』，七五頁）。

我以爲這一段引證對於屬性和實體之間𨑨相互關係一問題，已投射明顯之光輝了。一方面，這位哲學家爲外延和思維之性質上差異肯定地指示出來（卽是在把思維當作有形的活動而了解之時，亦是如此——這顯然在斯賓諾莎處於最初發展的"機械階段"時是如此想過）；但在它方面，斯賓諾莎又欲建立此二者之統一。所以，物質不能和外延作爲同一觀。然由此很明顯地，實體是應作爲物質來了解，物質是構成兩種屬性之統一：物質有思維能力，沒有物質也沒有思維。

我曾經說過，普列哈羅夫是以斯賓諾莎體系列爲物質論體系，並認近代物質論是斯賓諾莎主義之親屬。

普列哈羅夫以爲，近代物質論之接合於斯賓諾莎主義，正是在思維與存在之關係一問題上面。

普列哈羅夫之解釋，是否實際正確，我們不如引恩格斯自己底話來證明：他說：

“……機械論（以及十八世紀底物質論），不能脫離抽象的必然性，因此亦不能脫離偶然性。在它看來，物質由自己發達了人類的腦筋這個事實，是純粹偶然的。雖然這個偶然當它在它所發生過的那個地方，必然是步步受制限的。實際上，物質得有思維東西之發達這一件事，原是包含在物質底性質之中的。所以在相當條件存在之時，這個發達之形成是必然的，所以並不是隨時隨地都是必然的。”（同上書，八一頁）。

誰都能明白，恩格斯底觀點，在基本上是和斯賓諾莎觀點一致的。

現在再說到人類。我們知道，人類構成自然之一部分。“靈魂和形體構成同一的個人，他在一個場合是表現爲思維底屬性，在另一場合是表現爲外延底屬性”。因此，人類僅是自然或實體底屬性之變形。然而主要者，在斯賓諾莎到處都是將形體看爲主要的，對於靈魂之優越權，是屬於他，至於靈魂，只是形體底觀念，形體是靈魂之實際對象，在靈魂中反映出因外部形體之刺激而在形體中所發生之一切變化。

這個斯賓諾莎系部心理學之物質論性質，有一個近代作家以之作爲一種破除懷疑我們這位哲學家爲觀念論之心的論據。這位作家寫道："如果精神僅以形體之刺激爲自己底內容，那末當作精神自己內容而不依存於形體刺激的東西，還有些什麼呢"?(B. Kellermann. Die Ethik Spinozas, 1922, 256)。克來曼正當地發問道：以何種根據，說斯賓諾莎是科學觀念論之創造者？據他底意見，這種根據是沒有的。這一點我們完全同意於他。

可惜，我沒有可能來說斯賓諾莎底認識論、精神錯亂底學說，便要轉來論述倫理學問題，論述這位哲學家底學說中所得出關於生活方式之學說。

人類是自然的生物，他和自然中其它生物一樣，是有自衛，滿足自己一切需要，尋求幸福之傾向，即有追求有利於他之願望。斯賓諾莎說，自衛之傾向，是德行之最先的和唯一的根據。依照德行而行之意，便是指根據自己利益依理智領導來行動、生活、和保持自己底生存之意。(『倫理學』，第四章，定理第二十四)。因此，德行祇是依自己本性底法則之行動。行動祇是在我們認識的範圍之內。當作自然一部分的人類，是服從自然之一般秩序的。他屈服於一切被動的狀態，而服從宇宙底一般秩序，並適應於它，因爲這是事物本性要如此的。被動狀態之本質，是由外部自然底權威和我們自己能力之間適相互關係來决定的。如果人類只服從自己底Affect，那他將是它底奴隸，他將是絕對被動的生物了。至於理智可以藉認識自然法則，使人類成爲主動的生物，並因此使人類底 Affect，服從於理智，使它屈服自己，並利用之以達到自己的幸福。人類總是被自然底行動所屈服，然而有理智的生物，他自己可以反影響於自然。在這一點意義上，理智使人類成爲自由的了。然因自然是無限地在自己權威之上，優越過個人底力量，所以人類爲能得到對於自然適勝利鬥爭，不是靠一個人，而是靠共同集體底力量。"所以，一個人對於人類是沒有什麼利益。我說，人類除了全體都彼此合一起來，除了許多人底形體和靈魂都形成了一個形體和一個靈魂，除了一起(盡可能地)努力保持自己底生存並一致起來尋求對於全體都有利底東西之外，再不能希望有更好保持自己生存適方法了。所以，受理智指揮適人類，即依理智嚮導而追尋自己利益適人類，是不會感覺到有不喜歡他人之傾向。而因此，他們便都是公正的、忠實的、和誠懇的"。(『倫理學』，二二六頁)。

我們看到：斯賓諾莎在此是克服了個人的觀點——雖然個體在他是出發點。只有在集體之中，個體才能展開自己底能力和能達到最高幸福或完善之地步。斯賓諾莎在它處指出過，現存的生活制度，是他所不滿足的，在現制度之中，充滿了猜忌和相互的仇恨。或者，這位哲學家是沒有理解這個生活制度底社會根源和社會條件，然而這並不能阻礙他提出一個彼此利益相合一、人類集體合成一個形體和靈魂、人人皆友(註)之人類互通和社會組織的要求來。很顯然地，這種社會組織，是共產主義的社會。在這個意義上說，近代工人階級是欲實現斯賓諾莎所提出的理想了，——不管這位哲學家對於這個人類合成一個形體和一個靈魂之社會組織的具體了解是若何。

斯賓諾莎在它處又說："對於人類最有益的，便是在自己生活方式之中，相互結合起來，而且更成一種聯系，使個人能夠從全體中來做事。且一般地說，鞏固友誼對於人類是

(註) 斯賓諾莎說，在友與友之間，一切都應當是一般的。所以哲學家在一六七一年二月十七日底一封信中嚴厲地斥責當時所出版的『政治的人類』一書底著者，該著者在那裏發揮一種思想，謂人類最高幸福是名譽和財富。斯賓諾莎曾爲了反對這位著者，特意寫了一本書。而在這信中，哲學家寫道：我們只要用佛拉斯米列特下面的話和這位作者比較一下，便知道佛拉斯思想是超越和高過他多少了：一切在朋友之間，都應當是共同的。……(『通信稿』，二九三頁)。

最有利的。"(『倫理學』,三三二頁)。(註)

正是因爲人類能力是有限，而外部原因的權威是無限地超過人類的能力——故爲和自然鬥爭計，人類便必需用集體的能力,利用外部事物,作爲己用。然而自然底一部分,是不能成爲全體,因此,人類絕對不能使外部事物適應和服從自己。可是在此用不着一點悲觀,我們應當在這個意義之上來和自然底必然性調和，因爲我們在知道了這個必然性所生之限界時,便有可能使我們有支配自然之權力了。

因此,我們哲學家底眼光,並不是向後，向原始的和野蠻人的生活方面去;而是向前,走到文化之創造和生活底建設。斯賓諾莎呼喊說:"所以,讓諷刺家們那樣嘲笑人類的事業,讓神學家們咀咒他;讓憂鬱病者頌揚原始和野蠻人的生活,輕人類而狂喜畜牲，然而經驗總是告訴人類,他們在互相帮助之下，是能很容易滿足自己底需要，只要結合的力量,便可以避免各方所給他們危險。我已用不着說,我們觀察人類行動的認識，比起畜牲，是高明而有成績得多了"。(『倫理學』,二八二頁)。

(註)　斯賓諾莎以爲，社會應當關心貧窮的人民，並供給他們以維持生活所必需的東西。"所以對於貧人的關心,是在於全社會,而其目的亦只是社會利益"。(『倫理學』,三二四頁)。

全部斯賓諾莎底宇宙觀，和我現所說明他適基本希望是一致，是帶着一種生動和樂觀主義的性質。將斯賓諾莎看爲一個調和人類於禁慾主義基督教道德的一種厭世之人，是不正確的。恰是相反，人類之正確的生活方式，是在於發展建立在人類集體上之全部能力和權威，是在於力求理智的愉快，是在於達到最高的完善和快樂。關於這一點，斯賓諾莎在自己『倫理學』中說得如此顯然：——

"自然的，只是昏昧的和憂愁的迷妄，能夠阻礙我們底快樂。實際上，爲什麼滿足飢渴是勝過浮沉憂鬱呢？我底觀點和意見是：任何一種神或是任何人，除了有怨於我適人，都是不能以我底衰弱和不幸，認爲滿意，不能以爲流淚、痛哭、恐怖等等表明我底精神衰弱適事情，認爲好事。恰是相反，我們愈是達到完善地步，愈是必需成爲參與神的自然之人，那我們便愈是滿意。因此，智慧者底事業，是要利用事物，可能適話，是要藉事物來作喜樂，而不是擯棄之，因爲這已不是快樂的了。我說，智慧者要維持和確立適當而良好的飲食、以及芬香、青草的美麗、漂亮的衣服、音樂、游戲和運動，戲劇和別的類似的東西，這些東西都是每個人可以利而無害於他人的。至於人底身體是由許多極不同性質之各部分結合而成的，它是需要不斷的新的和各種的滋養料，使全體身體都一樣能夠做他底本性所能發出適一切，亦就是使精神能夠達到許多事物之總和的成績。因此，以上的生活制度是最恰合於我們適原則並一般的習慣。所以，卽使還有它種生活方式，這種仍是最好的，而且是應當拿來勸人的，關於這已不必要更明顯和更詳細地來說了。”(『倫理學』，二九八頁)。

由以上所有的話看來，斯賓諾莎之基本希望是在實現個人和集體底“正確生活方式”，實現“完善的”社會組織，使有可能達到全體人類最大幸福、最大喜悅、和完滿生活，或換一句話說，便有可能達到精神與自然之自覺的統一。人類本義自身，亦就是在於精神與自然總體之統一的認識之中。斯賓諾莎說：“因此，我所希望適最後目的，便是達到這種本質，並欲許多人都和我一齊達到。後者底意義是說，那使衆人理解我所理解的(intelligant)，並使衆人理解和希望和我底理解和希望一致這件事，也算是我底幸福。爲要達到這個目的，必須認識自然(卽實體底本義)，因爲有了這方足以達到上述的(卽人類的)本義。然後進而組織那能夠保證許多人容易達到上述實在的成績之社會。再次，必須有倫理哲學底觀念，如育嬰適學說那樣。並因健康亦是達到上述目的之很重要的手段，故亦需要醫學。又因許多困難的事情，經過了人工(技術的)的方法,可以變成很容易的,而我們藉此便能有充裕時間且使自己在生活中創造了許多便利,所以機械不論在何種情形之下,都不應忽視。可是,首先須懂得療治智力和鍛鍊智力適方法,(mod ıs medendi intellectus ipsumque expurgandi)使人能夠成功地、無錯誤地、盡可能最好地來了解事物。由上述種種,大家便可看到,我是希望一切科學,都集中於一個目的,即我們所說適最高人類底完善環境(ad summam humenam perfectionem)之達到。因此,凡是一切科學中不能使我們達到這個最後目的者,都應當當作無用的東西把它拋棄。總而言之,所有我們底行動和我們的認識(Cogitationes)(註)都應當集中於這個最後目的"。(『論智力之鍛鍊』,六八,—— 八九頁)。

所以,科學在斯賓諾莎看來,是有純粹實踐的價值,因爲它是爲我們最後目的而服務。機械或技術,這在近代術語來說,便是生產力之發展,被斯賓諾莎認爲有非常重要之作用,因爲它會使我們增大支配自然之權威。技術密切地和自然科學相連繫,自然科學乃是最重要的科學,它是以自然,即自然底本質(及人類——自然之一部分)爲自己底對象。

(註) 波羅維茨夫將 Cogetationes 譯爲"我們認識底內容"然我們譯爲祝爲認識,比較正確些。

在自然科學（及人類知識）底基礎之上，必須建立相當的社會組織。根據於自然認識之倫理哲學，是研究正確的生活方式（如我在上面所已說的）之學說。而醫學關心於人類底健康，因爲健康是快樂之第一個條件。研究智力之科學，或認識方法，則是以達到宇宙之客觀的、正確的認識，爲自己的目的。

斯賓諾莎哲學之基本成分，就是如此。（註）

（註） 我在本章中只指出斯賓諾莎學說之强處；而並沒有用我們近代觀點來評價這些積極的成分。而且我認爲更少有必要批評斯賓諾莎學說中那些我們所不能接受之成分。我認爲特別重要的，是在於指出斯賓諾莎係站在物質論觀點之上，以及他底哲學創造之基本動機，是在於人類集體對於自然之統治，以達到人類底最高的完善環境和幸福；和人在社會中相互間之最大的互助爲目的這一點。

第五章 約翰·托蘭德

十七世紀末和十八世紀初葉英國物質論者最大代表之一，是約翰·托蘭德。他是屬於所稱爲自由思想家(free thinkers)之列的，其在批評正宗宗教和部分地批評基督教上，曾起了巨大之作用。但是，托蘭德和其他自由思想家如安敦高林司、丁但、莫爾根等不同，他還不滿意於自然神教——這是中產階級的宗教——而進一步傾向於物質論。從自己的物質論宇宙觀而言，他是直接和斯賓諾莎主義相合，這是一方面；另一方面是和英國大革命時代底物質論者（亦與洛克底認識論）相合。

可惜，英國革命時代之物質論史，很少人從事編搜，歷史替我們保存的，祇是偉大物質論者霍布士底著作，至於其他物質論者，或因思想勢力關係而被拋棄，可是那些在那個時代都是起了重大作用，我們現在都完全遺忘了。我們現在只舉出李貝賁（英國大革命時代平等派底領袖——譯者註）底戰友理査·奧維爾敦就夠了。

理査·奧維爾敦是政治的和社會的急進派，在一般宇宙觀上說，是一定物質論的性質。奧維爾敦不同於霍布士，他是下層階級利益之自覺的代表和擁護者。並且是被認爲"反對靈魂不死之可怕物質論底代表者"。——這是在一個因該時代之無信仰而發之長老會議宣言中說的。（註）奧維爾敦底信徒，自稱爲Soulsleepers，蓋欲藉此以表明人類死後，靈魂也是消滅了的。（註二）

奧維爾敦以自己對於人底死亡之觀點，來影响米爾東（Milton）。必須指出的是：格靈吞在他底自己一般哲學觀點中，亦是受有奧維爾敦之影響的。不論如何，格靈吞——如考茨基所指出的——在他底『海洋』一書（出版於一六五六

（註一） 考茨基著『社會思想史摘要』，一九〇七年，第二卷，一六六頁。

（註二） 全上書，二三一頁，又見 Masson, Life of Milton, Vol. V. P.120.

年)中是站在物質論觀點之上的。考茨基正確地說道:"如果不計及"精神"底語句方面,那末我們應當承認格靈吞是物質論模型之思想,因爲這事一般在那時是可能的。而且格靈吞底最神秘和最幻想的理論,都無條件是物質論底根據。格靈吞在自己底序言中直接聲明:不管一切書籍和理論,他是欲把自然作以下之解釋:它是"首先被我們感官所知覺而且經過感官爲我們理智所感受過東西"。(註)

以後托蘭德——這我們在下述中卽可看到——是非常欣羨地復囘於革命時代底各活動家,卽囘到米爾東和格靈吞。然他在自己純粹哲學觀點上,其傾向於奧維爾敦和霍布士,更甚於傾向洛克底不徹底學說。

一

約翰·托蘭德是在一六七〇年九月三十日生於愛爾蘭附近於倫敦得爾底地方。托蘭德是在天主教家庭中教養起來,亦可以很有根據地說,他是天主教牧師底兒子。我們哲學家底敵人,常利用這種情形來攻擊他,欲說他不是"同宗"的起源。他底親屬無論如何是天主教中人。據他自己說,他早在少年時期,就嫌惡天主教徒,一切迷信和偶像崇拜,並

(註)　考茨基著,仝上書,二五二頁。

且已樹立自己生活底目的，來批評一切。他在學校中，便表現自己傑出的能力和非常的勤勉。十四歲時，他便已知道了古代的典籍。他最愛的作家是丁特・利維。托蘭德在自己底青年時期，就已特別注意到利維書中說到宗教是為了政治目的而設的那些話。這些地方他記憶非常之熟，後來在自己著作中常常引證。除了拉丁文、希臘文、和古代歐洲文字之外，他還學習新文學，其中他懂得法文、意大利文，自然還有德文和荷蘭文。

在一六八七年，他進格拉斯哥大學，主要在那裏是學神學。他到格拉斯哥三年之後，便到愛丁堡，他在愛丁堡受有自由技術的管長之職務。他在愛丁堡之後，轉到倫敦。一六九一年他用詩體出版了第一部著作名："Tribe of Levi"。我們哲學家這本著作一開始便聲明：一切吃人的毒素之中，最可怖的、最惡毒的、最危險的便是僧侶。

托蘭德只有十四歲底時候，就已參加了自己國內的政治生活。他參加反對國王亞可夫第二的暴動，並於暴動失敗之後被國王軍隊所俘獲。他由軍事法庭來審判；法庭宣判他每年應在英國一個城中受公開的身體刑罰。托蘭德不能接受這種侮辱他底尊嚴之處罰。這個革命的青年遞上一封"求恕"的申請，要求將他用懸吊方法處以死刑。這個青年如此勇敢的表現，連法庭都發生了印象，而他便免了任何的處罰。

他底敵人都駡他那種足以表徵少年托蘭德之爲傑出的人格之行爲和幻想。偉大的理想在我們哲學家底兒時頭腦中徘徊着。他在自己著作中自己亦敍述他當兒時，便幻想三十歲時作新"派別"底領袖，四十歲時就做出像克倫威爾那樣逊國家改革。(註)

要分析托蘭德底性格，一方面可從他底敵人，它方面可從牧師中知道，這裏引出一段牧師托爾斯密特底判斷，不是沒有趣味的。這位著者說："托蘭德常是在極貧困的狀況中，弄得他不得不出賣自己底書籍"。"自由思想——他又說——未曾使任何一個作家致富的……若是托蘭德運用自己底理智和能力，較適當地貢獻之於創造主，他便可得到確實的榮譽、更多的安甯，而和平亦會更有益地服務於他。"(註)

(註) "Tis said in short, tnat about tbe four teenth year of his Age he gravely declard, he would be the Head of a sect ere he wes thirty; and before he was forty he shonld make as great as stir in the Commonweath, as Cromwell ever did"(APology for mr. Toland,P.10)

(註) Thorschmid, vollstandige engliche Freidenker-Bibliothek, 1766, Teil Ⅲ, s.5。

這一篇僧侶代表者底高論，是非常有趣的。托爾斯密特記托蘭德底貧困而幸災樂禍。自由思想是不利的事業，它使任何人不能致富。托蘭德不做基督教底批評者，他會得榮譽，或正確點說，他藉自己傑出的能力，也會得到財富。然而，托蘭德和托爾斯密特不同，他不想利益。他自少時就確定了另一任務：和僧侶、和宗教偏見爭鬥！他底注意力不在於追求一些人所顯然地認定逍人類生存底全部意義，在於財富和安甯底那方面！

他第一部分著作底公佈，在英國引起了極大的衝動！特別是在僧侶中間。托蘭德因此走到荷蘭國去。他在那裏兩年，以後又回到倫敦，他在倫敦出版了新著作，這部書引起了比前一次更大逍衝動，而一下子便使他有名起來了。所說的這本書，便是『基督教非神祕』(註)。他底第一版，是匿名的，第二版用自己底全名，刊行於同一的一六九六年，第三版是在一七〇二年。

這本書據原來的計劃，是分爲三部分，但是著者並未將

(註) "Christianity not mysterious: or a Treatise, shewing that trere is nothing in The Gospel Contrary to Reason, nos above it and that no christian doctrine can be Properly call'd a mystery" By John Toland, 1696.

自己著作都寫出來。托蘭德在他底著作中，實質上仍是站在基督教觀點之上，不過這只能視爲他拿來掩蓋自己批評之表面形式。他底目的，唯一的是欲在『聖經』中加上合理成分的(或譯理性主義成分——譯者)解釋。他欲證明福音書學說中並沒有違反理智或超理智的東西。換句話說，托蘭德自認爲他底任務，是要將健全思想底觀點來說明它，或且是證明它是和理智一致。很明顯地，從我們近代觀點來看，自然亦是難以理解：何以這樣的書一般地可以列爲異教徒的，或甚至無神論的著作。然而對於某種現象，只能從歷史上加以觀察。若是我們記得：洛克是取下了托蘭德底結論，而萊普尼茨是反對我們這位哲學家而擁護宗教的獨斷——證明它是超理智的，那末我們便可以了解托蘭德出現之意義了。

實際上，托蘭德是認爲必須提出理智代替盲目信仰，用理智作爲判斷福音書內容之標準。雖然著者似乎擁護福音書底全部內容，達到奇怪的地步，然而誰也明白，他底判斷之隱存的意義，是在於以理智認識與信仰相對立。只有這一件事，便足以使當時底全體牧師和那與他一鼻孔出氣的"學者"先生，都結成反對他的聯合戰線了。

他底敵人不能用平等的手段和"異教徒"相爭，乃從事於散布一切關於可怖著作底著者之虛誕，慫慂幻想的和落後的人們來反對教會及其同思想者之危險敵人——所謂托蘭德主義者。還不以此爲滿意，政府還交給愛爾蘭國會以應當保護教會和宗教之任務。一六九七年八月二十八日，國會遂從事於檢查托蘭德底事業，不管國會中還有些個別的代表是不同意於大多數的意見，托蘭德底著作終被決定由劊子手來公開焚燒，並在同年十二月十一日執行。至於托蘭德自己要關在監獄中，並担負個人的責任。有幾個代表，還要求將托蘭德處以死刑。可是逮捕"異教徒"沒有成功，因爲他底朋友恰好預先知道了他將要到來之命運，他得從愛爾蘭逃往英格蘭去。

二

托蘭德底『基督教非神祕』一書，確定了所謂英國自然神教之基礎。早在一六九七年時，有名的數學家Molyneux在他寄與洛克底信中，稱托蘭德爲自由思想家(free-thinker)，至於托蘭德自己，於一七一一年亦自以爲他和他底同思想者爲自由思想家。通常在自然神教史上，"自由思想家"底標記，是和安敦高林司底名字連繫。他曾出版一本書，名爲"A discourse of free-thinking, occasioned by the rise and growth of a sect calld's free thinkers"。只是到了一七一三年,高林司才是托蘭德底信徒和承繼者。他們所以自己列於自由思想家底名稱,那是因爲所有他們底志向,是爲理智權利爭鬥,爲自由的科學研究——不論在一般知識上還是在宗教問題上——爭鬥。自然,所有這些自然神論者,還不算什麼急進。而且他們自己在本質上是站在宗教立場之上,因爲他們離開無神論還遠得很。他們要求理智的信仰。然而事物的邏輯是這樣:應用理智於宗教,便是表示宗教在理智名義之下被客觀地否認了。若是說,自然神教自己沒有做出如此結論,那末,他底承繼者,特別是法蘭西的,是已經走到公開的無神論者了。

在認識論上,托蘭德和高林司以及其他的同思想者,都是以洛克底原則爲出發點。卽是高林司亦是傾向於否認靈魂之不死,並且以爲不能說物質是不賦有思維底性質。托蘭德亦是站在此同一的觀點之上。難怪托爾斯密特帶着恐怖說,托蘭德否認不死靈魂並以爲這個獨斷只是空言的理論,而牧師只是簡單的欺騙者。他是把基督教這個宗教當作迷信……等等。雖然,自由思想家在自己底判斷中,常十分急進,有時走到物質論底立場上去,但是,像我們上所說過的,當他們,例如,在要求自由研究『聖經』的某一項時,總還是立足於相信傳統宗教之上。在它一方面,他們常是回顧到大革命時代底情形，那時在思想及活動之各方面，"理智"與"自由"底權利，均大得勝利。

自然神論對於神學之批評，不論從現代的觀點看來，是何等可憐，但他在歷史舞台上是曾收到豐富的果實，特別是當這個運動移到法蘭西底基礎之上的時候。我們知道，英國底自然神論，是直接傾向於十七世紀底偉大啓蒙學者——斯賓諾莎，一切後來的思想家，都是從斯賓諾莎那裏，吸取有利於"理智"和開明的論據，來反對盲目信仰和奴隸的迷信。托蘭德之功績便是在於他替英國建立了自由思想運動之基礎。但，當他底同思想者還仍然爲平凡的自然神教之俘虜之時，我們這位思想家却更向前發展，而造成了自己物質論的宇宙觀了。

三

托蘭德到倫敦時，曾決定在第一時期放棄哲學的和神學的工作，而轉從事於政治。在一六九九年時，他印行了約翰·米爾東底著作三卷，並附上描寫他底生平的傳文。這是一件十分冒險的事業。因爲反動的黨派們對於凡是和革命及它底活動者有關係的人，都非常仇視。托蘭德並不隱存他對於革命者的同情，他公開地站在共和黨人底一方面，宣稱米爾東是爲人民自由逍戰士，同時對於已處死刑之查理第一國王，表示其反對底態度。

很明顯地，著者在他底『約翰·米爾東底生活』一書中逍傾向，是不爲英國社會底反動氣氛所滿意的。然而欲剝奪查理第一底王位逍托蘭德，還做了一件"犯罪行爲"：他根據新共和黨人底新證據，證明那本有名的書『國王之模範』並不是國王在監獄中作的，如一般人所說的那樣。米爾東亦曾爭論這個國王著作。然而反動派因政治的目的，堅持這是國王底著作。托蘭德現在最後毀壞這個傳說，連他底敵人中逍許多人也不能不承認。然而這種情形不能使他避免新的斥責和追究。他底反對者，抓住該書中有一個地方，在那個地方托蘭德指明說，如果這個傳說是我們親眼看見他製造的，那末，我們亦很容易了解，何以能夠將基督和使徒們變爲『聖經』底著者。這種比較的意義，是要說『聖經』不是眞的，而是後代創造的產物。

圍繞着托蘭德這本書，又引起了劇烈苦惱的爭論。反對哲學家的，是僧侶底代表、保皇黨人、以及無數又是以保護"殉難者"國王及『聖經』爲天職逍那些"鄉愿學者"。托蘭德論米爾東逍著作，曾被極有權威逍人，如柏伊利之流，認爲是各方面堪稱完善逍一書。然這種情形並不能使托蘭德免於追究。無數可厭的小册子都發現了。在這些小册子裏面，托蘭德是備受侮辱。我們哲學家認爲和這些先生們爭論，是損失了自己底尊嚴。他底書是根據眞正證據來寫的，而他們底說話，都是帶粗暴謾駡底性質，而"駁斥"托蘭德迯意見，即是關於『國王之模範』之眞僞問題，亦無絲毫證明。唯不論他底反對者們是如何地無聊，在托蘭德不可反駁的證明之後，要說查理是『國王之模範』底著者，已是不可能了，人們都肯定該書底著者是僧正加登。這樣，托蘭德是已成功從反動者手中毀壞了他們藉以進攻革命甚至自由黨人之工具了。

由上說，托蘭德是不大理會他底敵人爲反對他這部新書而寫迯那許多小册子，他是不願意和這些"傭僱的下流作家"(如他所說的)作爭論，因爲他若是要做這樣爭論，還須先"學一下他們底口頭禪"。不過在這些批評家中間，有兩個人底話，托蘭德認爲不能不答覆。第一個便是那個時候"很有名的"學者瓦格斯坦夫(Wagstaff)，他出了一本書名"擁護殉難者查理國王"。(註一)第二個是柏勒克荷爾(Blackhall)，這個人"在殉難者國王被殺之齋戒日"，一六九九年正月三十日，曾在公衆場所作演說。演說之大部分，是涉及托蘭德，他駡托蘭德兩個罪惡：否認『國王之模範』是眞著作，是瀆褻了殉難者國王之紀念；其次便是說托蘭德因此而進

而對於『聖經』發生懷疑。托蘭德認爲現在必須在"英國底人民代表者"面前出來"自衛"。(註二)

必須說一下:托蘭德常常要"自辯",在這些自辯當中,著者自然是爲環境所迫,將自己原先比較急進的方式,改爲比較溫和,並加以限制,且在一種謹愼的和精密的精神中來加以解釋,這一次亦是如此。然而這却不能防止托蘭德在他底答覆中儘量地來嘲弄這兩個有學問的論敵,肯定指明他們連在自己底專業範圍——神學——內也還是落後的。

一七〇〇年初,下議院曾指定專門委員會,"檢查"許多攻擊基督教的書籍。自然,托蘭德底書籍亦是被列於此名單之內的。下議院在威爾黑涅向議院的報告中,稱『基督教非神祕』一書,是可惡而可怕的書,稱托蘭德爲一無神論者。唯因當時在兩院間,確言之,在上級僧侶和下級的僧侶之間,有了政治糾紛之故,托蘭德底事情,在經過兩院間十分長久的爭鬧之後,是取消了,而這一次是沒有一點結果的。

一七〇〇年,托蘭德根據手抄本,出版了格靈乔底著作

(註一) Wagstaff, Vindicatin of King Charles the martyr Lon don, 1699。

(註二) 該著作名稱爲:"Amyntor: or a Defence of Milton's life etc Lon don, 1699。

(『海洋』亦包括在內)和他底傳記。

一七〇一年,托蘭德到柏林,腓里特力第一底妻子——蘇斐·賽爾綠蒂女皇在那裏招請他。這位女皇對於哲學問題,是有興趣,當時流與萊普尼茨作過談話,且曾與當時許多有天才遊人通信。她常常聽到托蘭德,甚欲私人上和他認識,希望他解決許多哲學的疑問。這次討論底結果,出現了托蘭德最重要和最深刻的著作,而保證定了他在哲學上之光榮地位。這個討論,便是指『給謝侖那逊書信』。我們在下面還要詳細說這個書信。在這裏有關係的,我們認定只須指出這個『書信』對於當時人所生之印象。托蘭德這本新著作,和以前不同,是有特定的物質論性質的。很顯然的,『給謝侖那逊書信』是更要引起所有"善良"的人更大的憤恨,比我們這位思想家底一切其它著作都利害。

這本『書信』因爲是在蘇斐·賽爾綠蒂生時刊印出來,所以托蘭德認爲還不能直接寫上她底名字,故改稱爲現在的名字謝侖那(註)。托蘭德底敵人,便欲使人懷疑在蘇斐·賽爾綠蒂和我們思想家之間曾有通信這個事實。雖然『書信』底價值,這是自然的,一點也不因爲他底收信人不是普魯

(註) 謝侖那這一匿名,是托蘭德在女皇死後在他底 Adeisidaemon書中自己提出的。

士底女皇會減少下來；然而這件事之有意義，祇是因爲托蘭德底敵人欲否認了這個事實，而說托蘭德是虛僞的。然而沒有一點根據來懷疑托蘭德底正直，他底敵人所引逝"證明"根據，是說在寫給蘇斐逝信中，都不見有托蘭德底信。可是，連萊普尼茨也因爲寫給女皇逝信，有大半在她死後便立卽焚毀，而深爲可惜呢！(註)托蘭德說，他寫給蘇斐・賽爾綠蒂的還有別的比現在拿出來給讀者看逝一些更有趣逝信，但這些信底原稿，他是沒有保存着，這連我們亦覺得可惜。

在『給謝侖那逝書信』名義之下而印行逝五封信中，只有頭三封收信人是蘇斐・賽爾綠蒂；後兩封信，是著者寫給一個荷蘭底斯賓諾莎主義者。

『給謝侖那逝書信』，我們已經說過，曾從各方面引起了托蘭德敵人底攻擊。一七四七年同年中，發現了一個匿名的著作"A Letter to Eusebia, occasioned by M-r, Tolands Letter to Serena"。該"著作"底著者不能寬恕托蘭德否認地獄、洗禮、靈魂不死、和最初創造者之必要，因爲我們知

(註) 見G. Berthold, John Toland und der monismus der Gegenwart, 1876。托爾斯密司曾說 Lenfant 曾在 BibliothèqueGermanique第六卷中述他在托蘭德宣讀第一封給蘇斐・賽爾綠蒂底信時亦曾在場 (Totshmid; ibid, PP, 480-481)。

道，托蘭德在第四封信中，曾提出了一個非常重要和有內容遮理論說：運動是物質之不可分離的性質。

在其它反對托蘭德適著作中，可以指出的是谷爾敦和(註一)摩勒底小册子。(註二)這兩位著者主要的是欲駁斥第四及第五兩信。他們看準在這兩封信中有物質論的根據。他們更努力來反對托蘭德底中心思想，這個中心思想是：物質不是從外界取得運動適靜止事物，而是積極的、活動的事物。若物質賦有運動，作爲它的不可分離之性質，若運動是物質底屬性，那末最初創造者底假設是要破壞，即神和非物質的靈魂——形體之創造者，是無存在之地步了。顯然地，這兩位著者很知道這點的。所以他們底努力，就在於證明：物質自身是靜止、死板的，而不是活動的。

摩勒將霍布士視爲英國物質論者底首要。他亦曾將托蘭德列爲物質論者之列，因爲他是"斯賓諾莎底信徒"。著者將托蘭德和斯賓諾莎（與及霍布士）列爲"粗暴的物質論

(註一) "The pretended Difficulties in natural or revealed Religion no excuse for Infidelity" London 1723。

(註二) "De facultate Cogitandi corporibus deneganda Dissertatio Philosophica, materialistis opposita" Lena, 1742。

者”，因爲他們都是站在以下觀點之上：物質是具有思維能力。

但是，爲要使物質能佔有這種能力，它便必須是活動的，而不是沉死的。很有趣，谷爾教認清這個物質之無限性和活動性，是非信仰之最堅固的基礎，而是要加以根本剷除的。

一七〇八年，托蘭德到大陸作新的旅行。他到了柏林、荷蘭等處。他在這裏，出版了上所述的“Adeisidaemon”(註)。著者在本書中，和柏伊利一樣，證明無神論是比迷信好。托蘭德追隨在丁特夗維之後，亦說出以下的思想來：神前的恐怖在人民前面表現出來，爲的是要束縛人民，教會的儀式和牧師們所設想的怪幻，都是具此同一目的；人民底貧窮和許多社會罪惡和社會糾紛，都是可以宗教偏見來解釋的。

托蘭德以上的論斷，不知道引起了多大的憤怒潮流。格色(用Morinus底匿名)，亞柯夫·斐(Fay)，波得司等人，都是出來充作“批評家”和“反駁者”。

萊普尼茨，依照自己底習慣，曾寫過一封兩重意義的信給托蘭德。他在這封信中，一方面是稱讚這位思想家底真實，同意對偏見鬥爭之必要，但同時又擁護格色而反對托蘭

(註)　Adeisidaemon, sive Titus Livius a Superstitione vindicatus etc 1709。

德底意見。"必須將偏見和眞正宗教嚴格分别……他寫道——你常常說出那些以爲除了世界、除了物質,便沒有别的神的人的意見來……而據我們底意見,而且照眞理來說,神是高於有形滷世界,是有形世界底創造者和主人。沒有自己原因滷東西,是沒有的。這個理論,使得我們不得不把它適用之於一切的物質,因爲我們是不能以後者(卽物質——譯者)當作爲一切存在底原因"。

因此我們便可看到在萊背尼茨和托蘭德之間,在見解上是完全分岐的。托蘭德是以物質論者解決問題,而萊背尼茨自己則站在神學的傳統偏見之上,他是不能解脫這個偏見的。所以,這兩個思想家所說滷話,在本質上是不同的。

托蘭德對於全體歐洲底啓蒙運動,是有巨大的影響,主要是經過法蘭西底自然神論和物質論底媒介。托蘭德自己在他底發展中,是愈走愈左,從神學的合理論,一直走到物質論。如果我們在他底著作中常常看見他對於他前面所提出滷理論加以妥協的和謹愼的解釋,那末,這種在發表之後所作滷"讓步",其原因是在於當時他生存着和活動着的非常惡劣的環境所致。托蘭德在其一生中,受盡壓迫和不斷的追究,不但是從神學家方面,而且從哲學家和學者方面。在一般哲學見解上最接近於他滷人,都因他底急進主義而離開他。這只要提到洛克就夠了，托蘭德是曾自稱爲洛克底信徒的。但是，洛克是堅信死者可以復生，並以福音書是理智所不能認識之眞理，而這種眞理是信仰底對象。托蘭德在這些問題上便是急進而與洛克分道揚鑣。固然，托蘭德在很長的一個時期內，並不曾澈底解除宗教底或自然神教底成分。然而，我們就是在這個時期內亦難以決定托蘭德之眞正的意見，因爲他無疑義地亦要適應佔優勢之偏見，使他因避免追究而作顯著的讓步，至與他底一般宇宙觀相矛盾。在它一方面，我們還得注意一種情形，就是托蘭德亦是和當時底許多作家一樣，不相信"民衆"，他認爲他們不是會接受新學說之人。所以，哲學應有公開和秘密的分別，這托蘭德在自己著作中不止一次說到。不過，這個問題，我們在下面再說及。

無論如何，托蘭德在他自己著作活動之第二個時期中，是解除了泛自然主義的成分的，而且他底宇宙觀是更帶有一定物質論底性質。這連自然神論史家李赫勒都承認。他寫道："在一般上，我們應當指出，他（指托蘭德——德波林註）是離開了以前健全而正確的傾向，最後便失去——特別是在他所著的『泛神論者』中——一切理智底尺度了"。……

（註）

托蘭德底其它著作，還有值得指出的是：一七一五年底

"Reasons for naturalising of the Jews";一七一八年底"Nazarenus",一九二〇年出版之"Tetradymus",即差不多都是和『泛神論者』同時出版的。托蘭德在我們上面所述過第一本著作中,是作爲一個猶太人平等權之熱烈擁護者而出現的。在"Nazarenus"中,托蘭德提出了一個反對僧侶之罪惡,他說僧侶是自覺地將人民維持於奴隸狀態之中,而支持並養成一切的迷信和落後。僧侶只顧自己。他發財,自己在社會中藉人民之昏愚和貧窮而取得權利和名譽。此外托蘭德在該書所發揮過神學問題,那對於我們,是不感到興味的。

"Tetradymus"是包含幾篇文章而成。托蘭德在第一篇文章中,欲以純粹自然的途經,來說明『聖經』之"怪幻"。至在第二篇文章中,却是在指明古代時公開的學說和祕密的學說之間過區別,並謂在現在此種分別,亦是必要,因爲那種不容認進步意見過狂妄,甚佔優勢,這種進步意見是和民衆信仰相分岐的。很顯然,托蘭德在這點是站在錯誤的途路上,因爲不容認進步意見過狂妄之罪人,最初並不是民衆,而是民衆底領導者,即一定階級和社會集團之領袖和思想家。這些思想家,是利用了民衆之昏愚和落後,並以民衆爲

(註) G. Lechler, Geschichte des englischen Deismus 1841,S.209。

基礎，和更進步階級底思想家作鬥爭。然而不論是如何的無知，這種公開的和祕密的學說之說法總是完全沒有根據的，這種說法只好由托蘭德因擁護自己主張必須與之作鬥爭之困難環境來說明。

『泛神論者』一書，人們常視之爲托蘭德底祕密學說和建立新的哲學宗教崇拜之一種企圖。有些文獻因此說托蘭德這部著作，並未予以嚴重的注意，因爲這在實質上是和他底物質論宇宙觀相矛盾。但是，他並沒有删除歌曲中要說的話呀。『泛神論者』之出於托蘭德手筆是無可爭辯，我們亦不大相信他寫這部著作，是"爲了兒戲"。但在另一方面，托蘭德將自己底自然主義物質論之一元論，變成爲特種的宗教說教，亦是無疑。所以，『泛神論者』一書在我們看來，祗是表徵物質論思想或哲學思想發展一定階段中之一定的歷史文獻，而絕不是純粹物質論的傾向，因爲在它中間的物質論成分，是包含在我們所不能容的宗教形式之中。

『泛神論者』是托蘭德底最後著作。他在自己生命底最後幾年中，非常貧困，住在普德里底農夫家中。他一起寫了近五十部的著作。不論是貧困，不論是追究，都不能毀壞他底不屈精神。他在一七二二年三月十一日得熱病死去，他遺囑將他自己起草的以下碑文，刻在自己底墓前：

約翰・托蘭德墓

托蘭德生於愛爾蘭附近倫敦得里，

肄業於蘇格蘭和愛爾蘭，

青年時期亦讀書於牛津，

且不止一次到過德國。

爲一切科學之崇拜者，

認識了十國以上的文字，

爲眞理之戰士！

自由之擁護者！

但無論誰——不論是信徒，還是心服之人，

不論威嚇，不論貧困，都不曾

屈辱了他固有的生命，

——阻止了他對於眞理作有利的選擇。

他底精神和精氣之父相結合，

他曾是從他那裏來的；

他底形體，服從自然，

而投入母親底懷裏；

他自己將永會再生，

但永不是那生於九月三十日底

托蘭德了。

其它見於著作中。

四

『泛神論者』底目的，是在於描寫一個哲學家底會社，他們是追求眞理，有利於人類幸福之泛神論宇宙觀底自由宣傳。這個新的哲學會社是否認對於一切權威之信仰、一切現存的宗教，甚至於法律。會社之根本目的，是要使它底會員都成爲智慧和優秀，並且常常都能感到快樂和滿足。在『泛神論者』中發揮一種新的自然主義物質論的學說，然而這個學說因著者欲建立一種宗教崇拜而模糊地帶着神祕主義之烟幕。

“泛神論”、“泛神主義者”等字，其起源是來自托蘭德，然此事並不妨礙泛神論這種學說早在托蘭德好久以前，就已經發生了。只要舉出約但·柏呂諾這個人便可知了；他對於我們哲學家，是有重大影響的。托蘭德在他出版『泛神論者』以前，就曾用過泛神論這個術語了。這句話第一次是在他一七〇五年所出版逧著作底標題上，便看見到，他在該書中是稱讚索司里昂派（屬於意大利的神學家—— Socinian——譯者註）在解放人類於宗教壓迫事業中所作逧功績的。馬得勒說托蘭德底泛神論和後來人所創逧泛神教概念

不應連爲一談，不是沒有理由的。據他底意見，托蘭德所了解之泛神論，是否認上帝之學說。(註一)

『泛神論者』一書出版時，是一本匿名的著作。此時便有許多人爭論究竟誰是該書底眞正作者問題。但是這書係出於托蘭德手筆，至今已是無可爭辯的事實了，人們說到這一點，特別提到『泛神論者』書中的第一行。該行寫道："查・猶尼・邑格列齊歡迎智慧和眞理之朋友的讀者。"托蘭德是生在愛爾蘭半島 Unis-Eogan的，故自稱爲邑格列齊。他底姓約翰，在此處改爲查 (janus)。至於第二個字猶尼，那是因爲托蘭德要由此標明他在對於暴君專制的立場問題上，其思想是和猶尼・勃諾特相同的。(註二)

托蘭德在他自己對於讀者的"歡迎詞"中，又重新提到哲學家有分別開民衆之必要，民衆是"仇視科學而附和於出賣科學之人"。托蘭德根據西列克，提出一種見解說：人們通常是先要信仰，而不要判斷。可是，信仰是會帶來毀滅，因爲它無非即是謬誤。在這位哲學家看來，唯一出路，是離開民

(註一) mauthner; Der Atheismus nnd seine Geschichte im abendlande, B. II.S.439

(註二) 見L.Fensch, Das Pantheistikon des Iohn Toland・S.58・1897。

衆，而在一切之中，皆用理智證明來研究。

人類自己叫理智來領導，而不用信仰，這不會有什麽害怕，而且對於誰亦不驚奇，它會帶來安甯和愉快的生活，因爲它找到了現象底原因，從死底恐怖中解放出來，而服從必然。我們看見托蘭德在這些話中，是非常和斯賓諾莎相似。他以爲必須叫讀者注意一點，就是他在自己說明這個新的會社之目的和任務時，是提出了一個新哲學學說，並欲以此學說來說明新的生活方式。我現在不來批評著者在"歡迎詞"中所闡發迚見解，唯必須指出一點，就是所謂和民衆分別開來以及對於人類事業之不關心，在托蘭德底生活中是並不如此的，這是我們這位思想家所處迚歷史條件引起的。

這篇對於讀者迚說話，其最後語句，是："公曆一七二〇年"。托蘭德在此是自覺地避用基督紀元，欲以此自別於基督教，並標明他對於它是站在一種仇視的態度。

最有趣味的是"關於古代會社和近代會社問題，關於無限的和永存的宇宙問題之論斷。"托蘭德在這個"論斷"中，首先說明哲學家創造那同在一個棹子上並共同討論哲學問題迚會社之動機。在這個蘇格拉柢式會社中，哲學家以及和哲學家一致迚人——不願承認一切權威而自己觀點不屬於任何宗教、祖國、或法律之人——都有自由判斷一切問題之可能。他說："人們通常稱他們爲泛神論者，這是因爲他們對於神和宇宙持有一種見解，這種見解是和那種相信混沌和昏暱之伊璧鳩魯主義者之見解直接相反。因爲泛神論者不承認任何原始的混沌、任何的運命、任何偶然，如世界創造者之類，但是他們却和林恩（一個最古的和最榮耀的祕密科學的之僧侶）一致，他們論及事物之原因和起源時，都是說："萬物生自總體，而總體生自萬物。"

接着，著者詳細地說明"泛神論者"底宇宙觀。但在沒有說明這個學說之前，還必須在此先說幾句話，說明一般人所說過泛神論者之特徵問題。托蘭德是注意到"泛神論"和伊璧鳩魯主義者的學說間之對立。伊璧鳩魯主義是以爲世界是起源於混沌、或偶然，泛神論者是不相信命運而且是不承認任何世界底創造主。這裏托蘭德以爲世界不是偶然發生這件事情，有些作家便以此作爲否認我們這位哲學家底哲學觀點中有物質論性質之論據。我們以爲這種物質論底理解，是完全不正確的。托蘭德否認世界發生之偶然性，進而否認世界之創造主，但同時他還主張世界之創造性，它底永久性和無限性，其表現在如下的公式：萬物生自總體而總體生自萬物。物質論並不是應該採取世界發生於偶然性過觀點。這個概念是爲一些古代物質論者所有，但不是物質論本身所有的。

依托蘭德底觀點，"宇宙（我們這個共見的世界，只是它底很小一部分）不論在外延上和力量上，都是無限的；總體底不斷性和部分底界限性是統一的，在總體是不動的，因爲在它之外，是沒有空間了；但在部分或無數中間物是能動的；同時又是不滅和必要的，——這是從兩方面意義說：永遠存在於過去，並永遠存在於將來。它是最高理智的，其所以如此說者，祇是因爲它不大相似於我們理智的能力；末了，它底構成部分永遠是同一的，而構成底各部分，則永遠是在運動之中。"

由運動中發生了一切無數的事物，而其中適每一個都同時是物質和形式，而形式者又無非某種形體中各部分之排列。包括無數世界適宇宙，因此是受一定法則所支配，而表現爲完整的形式。宇宙之各部分，卽各個別的世界，是以自己底特性相區別——雖然對於總體說，部分是不能成爲個別而不與總體相連繫適東西。"宇宙（或譯萬有）之完整，並不稍使部分的事物不作運動，因爲新的完整性是由此而依不斷交替產生的。宇宙之完整性，亦一點不稍使那些由各部分而構成適許多東西，不是每日在破壞着，因爲完整性是建立在此種破壞之上。沒有東西是整個地消滅了，反而是一個東西底消滅，成爲它個東西底發生。反過來說，一切東西，經過不斷的變形、和事物之巧妙變化，是鞏固和保持了總體，而永遠是在宇宙螺旋着”。

在這裏，托蘭德雖然是站在永遠循環底觀點之上，但在他底見解中却不少是顯然走到辯證法的系列中去，這一點還有更顯著的，我們將於下面指出。著者在上引一段中所提出過根本理論是：一物之破壞與消滅，是它物之出世和發生；世界中在保持物質總量和整個的運動情形之下，形式底不斷變化，是發生着的。若說托蘭德沒有發展底觀念，那末，他對於形式變遷和物質及能力不滅之法則，是了解很清楚的。而且，托蘭德亦是很認識關於極端性或矛盾性底統一過學說的，假使我們記得我們哲學家，是研究過約但·柏呂諾底著作(該書曾譯成英文)，對於這一點便不至有何驚奇了。自然，托蘭德學說之科學內容，對於自然科學說，現在是陳舊了，但是我們這位哲學家所發揮過一般理論，在整個上，是沒有陳舊，雖然，它從我們近代的觀點來看，還是不夠的。

例如，托蘭德根據赫拉克里特所說過“我們卽跳入同一的河中，亦是不可能”過話，而發揮一種見解，以爲“全體地球是曾爲水所淹過，亦曾不爲水所淹過，全體水將會被火所征服，亦將不會爲火所征服”。“沒有一塊陸地，不會被海水淹沒過；沒有一處海洋，不曾佔爲陸地。』在世界上，是一切事物之經常和不斷的相互影響在統治着。沒有東西，是從無中發生出來，但是一切又可稱爲創造之物，若是我們記着：任何一個事物都不是永久的，而一切是在發生着。“雖然一系列的運動，一系列的事物，是永久的，但任何單個運動，任何單個事物，却不是永久的；一切發生又發生，一切依着本能在自行創造着。”

在托蘭德看來，客觀存在着的，只是充滿空間之物質或事物。事物是由單一的、不可分離的、和形態上與數量上無限的原素或原子所構成。原子或原素所賦有之運動，是永遠存在而與它不能分離的東西，它是原素之力量或活動。因運動而產生了單一原素之化合與分解。“在那裏，其本性能運動之各部分，相互間機械的分合，以及彼此相遇而衝突之形體的相互影響，是在發生着。”托蘭德是站在如下的觀點上：“世界上除了換位（或譯位置移轉）以外，沒有發生什麼東西，因爲換位才生出一切事物之出現與消滅，這些出現與消滅，都是經過發生、發達、轉變等類似運動的，因爲在自然中沒有一點是絕對靜止的。我們記得所有這些情形，便連最靜止的東西，也應視爲對立的運動。”

托蘭德以靜止爲運動特殊形式之思想，是值得特別注意一下的，以下我們便可以看到托蘭德對於運動之理解，實質上與著者上所分析適片面機械的觀點是相矛盾的。托蘭德在這裏維持着自然中一般是不存在任何新東西這一見解，算是澈底的。但是這種以爲一切只有換位和數量生長之機械見解，在邏輯上是不能承認任何質量上適新東西之發生，任何自然界中之發展的。固然不能說有什麼絕對新東西底發生，物質底和運動底數量，在自然中是不變的，在這種意義上說，永遠是不發生什麼新東西，任何一個原子都不是新物質。然而物質之新的形式、新的質量構成，那是不斷在重新發生着。托蘭德在『給謝倫那適書信』中（見在下面），對於運動適觀點，發揮比較完全，在那裏他倘有可能克服他對於世界之純粹機械的觀念。然而托蘭德在『泛神論者』一書中，沒有應用他在該『書信』中所發揮適運動學說，是很奇怪的。

據托蘭德底學說，一切事物之複雜而永久的種子，是由最簡單的原素中發生的。"因爲無限性中適一切，是無限的，且是永久的。又因從無中不能產生任何東西，所以種子之有機構成，亦不能由小形體之累積或藉某種運動形態而形成的。因此，（可舉下例說明），並非如亞里士多德所說，樹之種子不是將成態中之樹，不，它是眞正的樹，在它中間是巳具有樹之各部分,雖然是那樣小,只有用顯微鏡底帮助才能爲我們感官所知覺,而且僅是一般的特點。”

托蘭德上引的一段話所說之見解,是經不起一點點的批評的,而且應認爲它從頭到尾是錯誤的。然而我們認爲必須同時指出的,是這種見解又是從機械宇宙觀中產生出來的。實際上,若自然界中是不發生什麼新東西,那便必須承認“種子底有機結構不能經過小形體或某種運動形態而形成”。換句話說,這種對於自然逍理解,是必不可避免地要承認生命或有機體之不變性和永遠性了。托蘭德底“預成說”(Theory of preformation)便是由此而來。種子似乎便是眞正的樹,不過是小的罷了。種子底全部“發展”過程,祇不過是各部分底生長,卽種子之數量的變遷,種子實就是最小的、顯微鏡中逍樹木。由此看來,“種子”是永遠的和不變的,而動物界和植物界中逍一切,亦是如此了。

現在已是無需來證明:這些見解是錯誤的,而早爲科學所推翻的了。托蘭德在自己底哲學觀點中,差不多是完全依賴於古代作家和哲學家底那種陳舊觀念。他是從他們那裏借用“乾”與“濕”,“熱”與“冷”等概念,關於“種子”,關於如氣之火等學說的。

至於思維,托蘭德以爲它是腦之一部分。“思維是腦之特別運動，這個能力之特別器官。更正確些說，它是腦之橫於後腦的部分和神經系。"托蘭德在這個問題上，是完全站在機械物質論立場上，認定觀念和思想是腦之有形的、和物理的部分，因為——托蘭德說——腦是有形的器官，只能產生有形的東西。

最後我們在這裏再提一個問題，這個問題亦是我們在前面曾提過的，就是關於神的問題、或世界靈魂的問題、或是理智的問題。這個問題托蘭德在『泛神論者』中不止一次說到。

例如他在一處論到神說了以下的話："總體中全部創造的、均衡的，和不斷傾向於最良目的之力和能力，便是神，正確些說，便是理智和世界的精神。所以，蘇格拉柢底同志們，像我所說過的，都是自稱為泛神論者，因為，據他們底意見，只有藉理智，才能從宇宙分別出這種力量來。"接着，托蘭德便引出奧坎姆和福蒙·亞克文底意見，這些意見是："神是永久世界之永久原因，而一切顯然都是直接從神產生出來的。"末了，托蘭德亦同意於般諾甯姆底思想："神是內注於世界，而且外包之。"

在形式上，托蘭德似乎在神底定義上，還是和福蒙亞克文和般諾甯姆相一致的。上引的一段話，表露了我們哲學家判斷之純神學的性質。然而托蘭德底觀點在內容上是一點也不能和福蒙亞克文和般諾甯姆相同的，因爲一方面托蘭德在神底概念中所裝之內容，和它方面福蒙亞克文和般諾甯姆所裝之內容，完全是分歧的。托蘭德應用一般共認之術語，欲藉此使自己觀點更能爲同時代人所接受，使其更易於了解它。這是許多維新者通用之方法。在實際上，托蘭德首先是不承認精神實體。而是在神學語句起了很大作用的『泛神論者』之中，托蘭德實際是站在物質能力統一，除了物質之外，什麽亦不存在這一觀點之上。據我們底意見，郎格對於『泛神論者』底內容估計得很正確，他說，托蘭德在該書中是完全剷除了啓示和人民信仰，而在覓一種新宗教，這種新宗教是和哲學相一致的。"他底神——郎格又說——是萬物所由生，所由變之唯一的總體。他底崇拜物，是眞理，自由、和健康——這三個聖者底最高幸福。他底神人和教父，實是各時代中，特別是典型的古代中之最高智者和最優越的作家。然其中是不容納束縛人類自由精神之任何權威人。在這種蘇格拉柢會社底祈禱文中，大僧正是念道："不要以任何一個教師底話作誓言！"而大家在答覆中喊道："就是蘇格拉柢自己底話，也不要用"！(註)

(註)　郎格著，『物質論史』，宋諾維埃夫譯，第一卷，一六八頁。

郎格以下指出：托蘭德在『泛神論者』中，是以一般形式表現了自己底觀點：“物質論不是帶着充分的確定性而出現”——如我們在『給謝侖那邈書信』中所見的那樣。這亦是正確的。

然而不論托蘭德在『泛神論者』中以神學形式包含了物質論的見解，不論他是欲在物質論或自然主義學說之上建立宗教的崇拜，而其學說之內容，是十分顯然的。托蘭德否認一切精神實體。總體的力量和能力——這“說得好些，可以叫做宇宙的理智或精神”，這是與宇宙不可分離邈神。力是和事物不可分離的，並和它構成了統一的總體。據托蘭德說，全世界底空間，是為極細微的物質或氣，所充滿，而宇宙底一般法則，便是存在於其中。每件事物都是按照自己本性底必然而活動，並構成總體之一部分。托蘭德底『泛神論者』者是帶着純粹物質論底性質，因為在這位思想家看來，某種精神自身無存在之餘地，因為一切都是在不斷而永遠運動中之物質、事物。所以我們不要相信托蘭德底神學辭句，而必須深入研究他所發揮邈思想底內容。我們一除去托蘭德欲在自己哲學之學說基礎之上所建立之神學語句和宗教崇拜，我們便可從根本上得到純粹物質論底概念。

物質論宇宙觀，是托蘭德當為哲學上秘密的那種內的哲學之本質。這種內的哲學，是與公開的外的學說同時並立着的。『泛神論者』一書，是以論述“兩重哲學底必要”而終結。托蘭德論兩重哲學之必要如下：

“然而，或且人們會責難泛神論者，說他們有兩重學說，卽一爲外的（或如上譯“公開的”）學說或民衆的，且似乎只適應於民衆偏見或只適應於大家所公認爲眞理迸那種教義之學說；一是內的（或如上譯“祕密的”——下均同）學說，或哲學的，它是完全符合於事物本性和眞理本身之學說。並且責難他們把這種祕密的哲學——它是完全而無任何虛假或兩可之處——全部只告訴（關起門）那些曾經檢查而認爲確是忠誠而多智的朋友們。然而誰，除了不懂人性和歷史的人之外，能懷疑他們這樣做不是很智慧的行爲嗎？任何一個宗教，任何一個宗派都是不讓人們和它相對立，並把它底教義認爲謬誤，把它底禮儀認爲盲目的。所有這些都是直接從天上得來的——雖然是和地上制度有些差別。所有這些都是神底起源（如果你們很相信這話），而且在生活嚮導上非常必要。然而十分明白的，所有這些都是那些無意識的，有時是很壞的，而常有害於社會利益（如日常經驗所證明的）之人所虛構出來的。在這些人衆之中，互相不同的意見，如果不是全爲虛僞，那也沒有一個是眞理的。——正如托列論澌神底性質時所尖刻地指出的那樣”。

如此看來，『泛神論者』，是不能從根本上撕破宗教偏見，且恐大衆底愚黯和迷信，有逼迫底危險，迫不得已，如托蘭德所說的，“對民衆只好說說，對哲學家才思維”。如此，可說是將虛僞當作爲一種原則了。然而這種奇怪而完全不容許之兩重眞理底學說，是可由社會條件來說明的。社會條件使公開的宣傳，成爲不可能，尤其是無神論和物質論觀點之公開宣佈，更是困難了。

托蘭德曾說，『泛神論者』在他們自己未決定依他們所願意的來思維，並依他們所思維的來說話以前，都不算是眞正的。”我們不同意於這種對於問題所採取逊妥協態度，自是應該的；可是從那些自由科學思想之壓迫者和劊子手方面而來之道德責備，比『泛神論者』底謹愼和不得已之虛僞，還壞得百倍呢！“泛神論者”在當時底條件之下，據托蘭德底意見，是不得不形成一種秘密的兄弟會、會社、或團體。在那個組織中他們才有可能交換意見並說出自己眞正的見解。若是我們記得：英國國內逊僞善和傳統力量在中等、上等社會中是特別地利害，那我們便會知道一種反對落後環境及在該環境中佔優勢之偏見逊有系統鬥爭，在那裏是何等的困難。在托蘭德底時代，雖然是，或且說還是因爲經過了中產階級革命，上述的特點，恰特別地有力。這是一個特有的復辟時代，那時誰說起革命時代底某些事，都會引起那些庸人們之憤怒和衝動。

在科學全盛時期中所發生之宗教的頑梗和對於自由科學思想之壓迫，是有一個落後的社會層，作爲深刻基礎的。自然神論的運動，便是反對此等的全部社會條件之一種抗議，而這個運動之不徹底和妥協的性質，則又可由這個社會條件來說明，托蘭德是這一派中最極端的代表，因爲他個人無疑地是無神論和徹底的物質論者，雖然他是欲創造一種物質論的宗教或自然的宗教。這是學說內容與形式之衝突；托蘭德認爲必須用此種形式包覆自己底宇宙觀，那是歷史條件之產物。

除了我們這位思想家學說底所有缺點外，除了在堅持自己見解中應用"妥協"策略外，托蘭德，實像馬得勒所正確指出的那樣，是早就決定自己時代之最先進活動之"純正偉人"，在解放人類脫離教會壓迫過爭鬥史上，他是個英雄。

實際上，托蘭德在自己全部生命過程中，是進行了爲自由思想和自由行動的鬥爭的。他說，泛神論者"不僅保持思想自由，而且保持行動自由，養成對於一切專斷、一切暴虐之嫌惡心理"。他們以爲，追究、懲罰、或侮辱一種無害於任何人之判斷，言語，或行動，是不可以的。"泛神論者"，如托蘭德自己所說，是自然之服務者和預言者。而他底宗教，我們已經說過，是自然的宗教。他們是不承認任何世界創造者，任何特殊的精神之力或精神實體。自然是由永遠的和必然的法則來說明，而這個法則，可說便是構成它底"理智"。泛神論者是最高地沿在社會幸福之上，他們是忠誠的、公正的、善良的。他們遠離野心、貪慾、迷信和虛文。托蘭德是這樣地來描寫完善的泛神論的聖人底理想；宇宙觀和生活方式有內在調和適人之理想。

托蘭德亦像十七及十八世紀大多數的啓蒙主義者一樣，不相信民衆、不相信人民，而似乎以爲迷信是消滅不了的。托蘭德底錯誤和他底悲劇，亦就在此。例如，他寫道："因爲迷信是永遠保持同一的力量，而帶着或多或少的頑梗性而出現，有理智適人，誰也沒有想根本上由理智中將它消滅，這是完全不能實現的。——所以還是個人盡其所能來做他所唯一能做適事吧，讓每個人替這些怪物中最有害的和最壞的，拔去其爪牙，俾不至爲害於一切人。"

托蘭德沒有知道："迷信"和宗教偏見，一般是和一定的社會環境相平行發展着的，它(指迷信等——譯者)不過是表現該環境之"機能"罷了。二者是彼此互相支持，互相限制的。社會的奴隸和僧侶的奴隸——是學生的兄弟。所以反對迷信和偏見之爭鬥本身，是不能帶着抽象性質。"啓蒙運動"便是在這一點上不能再前進了。後來百年的歷史，已經證明"民衆"在一定條件之下，是很容易解除迷信的。迷信之根本剷除，只有在"未來社會"中才是可能。那時經濟奴隸底解放，必不可避免地亦引起上天的奴隸底解放，神權底解放。

『泛神論者』一書，分爲三部分。第一部分包含該會社的習慣和規則。這個會社一般說來是表現些什麼呢？最可能的是說：許多文獻中謂會社中模彷教會儀式應當解釋爲一種諷刺作用，而這是完全正當的。然而這樣說法，並不會解決會社本身底問題。還有一種意見是由共濟會社（The Freemasons）出發，似乎蘇格拉柢式會社，在自己組織上，是模形共濟會社的，且似乎托蘭德對於共濟會社有密切的關係，我們以爲這亦是不正確的。泛神論者會社自己對於組織邀觀念，是非常的簡單，他們是不需要什麼規例和證明的。若是說什麼"模彷"，那末，蘇格拉柢的會社，便是柏拉圖的"宴會"之再現。所以，他們自稱爲蘇格拉柢的會社。哲學之愛好者——學生和先生——都坐定公共的棹櫈上，在那裏討論哲學問題。這是哲學家俱樂部之類底團體。我們有全部的根據，認定這種團體在實際上是沒有存在過，托蘭德祇是欲拿『泛神論者』來鼓勵自己同思想的人——很明顯，這種人也是很少——來組織此種的會社罷了。

要特別指出者：泛神論者會社所採用之儀式和教會的儀式之間的相類似這一件事。我們不這樣故意地說這是托蘭德用以嘲弄教會崇拜的。這和『泛神論者』全部內容不合。可以這樣地說，（我們亦是以爲如此）：托蘭德之要建立自然"宗教"，祇是以之作爲外表的形式而已。

『泛神論者』三大部分之哲學內容，我們上面已說得分明白，所以現在不必更詳細地來說它了。

五

還是在七十年前，格特勒在自己底『英國文獻史』中對於『給謝倫那的書信』之不爲哲學史家眼光所注意，表示驚奇。其後，情形仍不見得好些。郎格在他底『物質論史』中，替托蘭德說了幾頁，到了幾年後，發現了一本德文書，係伯托力德所著，名：『約翰·托蘭德與近代一元論』。至於說到哲學史家，那他們一般地是照舊不理。但『給謝倫那的書信』——特別是第四封和第五封——乃是最顯露頭角，甚至是天才的著作。因此，我們現在注意力，特別先及於這後兩封信。

『給謝侖那適書信』,係以對倫敦底收信人,先作一個引言開始。著者在這個引言中,敍述那激動他來寫這些書信適動機之環境。第一封信,是討論偏見之起源及其力量適問題。托蘭德在信中首先分析那種養成我們這種偏見之反常的生活條件和教育條件。人在世上不能進步,好像有一個大詭謀在各方面來欺騙他。產婆就已經用迷信底形式將我們帶進世界'。一切人,自父母以至於教師,唯一要做適事情,便是要把自己底謬誤貫輸在我們身上,並用一切力量和方法,改換我們底理智,使我們隨着時間漸漸將這些謬誤(我們是由教育而得來的)當作來自事物本性適東西。不僅家庭,而且學校,都是爲了用迷信,無所不有的關於魔鬼、先知、怪誕等等之傳說來毒害我們而設立起來的。在學校中就已確立了我們將來輕信之基礎了。偏見之最豐富的養成所,那是我們底大學校。那裏"教授們底義務,是無論如何均要驅逐一切,置之於自己國家底法律和宗教之下。"而社會在整個上說,乃是可怕的傳染病底火爐,人們從那裏傳染到謬誤和偏見。社會是完全建立在欺騙和虛僞之上,一個人要取得自由和不依存於我們環境適獨立性,是非常之困難。

托蘭德在第二封信中,批評靈魂不死適觀念。首先,他證明這個觀念之來源,不是由於神,而是由於人。靈魂不死底觀念，是在一定歷史條件之下發生的。托蘭德注意到最古代希臘哲學家，都是物質論者，他們都是用物質和它底運動來解釋自然現象。這些哲學家，都是沒有什麼靈魂原始的觀念。後來希臘思想家如費列克特、比法哥爾和柏拉圖，才提出靈魂不死底學說，這些學說，都是從埃及僧侶和波斯道士那裏學來的。

接着，托蘭德便揭發埃及人引用底心理動機。——因爲他們（埃及人——譯者）是首先宣傳這種靈魂不死之人。我們現在不來批評靈魂不死之起源理論——歷史方面和心理方面——了。我們是應當承認托蘭德底理論，已是前進一大步，不管他有否科學根據。從近代觀點看來，他底理論，自然是陳舊了，然而這不妨礙他在民衆底開明上，起了巨大的進步作用。對於靈魂不死所作之一般哲學的批評，因爲托蘭德是從物質論觀點出發，故對於我們近代，尚保有其全部意義。托蘭德說："自然，不慣於思維底簡單人民，永是處於（到現在還是如此）盲目信仰或聽從權威者之情形中。然而哲學家之情形便不同，他們建立了各種令人相信底根據，證明靈魂之獨立存在和永遠存在。他們說，他們底思想、或觀念，是非物質的，而與外延無相同之處，他們發明精神上底自由意志和形體上底自生運動；他們以爲在自己裏面有理智和臟情之間適不斷鬥爭。他們將自己底夢，看得非常重要，並以爲在夢覺之中，有時可以得到關於將來危險之預知。他們又見到人們極希望知道將來，並欲得到無限的幸福。——他們並得結論說，所有這些，應有一種和形體不同適東西，自己能動適東西，卽不死適東西，作爲它底根源。因爲一切物質底部分，都是因爲外部的原因才發生運動。而自身中具有運動適東西，那是外部原因在任何時候都不能消滅它的。靈魂不死適信仰，在信教適人們之中，倘有立法者亦是支持它，他們中有些自己亦是不相信的，但是他們見到祇有少數人是天性純良，而其餘都是喜賞怕罰的，所以他們接受此種信仰，是爲着實際的利用，因爲他們可以灌輸人民一種思想，說惡人逃避法律底懲罰，將來死後世界中還是要因自己犯罪在那裏受刑，而好人在他生時因不公平而未得到應得之獎賞的，在那裏亦可以再得到”。

在這短短的片斷中，已在扼要形式中，提出了對於靈魂不死這個信仰底光耀批評（就十八世紀初葉所能作適範圍而言）。托蘭德證明靈魂不死適信仰，不是啓示的產物，而是人的虛構。人們創造精神不死適信仰，正如他創造自己底神一樣，是由於一定的“精神”需要。靈魂不死適觀念，是建立在精神實體、非物質實體這個觀念之上，並且是建立在那緊連於社會條件之實際動機之上。

在給謝倫那迺第三封信上，托蘭德分析偶像崇拜之起源底歷史。他提出一種思想，說一切迷信在開始時都是和偶像崇拜有關係，而信教者們所說關於死後生活迺觀念，便是偶像崇拜底根源。在我們現在有意義的問題，不是在乎托蘭德這個說明，究有好大的滿意處。重要的是：托蘭德爲欲說明偶像崇拜（即宗教）底起源是由於人間的條件之最初一個人。他底神之起源論，在某種意義上說，比費爾巴哈所說的不是神創造人、而是人創造神這句話還超越。托蘭德這個理論，使他更進一步來批評人間的皇帝——國王之神的尊嚴。羅馬皇帝是被提高如神一樣尊嚴的。托蘭德說："他們（指國王——譯者）亦是如此模彷野蠻人統治者底習慣的，野蠻人統治者是用此等方法，使自己那些不敢反抗神和如神迺東西之臣民，永遠作爲奴隸。"由此看來，托蘭德對於宗教之政治作用，是了解得很清楚。當托蘭德底思想，在十八世紀底法國，發現出其實際的政治性質時，便表現了更大的意義，這種思想在法蘭西社會政治條件之下，收到完全現實的果實了。

托蘭德不僅論及羅馬皇帝，而且他將自己尖銳的批評拿來反對教皇。"不久以前另一個教皇所欲爭取之神權，以及他們下賤的僧侶所要求之無條件的、被動的服從，都不見得是比信教者們底方法更好適方法，然而在彼在此，目的自然都是一樣。可是，人們愈是變爲理智，則他們對於此等事物之信仰，便愈減少；他們愈是精細地來考察自己底國王，則他們亦便愈急切、憤怒地來保持自己底自由和自己底權利。”

在這幾行中，我們可以聽到在人民自由和人民權利底名義之下號召反對暴君、反對國王底“神權”適鬥爭呼聲。托蘭德揭穿了僧侶和宗教之政治作用，指出他倆之內部關係，——只是不能尋到“政治”和宗教之最後原因。

我們已把寫給謝侖那適頭三封信，扼要地說到了。現在我們再來看後兩封寫給一個荷蘭斯賓諾莎主義者適兩封信。這後兩封信中之第一封信，托蘭德是在批判斯賓諾莎底體系，證明不能用斯賓諾莎主義的原則來說明運動和世界現象之多樣性。第一封信是專論運動問題，托蘭德認爲運動是物質之主要性質，而爲它底屬性。

將物質看做不動的、死的、被動的實體這一觀念，是與自然過程之機械的和形而上的理解，有密切之關係的。自笛卡兒之後，自然科學家和哲學家常習將物質底本質，看爲外延。然若物質之本性，僅僅是外延，則運動者，便不過是物質從外而取得來的東西了，因此之故，笛卡兒便完全澈底地將運動之一般原因，認爲神了。依同樣原因，牛頓亦迫不得已用神來解釋"原動力"並以爲推使被動的物質活動起來者，是由於神在自然過程之一定的干涉。由此，我們在笛卡兒和牛頓體系中看到神學的遺跡，這是和物質被動性一觀念，有不可分離之關係。這些思想家之說明物質能動性，是用一種新實體，如精神與神之類，認爲它推動了死的、不動的物質。他們宇宙觀中之二元論，便是由此而來。欲克服這種二元論，另需一種對於物質和運動的見解。所以運動算是物質論宇宙觀之中心問題。

斯賓諾莎以克服笛卡兒二元論自任。他不滿意於笛卡兒所下"物質僅爲外延本質"之定義。然而斯賓諾莎對於運動，自己亦無滿意的定義。從外延自身中不能引出運動——斯賓諾莎亦是如此了解，但他從這一傾向，不能更前進一步。斯賓諾莎和笛卡兒不同的，是在於他站在實體之統一的立場上，而不承認最初創造者。然而斯賓諾莎是應當證明出"各單個形體之多樣性，是如何和實體之統一性，即全部自然中的物質之同一性相調和"。換句話說，他是應當證明物質是如何不用最初創造者——神、他所不承認的神而能引入運動之中。

公平來說，我們是應承認托蘭德批判斯賓諾莎主義，在本質上是正確的，而他自己對於運動問題之解決，算是大大地推動了物質論宇宙觀向前進步。

我們一點亦不否認托蘭德對於斯賓諾莎主義所作批評之正確性。但我們仍需說一下：斯賓諾莎在運動問題上亦是曾有克服笛卡兒之企圖，他認爲運動是無限的方式；實體在本質上是以永遠的能動性爲自己底特徵，所以視爲無限方式，視爲空間轉換之運動，亦可視爲來自一般實體能動性底產物。然而斯賓諾莎這種理解，自然是我們解釋之結果，而它底正確性，是可以引起懷疑的。所以我們現在不再停留在我們底解釋上面，轉來看看托蘭德底判斷，他無論如何在他底明白和深刻上說，是比斯賓諾莎判斷來得超越。

他說："斯賓諾莎不承認脫離或有別於宇宙實體之物，即不承認那種賦實體以運動（假使該實體自己不曾具有這種運動和不斷保持這種運動的話）之物。然而他從一般公認的空間運動一概念出發，而在解釋之中，並不能提出任何一個原因：他不欲和萬能的神衝突，而不知道去尋覓另外更好或且差強人意之說明。"托蘭德是這樣地責難斯賓諾莎，並認爲凡人欲從最初原因解釋世界，它底機械之性質和物質之狀態，便必須從運動底最初原因解釋起，因爲"僅是從外延一概念中——托蘭德說——是包含不了任何多樣性之表徵，任何變化性之原因。”他又繼續說：“一旦我們明白：只有能動性才能從外延中產生變化；則這種能動性——或運動底原因，便應很好地加以解釋和確立，否則一切體系便不成東西了。若將能動性認爲某種已知之物（例如神——譯者），則體系便僅是假設的了；若是它能有證明和說明，那時我們便可期待有一種比從來自然哲學更大確信之達到。所以在自己體系中只從空間運動--概念出發，是不夠的，它由我們所述的看來，亦和其它自然現象一樣，僅是能動性底結果。例如，靜止，現在一切人都沒有認爲它是否定的東西，沒有認爲它是絕對不動的東西，因爲維持形體於靜止狀態之中所需要的力量，正和使它進入運動所需之力量相等。空間運動和靜止，因此實質上僅是相對的名辭、過渡的方式，而不是正面的現實性。”

托蘭德將能動性，或一般的變化，和那種位置移轉之運動，分別開來。能動性——這是總體底運動，物質之屬性，而空間的運動，是能動性之方式，能動性之某種變態。所以很自然地，托蘭德是不承認自然中之絕對靜止，而轉而主張靜止相對性之辯證的概念。

外延本身不能決定亦不表現物質之實質，而祇是抽象概念。在物質一概念中，尚必須增加一個運動，它是作爲一般變化、能動性、活動力而理解的。至於空間運動是支派的、次要的現象。

托蘭德寫道："因此，我主張運動是物質之主要性質，換句話說，它之不能和它底本性相脫離，正是與它和不可入性和外延不能脫離一樣，它是應加入在它底定義之中的。然而正如我們將物質分爲個別形體的數量和總體之外延一樣，此時此等數量實是某些狀態、方式，依某種特殊原因而正在生滅着適外延罷了。同此方法，我爲欲使人了解得很清楚計，亦在此將總體底運動，名爲能動性，而空間運動不論它是直線的、圓周的、快的或慢的、單純的或複雜的，均一律名之爲運動——它祇是能動性之某種變態，能動性不論是整個的還是部分的，都是同一，沒有它，運動是不能引起任何變化。"

托蘭德，接着又否認物質似乎永遠是死的、不動的塊體，而處在絕對靜止之中。反之，物質是常在運動狀態之中、變化狀態之中的。而且只有承認運動爲物質屬性之理論，始能說明保持運動數之法則——托蘭德說。

物質沒有運動，是不可思議，其和沒有外延，正是一樣。從外延一事，是引不出運動來，即亦引不出事物之多樣性來的。運動是和外延一同表現了物質之實質的。它和物質不可分離，而構成了它底存在之必要形式。物質沒有運動，那便是"沒有一切形態和色彩，沒有精粗；沒有甜、苦，沒有冷、煖——總言之，沒有一切可感覺之性質，沒有均衡和任何比例的事物"了。所有這些，都只有依存於運動。形體之形態，事物之發生、發展、和消滅，都是運動之結果，正確言之，就是運動本身。物質沒有運動，便是完全空虛，而遍種對於物質適理解，便可得到如下的觀念："最初物質，是沒有本質、沒有性質、沒有數量而且一般地沒有任何一個實在名稱適東西。"

運動是物質之主要性質。凡定義必須包含該東西之本質在內，所以顯然地只有這種自身包含有它底主要性質之物質定義，在科學上才是正確的和中肯的。物質中每一部分、每一分子，都是常在運動之中，都是在不定之活動狀態中，——雖然它們不是依着同一的法則和同一的程度（如托蘭德所說的）而發生。能動性都是同一而內在地存在於一切物質形式中，然而特殊的運動，是多樣性的。這是由物質份子相互影響之不同方法所生適結果。

托蘭德在他全部的判斷中，實質上都是站在斯賓諾莎底觀點之上，他更將斯賓諾莎底觀點加深而更展開其物論的傾向，不管他是和斯賓諾莎論戰，而且"駡"他不正確，或正確些說，責他所發揮過理論是完全不充分。

可是，托蘭德於此是十分明白斯賓諾莎底實體是指物質，而且他對此問題也認爲沒有必要再加以闡發了。他是以斯賓諾莎所了解底實體爲出發點，這對於他自己都是知道得十分淸楚的。

斯賓諾莎給自己底實體物質以兩個屬性：外延和思維。托蘭德不同意於將思維作爲物質之永遠屬性。他和斯賓諾莎一樣地認爲物質是統一的，它是不能有互相獨立的部分。物質之所有各部分，都是互相連繫的。部分祇是總體之部分，在這種意義上說，每一部分不是自己存在的絕對東西，而祇是相對的術語或方式。托蘭德完全站在斯賓諾莎底精神上而說道："我所理解之形體，是物質之一定變態：我們理知所能感受得到之一種有限體系，或者是理知上所能感覺得到之特殊數量，但它在現實上是與宇宙外延不可分離的。因此我們說到一個形體多於或少於別個形體，它是可以細分和溶解，那是因爲變態是多樣地在變化着；但是自然是不能說，一個物質大過它個物質，因爲在宇宙間只有一個物質。"托蘭德爲說明自己底思想，舉出斯賓諾莎所用以證明自己思想之水爲例子。"原來的水，是可以產生、分割、和消滅的，它底數量可以增加或減少，然而當把水當作爲物質看待時，所有這些便都不可能了。"

他對於外延底一切說法，一樣地可以應用能動性。能動性亦如外延一樣，是物質之一般屬性，是它底存在形式（如恩格斯氏所說）"一切物質之位置的運動，實際祇是它底一般能動性因所趨之方向不同、原因不同、方法不同而引起的各種形式，而此時它底總數量是不增亦不減的。"

能動性這個概念，亦和物質之一般屬性一樣，乃是自我運動之概念，這個自我運動底概念，由托蘭德如此非常明白而確定地引入哲學中，算是第一次了。托蘭德說："問題是在於我們必須將一切物質之內在能力自我運動或主要的能動性（物質沒有它，便不能有個別的變化和分割）和空間的運動或位置移動（它只是主要能動性之各種變態）之間，分別清楚。"

位置的或空間的運動，祇是能動性（即一般變化）之各種形式。物質之每一份子，都佔有固有的內在能力，這並不排斥這個物質底份子被隣近的份子所推動，而後者（即隣近的份子——譯者）又受別個推動而行變態，如此類推。托蘭德說："因此，一切事物都有無限的變化，即如我所說的，是在不斷運動之中。"這種對於運動之新理解，其豐富已足以毀壞形而上的思維方法，並使托蘭德接近於辯證法。因物質底普遍運動和物質底統一，自然界中適一切事物，都只是全部鎖鍊中之一環，在這全部鎖鍊中，物質底各種形式，是在不斷的過渡着，在那裏，每個存在物之生，如托蘭德所說的，便是它個存在物之破壞，而且在那裏，宇宙之各部分是在不斷創造和消滅之中。"全部地球底面貌，在我們眼前，是每分鐘在變化着，因爲任何東西，卽會在一小時之內，在數量上亦不是同一的。而這等祇爲運動之各種形態的變化，便可以用爲證明某種普遍的能動性之無可爭辯的論據。但是部分的變化，並不引起全體宇宙之任何變化的，因爲很顯然地，物質之不斷變遷、過渡、和轉形，是不能引起它底總量之任何增減的，這亦似乎任何一個單字母在全字母中不因各單字母在無數的字和語句中之無數結合和移轉而有所增加或有所減少。在實際上，事物消失了某種形式之後，便立卽爲它種形式所吸收，這猶之乎它（指事物）在舞台上以一種服裝消失了，立卽又在它種服裝中表現出來，這樣使世界永遠年靑和永遠有力，它不知道衰老和滅亡——如一些人所愚蠢地以爲：全世界底各部分及各形態，在任何時候都是一個樣子。這不僅是違反理智，而且違反經驗。"

若是以爲托蘭德是有進化底觀念如現代所理解的那

樣，那是錯誤的。進化底觀念，他完全沒有。如因此而責難托蘭德亦是盲目的。我們所唯一肯定的，是我們這位思想家是很好地形成了自然界普遍運動的觀念，物質自我運動及一形式轉變爲它形式的觀念。

托蘭德底觀點，和恩格斯對此問題的觀點，是非常接近和相似。誰去一査近年來機械論者和辯證論者之間的論爭，誰便知道在這兩方面卽對於運動問題上，亦存在有重大的分歧的。讀者已經看到，托蘭德在二百二十三年前便是以恩氏底精神解決了運動底問題，而由此將物質論提高到新的、更高的階段。可惜，他底思想完全中止，直到恩格斯以前，沒有人繼續加以解剖。

恩格斯在『自然辯證法』中，在一專章名爲『運動之基本形式』中，論及運動問題。恩氏所下運動底定義，大概在意義上是和托蘭德相合。他說："運動從其最一般的意義來說，卽當爲物質存在方法、物質內在屬性來了解時，它是包括一切發生於自然界中的變遷和過程——始自單純的位置移動，終至思維"。(『自然辯證法』，二三一頁)。恩氏在他處，將運動定義爲一般之變化，以與機械的運動——卽單純的位置移動相對立。恩氏指出說：一切變化都是和機械運動相連繫着，但不是它所盡可包括：運動又是一種性質（或譯質量）之變化……。這兩個思想家對於重新考察傳統的運動觀念，其動機差不多是相同的：即必須克服物質之被動性。因爲由物質被動性，便必須承認有另一個外在的能動原因了。據托蘭德與恩格斯底意見，物質底一切份子，都是在絕對運動之中，絕對運動排斥絕對靜止。物質無活動力、物質被動性等觀念，便是建立在絕對靜止這個觀念之上的。靜止不是運動之否定，而却是絕對意義的運動之對立物。托蘭德欲將相對運動和絕對運動結合起來。托蘭德寫道："我一點亦不是說形體之相對的運動，那種運動人們均認爲是靜止；我論到它，祇是欲向你們證明這種運動同時仍不失其爲絕對運動。一切在我們地球上的東西（在一切其它行星，亦是如此），都參加它底不斷運動，因爲總體底運動，祇是部分運動之總和。這不僅從對象本身來觀察是如此，即在某形體得到新狀態以及失去它所已得之狀態時所必要的同一力量上說，亦是如此，因爲二者中不能是一個力量可以比它個力量少些。雖然運動的地球之全體各部分，彼此間相對上及彼此在地位相對上，是靜止的，然而誰也不能說，它們——當作地球之部分時，對於另一世界而言，不是在運動之中。例如，旅行家是參加了流蕩着的大船底運動的，這裏還未提及旅行家自己底有機體亦是在運動之中，——雖然他對於他所坐的地位，以及對船內邉其它部分（這船底部分，除了隨總體運動而不計及外，它對他是保持有一定之距離和地位的）之關係而言，他還是靜止的。這裏似乎應和愛斯坦底相對論作一比較，唯此會使我們涉及太遠。無論如何，讀者總看到，托蘭德是在物質論意義上，解决了相對運動底問題，他是把這個相對運動，當作絕對運動之變態的。

和這方面有關的，還必須特別注意一個具體定義或概念底問題，這是與抽象概念對立的。托蘭德對這個抽象概念作不斷的鬥爭，並且在這方面是和斯賓諾莎一致。一切物質底屬性，構成了統一體——具體的個體。而每一種屬性，是統一的物質存在形式之一種；這是從特殊觀點觀察統一物質之特殊方法。可是一般人通常都是取出一種物質底性質，使其脫離其總體而變之爲獨立的絕對物，變爲似乎具有眞實存在邉眞實本質。這是觀察現象之形式的、或抽象的觀點。特別是數學會犯這種錯誤。例如，數學上邉線、面、和點，因此都看爲眞實的存在。同樣對於空間，亦是如此，空間在數學上是當作沒有物質來思維的。"他們想像有一種離開物質邉眞實空間，而且說它是外延的、無形的、不動的、片面的、不可分割的和無限的。"至於我呢——托蘭德說——那我不能相信有離開物質而自己包含着邉絕對空間，同樣我亦不相信有離開事物的絕對時間。"托蘭德起來反對當時一個大權威——牛頓底觀點，雖然他還不"相信"這樣天才的頭腦，會得出如此錯誤的見解。

這個顛倒的、錯誤的"無形體的空間"之概念，不動的、有限的、可分的物質之概念，其產生是由於人們將單個的性質從統一的物質抽取出來並脫離之，而把它變成爲眞實的本質。所有這些性質，是構成了"同一主體中之絕對連繫的"。"自然，這些性質之每一個，在思維上都可以從其它性質中抽象出來，數學家應用這種方法是最多的了，但是我們是不能將此種抽象物，當作眞實體，而認它有外於主體的存在(它就是從該主體抽象出來的)，或者把它屬於另外一個不可信和不可知之主體上面。我們常常將物質從運動中抽象出來，將運動從物質中抽象出來，同樣地，對於堅固性和物質、運動和外延、外延與堅固性、堅固性與運動之間，亦是如此地抽象起來。這些性質之每一個均可自行抽出，而不與其它性質，發生何種關係，可是在實際中，物質底運動是依存於它底堅固和外延，同樣地，所有其它性質，彼此間亦是不可分離的。

只有一個無限的物質，是存在的，它是眞實的空間和容積，同時又是自己各份子和變態之主體。

托蘭德在上述文章中所闡發適思想，和牛頓的比較起來，是前進了一大步。他底思想之鮮明和深刻，足以作爲反對近代哲學中、以及自然科學中適無數觀念論傾向適鬥爭武器。他在解決自然哲學底一些問題中，是非常接近於辯證的物質論。若是我們在第五封信底末尾中，意外地遇到了"最高的理知底思想"那這是不和托蘭德底全部概念相一致；這種外來的成分，必須承認它不過是爲着避免那些"神聖"制度底討厭保護者底眼光而用適神學辭句底裝飾罷了。

托蘭德所插入一段自己通信人口中所說適反駁，是反對一旦物質有了能動性，最高理智將無必要。通信人這種虛僞的反駁，是沒有理由的。無論如何，物質之能動性(托蘭德此是知道得清楚的)是和神、世界靈魂和生命力等思想不可調和。托蘭德完全正確地以爲：物質適被動性，會使人必須承認某種離物質而獨立適能動原則——神、精神、世界靈魂等。托蘭德以爲斯賓諾莎底物質普遍有靈說，如在承認物質被動性情形之下，是成爲神秘主義底根源，這並非沒有根據。從物質被動性中，可以得出"靈魂係離形體而獨立適力量"這個思想來。物質能動性，即物質與運動之統一，是說明生命與思維之出發原理。

全部托蘭德底根本思想，都成爲十八世紀法蘭西物質論宇宙觀中之構成部分。荷爾巴赫、拉梅特利、和第德諾，都是將運動當作物質之主要屬性，當作"物質本質中必然發生出來之存在方法"。荷爾巴赫說："物質是藉自己固有的能力而運動"，它底運動是從它所固有之力量而發生的。法蘭西思想家曾批評自然科學家所以爲物質本性是不動的說法。"如果我們認定自然是死的一團——沒有任何性質和純粹被動之一團，那很顯然地我們還應當在這個自然之外，來找它底運動原理了。（註一）換言之，我們將要求助於于神說明自然了。

第德諾亦曾闡發同樣的思想。"據有些哲學家底意見，形體本身不賦有任何活動、任何力量，這是可怕的謬誤，——第德諾說——這個謬誤是和一切物理學、一切化學直接相矛盾，按形體所固有的性質而言，它自身是完全活動的和有力量的，如果你們在分子或原質中來考察它。（註二）賦有形體固有性質的分子，自身便是能動的力量。"第德諾分外在力量與內在力量兩種。外在力量可以消滅，它是在此一形體與彼一形體之間轉動之力量。內在力量是不消滅的，它是永遠存在於形體。

（註一） 荷爾巴赫著，「自然之體系」，二五頁。

（註二） 第德諾，「論文選集」，卷一，一三〇頁。

這些關於運動底根本思想，曾首先爲托蘭德所發揮，而以後爲法蘭西思想家所接受，以之建立自己底物質論宇宙觀，我們這些物質論哲學家和當時統治一時之自然科學家對於運動底觀點比較起來，是前進了一大步，當他們批評當時底"物理學家"時，曾自覺到這一點。然而十八世紀物質論者亦不曾得出全部關於近代對於運動概念之結論。這個任務，只有由克服機械宇宙觀之辯證物質論，才能担負。十八世紀物質論者底觀點，尙陷於內在矛盾之中：一方面，他們認爲運動是物質底存在形式、它底永久屬性、它底內在性質；而在它一方面，他們所了解之運動，只是位置底移轉，只是空間的置換。只有以恩格斯爲代表之辯證物質論，才給與這個問題以完全的明顯性。也只有近代的自然科學，才更接近地以辯證物質論底精神解決了這個問題。

然而托蘭德底偉大功績，是在於他是新時代中第一個從最深刻處解決了運動問題。這個科學的功績，保證他在哲學思想史和科學思想史上之最光榮的地位。

第六章　蓁·梅里葉

一

鄉村牧師蓁·梅里葉(Jan. Melie)這一個謎的人物，現在還是需要研究他適人。雖然在他死後約二百年，我們還沒有見到有一本詳細討論他適著作，如果不把那零篇文章計算在內適話。在那些零篇文章中，著者們是在分析他底思想，即談論他底唯一著作——『遺言』。可是，這個卑賤的鄉村牧師，從個性上，從他爲唯一特有的著作之著者上說，都是值得特殊注意的。

只要舉一件事來說，便知道了：十八世紀法蘭西底物質論和無神論，按照自己底思想內容說，是完全和梅里葉一致。他在十八世紀宣傳物質論和無神論，比誰都早。所以在這一點上，他底功績是偉大的。他可以眞正稱爲十八世紀物質論和無神論之"父"。

可是梅里葉這個人物如和他底社會觀點連繫起來說，卽和革命的社會主義連繫起來說，那他有更大的意義，十八世紀中社會主義之第一個宣傳者，便是我們這位鄉村牧師。他在這一點上可以算是巴果胡之前驅，巴氏是在這一世紀之末在社會主義名義之下，舉起反叛的旗幟的。

物質論、無神論、和革命的社會主義使梅里葉和我們底時代接近起來，而且使他比那一個——卽使是偉大的烏托邦社會主義，都更接近於我們底時代。梅里葉是眞正的思想家，他沒有革命前法蘭西社會思想家那種烏托邦主義。然而我們在梅里葉宇宙觀中，看見有一主要之點，甚似烏托邦社會主義者，這就是他底倫理主義。然而這個倫理主義，並不使他作出反對革命性質的結論。反之，他底倫理主義，在某種程度上說，却養成了他底革命主義。

梅里葉底個人悲劇，是在於他一面是無神論者和物質論者，以爲一切宗教是大的迷信和欺騙，而他自己在一生中却被迫向人民宣傳此種迷信和欺騙。這種痛苦，他自己是尖銳地遭受着，並且自己承認。所以，沒有什麼奇怪地，劇曲家阿托爾・斐特格受了我們這位英雄底性格和生活所感動，編了一齣戲劇名『梅里葉』。

在斐特格這個戲劇中，梅里葉以自殺作爲自己悲劇地位底出路。他服毒並將自己底『遺言』交給福祿特爾。

阿托爾・斐特格這樣是使福祿特爾作爲梅里葉之精神上的承繼人。然雖是歷史在實際上是可惡地揶揄了可憐的梅里葉：而使福祿特爾作爲他底思想在第一時期之傳佈者，但我們這位物質論者和社會主義者之眞正承繼人，却是性質和傾向完全和福祿特爾不相同的一些人。在這裏還必須說：福祿特爾並未傳佈了，反而是僞造了眞正的思想承繼，將他（指梅里葉——譯者）從無神論者變成他自己那樣的自然神論者，在他自己解釋『遺言』之中，將梅里葉底社會主義思想和他（指梅里葉）對於當時法蘭西社會的和政治的制度之全部批評，都删去了。

梅里葉在他一生中，因爲怕人追究，迫而虛飾和隱存他自己底眞正意見。

他在個人上不是一個爲自己思想而準備受難的英雄，而在必要時在眞理和人民幸福底名義之下而死。然而他將此種明顯的創傷放在心中，難道還算受難太少了嗎？他在自己激動的懺悔之中，告訴我們以他底痛苦。他對人民而說道："……然而我在內心是痛苦的，當我被迫向你們宣傳我全身心所討厭遡宗教的虛偽之時，……你們底相信，使我引起了多少良心的後悔？一千次我準備公開說出，但是超過我底力量遡恐怖，忽然又使我停止並迫着沉默到我自己死了遡時候。"

自然，我們經過了兩百年，很難得知道這個奇怪而特殊天才的人底詳細生活。在他底革命的胸懷中沸騰着對於壓迫者、暴虐者和剝削者遡仇恨，在他底頭腦中徘徊着天才的思想，但是，顯然地，他同時完全失去意志和性格上遡堅決心，來決定在自己個人生活上做任何一種的步驟，例如他可以改變他底生活，至少要脫離教師底職務。梅里葉說過他底主張和他底職業，沒有一點共通之處，且在他臨死遡遺言上要求人們將他年少時爲父母所束縛住遡職業和他底個人主張——他得到這個主張，是非常的困難，都是靠着生活經驗和思索而得來的——分別淸楚。可是這個思想家的梅里葉和牧師的梅里葉之間遡劃分，對於我們終是一個心理學上一個大謎。

戲劇家斐特格使梅里葉以自殺告終，而自己思想底宣傳事業，則委之於福祿特爾底手上。必須說一下，『梅里葉』這一齣戲劇底結果，斐特格是根據非常迫眞的一種關於我們這位英雄末日的傳說來的。人們都相傳梅里葉"在他臨死逊病中，拒絕一切飲食，卽是一點啤酒也不要，旁邊的人都相信，他要餓死，因爲生活對於他已是厭煩了。"

在實際上，什麼使梅里葉悲哀地走到虛僞的情形之中，和軟弱而無意志的性格呢？在這裏，我們應注意到十八世紀初葉時，梅里葉是很難得到周圍底人的同情和了解的。他在個人上不是一個戰士，因爲"恐怖超過了他底力量"。在它一方面，一切自由言論是嚴格地被專制政府所制止。因此，梅里葉在他一生中就做了他底父母所替他造成逊社會環境之奴隸，並爲當時法蘭西底社會政治制度之犧牲者。

從他底出身——梅里葉是織工底兒子——以及從他底鄉村牧師底職業對於人民——一部分對於農奴——之關係來看，他是農奴的農業"勞働者"底思想家，在自己逊學說中，反映出農奴勞働者對於現制度的不滿，而且他自己就是被偏見和壓迫所踐踏逊社會階段之軟弱底化身。可是，如果個人因自己個人的特點而至於自殺，那末要求解除壓迫和剝削之社會階級，只有一條道路——卽對自己壓迫者作革命鬥爭了。實際上，在梅里葉死後六十年以後，在中產階級領導下逊"人民"革命鬥爭底結果，舊制度是被推翻了。

梅里葉在"人民"解放事業中亦留下了自己底痕跡，他遺囑人民和他底壓迫者作無情鬥爭，並以自己對於宗教偏見之激烈批評來開明和啓發人民底意識。如果梅里葉不能在生時說話，那末他死後亦說話了，他留下自己傑出的遺囑。"我看見而且經驗過人們之罪過、惡行、窮困、無理智、和憤恨；我輕視和討厭這些。我在生時沒有說到這，但我要說到這，至少在死後。爲要人們知道這些，我寫作這段文字（即『遺言』——德波林註），因爲這些話，可以供那些讀到或看到過人們——如果他願意過話——作爲眞理之明證。"這便是梅里葉在他指定給他底教區人民看過『遺言』本子上所題過話。

同樣的話，他亦在本文中重覆着，本文中是以下列感動的語句開始的："我底親愛朋友們！因爲我以前不能，而且對於我非常危險，在生時向你們說出我對於人民統治、對於他們底宗教、和他們的法律之意見，我決定我至少在死後爲你們留下反對無數謬誤之防禦手段。這是我對你們能夠做過最貴重的貢獻。Hoc sentite in vobis，——這你們自己也會感覺到"。

他預見到僧侶們和一切注意於物質的和精神的剝削人民過強有力世界，一定是要毀謗他底這個紀念品。然而這在現在——他對於自己生命已作最後計劃之時，已管不了它了。他再沒有在暴虐者底殘酷前面害怕適理由了。現在他所想到的，祇是一個最後的念頭：離開生活，告訴人民以他一生中所感覺到和所想到適一切眞理。現在什麽亦不能阻止他。“對於眞理、正義、和社會福利之追求，我看到一切宗教的欺騙而經驗到憤恨，對於我們是超過了一切其他個人的考慮了。”

自然，脫離人世適人，是不需要什麽英雄主義，來公開說明自己隱存的意見了。然而問題不是在於英雄主義，而是在於梅里葉心中所充滿對於被壓迫人民之熱烈的忠誠，同時在於這種深刻而偉大的思想，以雷電在沉寂中閃射出來，且以鮮明的光芒照耀歷史水平線，而預言出革命的危險來。

在梅里葉底頭腦中，實際上是存在着統治階級所害怕適思想。活的梅里葉，誰也不怕，死的梅里葉，對於僧侶和統治階級，是非常危險。所以他以下列感動的話，向僧侶和暴君說道：“讓牧師們、神學家們、及其他，在我死後，是願意如何地憤怒，讓他們在那時——如果他要適話——駡我爲背信者、背教者、無信者和無神論者，讓他們給我以凌辱，讓他們如何高興地來處置我底屍身，讓他們把它切成片塊，或讓他們烹煮之、或焚燒之，或者用怎樣調味來把它吃下去，——這我一點也不會不安，因爲我一切總是不要了，沒有什麽可以威嚇我了”。

因此，梅里葉是决定以死來克服自己底恐怕，並告訴人民以全部的眞理，而自己則於墓石下長眠於地中。我們這位貧苦的鄉村牧師——無神論者和社會主義者底悲劇，便是如此。

梅里葉很明顯是還想在臨死前召集自己教區底人民，至少在私人上，面告他們以他所想過一切。他在自己『遺言』上寫道：“我想在死前和你們一談，但是不知道在最後幾分鐘還有否時間和精神，所以我還是在書面的形式中說明我所想說過事情。”

梅里葉在自己『遺言』底結尾，是在指明統治於全世界過罪惡，並呼喚那些“有理智而爲人所公認過人，有學問而善口才過人，願爲公道和眞理事業馳驅者一致起來。他們來担負此等事業，會無比地好過我。對於正義和眞理過愛好，對於社會幸福和呻吟的人民總解放事業過愛好，一定會推動他們起來担負這些事情。他們不應當停止攻擊、指斥、追究、和打擊我前此所說過一切可惡的謬誤，一切可惡的欺騙，一切可惡的暴虐，在他們還沒有將這些完全沒落和完全消滅之前。”

梅里葉這個最後的遺言，在以後有一部分是實行了。在他死後幾十年，在法國展開了巨大的物質論和無神論的運動，至少在當時知識份子中間，他們亦有一部分侵入到民衆中間去。"有理智和公認的"、"有學問和善於口才的"後代人，是起來了，他們實際上是和宗教偏見、和暴君、和統治的僧侶和貴族，作過有系統的爭鬥。這個爭鬥，是由法蘭西大革命而完成。

然而實現了梅里葉底希望沒有呢？一點也沒有。因為梅里葉最後理想，是在於社會主義的社會改造。凡是私有財產存在的地方，都不能算是"公道的"社會制度。梅里葉在『遺言』中闡發社會主義思想的那一部分，是完全下沉了。福祿特爾在自己『摘要』中，亦認為沒有必要提到它。自然，這是"不合時宜"的思想，因為在十八世紀法蘭西是沒有一點實現社會主義的物質前提。梅里葉所提出的偉大理想，在資產階級正在準備確定自己底政權的國家中，應被認為沒有基礎的烏托邦了。

至於梅里葉所熱心反對的宗教之"可惡欺騙"這一方面，那末它在世間亦不能算是消滅了，不管法蘭西物質論者方面，有無神論之宣傳。因為自從中產階級取得政權之後，自己又復回到宗教方面去，以它當作為蒙蔽和征服人民之工具。

物質論、無神論、和社會主義，是構成近代勞働階級之宇宙觀的內容。無神論之完全實現，只有在社會主義社會中。所以，不論近代辯證物質論離梅里葉宇宙觀，是如何地遠，這位天才的鄉村牧師，在其結合物質論、無神論、和社會主義上說，在某種程度上說，是相接近的。

二

關於梅里葉底生活，我們知道得非常之少。不論他底生年，抑是他底死年，都不清楚。他在一六六四年或一六七八年生在賽坪尼底瑪塞里鄉村一個織工匠家庭中。梅里葉底教育，是在一個僧侶學校中受的，很明顯地，他在那裏曾熱心地研究過笛卡兒。必須想到：他亦和荷蘭底安魯列魯亞一樣，從笛卡兒底學說中獨立地得出物質論的結論來。他對後者遡批評，在『遺言』中佔遡地方非常之多。梅里葉在拉丁的古典學者中，對於物質論者魯克列齊，特別尊崇。對梅里葉有巨大影響的，是最聰明而精細的懷疑論者米賽里·摩登。很明顯，他在僧侶學校中，曾很優越地研究過神學的文獻。

他從學校畢業後，在本生地賽坪尼的埃特列平里村中作牧師。五十五歲，他終結了自己底生命，要求葬於自己花園內，並遺下三本『遺言』。

經過了很短的時間，許多『遺言』底手抄本便傳佈起來，據福祿特爾寫信給搭米那維中所說，『遺言』是以八個"路易托爾"（法錢幣名）出賣的。福祿特爾自己在一七三五年從狄野利奥處便知道了這個傑出文件之存在。

福祿特爾在一七六二年提到梅里葉並認為已及時來刊印他從『遺言』第一部中所作的『摘要』了。然只是在一八六四年，『遺言』才由魯・賽爾列完全地出版。賽爾列是偶然地在荷蘭古書舖中得到『遺言』底全份。

福祿特爾底『摘要』（它是『遺言』中關於宗教部分的思想，加以改竄的說明）對於當時人，引起了巨大的印象，而且在批評基督教和一般宗教的工作中，以及在無神論思想底宣傳中，供了巨大的應用，雖然福祿特爾自己將梅里葉改變成為自然神論者。無疑地，梅里葉對於十八世紀下半期最徹底的無神論者和物質論者——荷爾巴赫，亦有重大的影響。荷爾巴赫對於梅里葉底思想，亦有論及。

為要說明『遺言』發現底條件和它所生之印象，福祿特爾與許多人物討論梅里葉問題的通信，可為充分的材料。這個通信非常有趣的是它對於革命前的法國底出版界底情形，投射了一個光芒。福祿特爾底『摘要』是在荷蘭付印，『摘要』底著者，謹慎地隱存自己是做了這件事。他關心的祇是

『摘要』底傳佈，至於該『摘要』是一個法文懂得不大好迻瑞士人著的。

福祿特爾令人相信，『摘要』是"完全而句句從眞本中"摘來的。這完全與事實不符。它底原因是這樣。我們一點也不知道，福祿特爾用的是什麼"眞本"。在法國當福祿特爾所刊迻『摘要』未發現以前所流佈迻許多手抄本無論如何是不能算是確當無誤的。反之，我們若將保存在馬恩學院中迻『遺言』手抄本和魯多里夫·賽爾列所印行迻『遺言』底完全的原文一加比較，便可確知轉抄的人，曾將許多東西增加進去，有的是無意或有意地對原文加以改竄(這是常常有的事)。因此，在這些手抄本中便積下許多的錯誤。在它一方面，轉抄的人又常依自己底意見或愛好，而加上許多梅里葉自己所完全沒有迻思想。例如只要指出以下的一個事實，即我們在手鈔本中發現了梅里葉似乎曾主張猶太人充爲人類底犧牲者。在此人們是根據着『聖經』的。但在原文中梅里葉一點也沒有這一類的主張。其次，只要把梅里葉底『摘要』和荷爾巴赫"關於梅里葉"而寫迻『健全思想』以及和賽氏所公佈迻原文加以比較，亦可確定福祿特爾是改竄了梅里葉底見解。『健全思想』一文，雖是一種對於『遺言』之獨立的分析，但『健全思想』迻根本思想，是由荷爾巴赫很客觀地轉述過來了的。我們在『摘要』中只看見到被福祿特爾所改竄了遡宗教批評，至於一般的哲學觀點，梅里葉底物質論和社會主義，福祿特爾都因爲很明顯的原因，而完全把它沉默下來了。

在福祿特爾手中，是否有的是"眞本"還是『遺言』底全原文呢？我們承認在這一點上是有可疑之處。他，顯然是用許多手鈔本中遡一種，這種手鈔本，我們已經說過，不能算是眞確的。

福祿特爾在一七六二年二月寫信給達南柏中說道："當我讀他（卽梅里葉——德波林註）時，我感到可怕。這個已死的牧師底證物，要求神寬恕他，他學爲基督教，而爲不信仰者作巨大的服務。福祿特爾，在此亦是毁謗了梅里葉，似乎他在臨死前，"求神寬恕"——向這個爲他所極端否認遡神要求寬恕。梅里葉不是向神要求寬恕，而是向人民、向自己教區人民要求寬恕他學爲基督徒，而欺騙了他們。

福祿特爾以爲，梅里葉應當轉變全世界爲自己的信仰。——如他在寄與同一的達南柏底另一信中所說的。實際上，這個自願停止自己底生命而不能再向人們宣傳他自己所認爲大盲目、虛僞和欺騙的事，並要求人民寬恕遡人——梅里葉之『遺言』，所予人之印象，是可感動的。正是因爲他在臨死時向人民說出自己底罪惡這一件事，對於讀者所發生廼作用，才非常有力。梅里葉欲在自己生命最後一點鐘，要人民確信有拒絕一切宗教偏見之必要，知道宗教是會帶來毒害且會維持着不公平的社會制度。

福祿特爾在他寄與搭米那維廼信中，形容梅里葉底著作，是太長、太冗、而且"太激動"。因此他拿出自己底『摘要』，這個摘要是包含原文中值得讀一過廼全部內容。我們是不能同意福祿特爾這種對於『遺言』廼形容。梅里葉底著作，在文學上說，是有極大的缺點，這是無疑的。可是梅里葉底著作除了他應被視爲非常有趣的人類文件之外，尚有巨大的歷史意義。至於福祿特爾所說梅里葉著作"太激動"這一件事，說得正有利於這位鄉村牧師，而並不曾反對了他。福祿特爾在通信中所以如此說法者，蓋欲藉此使當局不至於懷疑他是和梅里葉取一致的態度。例如"我感着可怕"這類廼話，便是由此而來。自然地，啓蒙主義者福祿特爾，只從梅里葉著作中摘引他所認爲值得讀一過廼原文。由此我們這位偉大的啓蒙運動者在讀者面前隱存了梅里葉著作中最有趣味的一部分，這一部分即是：無神論之物質論根據，和對當時法國社會關係中肯而非常深刻的批評，以及著者所提出廼社會主義。

『遺言』是由簡單的、無技巧的、直接的語句來寫的，然而正是這樣一種的文字形式，才引起了印象，這是福祿特爾自己亦承認的。福祿特爾在一七六四年寄與達南柏底信中曾呼喊道："一切忠誠的人，都應當帶一份『遺言』放在口袋中"。他又在他信中補充說："梅里葉應當拿在一切人底手中"。

梅里葉底『遺言』對於十八世紀底人們，引起了巨大的印象，而且大有助於無神論和物質論思想在智識份子中之傳佈，——這件事從各方面，均可得到證明。福祿特爾欲以此爲幫助，將謬誤和迷信從法蘭西趕出去。如他所說的："驅此惡魔，歸還理智於我貧弱的法蘭西人！"福祿特爾十分努力地關心於自己底『摘要』之流佈，確定地相信他這樣做法，是爲了理智的事業。這一點，我們應說福祿特爾是公平的。福祿特爾說道："在一個地方刊行梅里葉底三本小册子，可以得到許多的新教養。啊！我有了幫手了！"——福祿特爾大喊道。

福祿特爾底朋友和同思想者對於梅里葉底傳佈不努力，引起福祿特爾寄信他們而予以責難！因爲他完全有根據地在期待着這本著作，定會引起偉大的啓蒙作用的。達南柏對此等責難回答福祿特爾說："你責我們遲緩了，然而我已經告訴過你,"梢子"底恐嚇,是非常的疆化。你希望我們刊行梅里葉底『遺言』,並印四五千本。那種卑劣的狂信——因爲卑劣無疑是有的——一點不因此而消失,或消失得甚少,而我們將被人們,即便是傾向於我們主張的人,把我們看作狂人了。"達南柏,很明顯地,是一個旣無特殊英雄,亦無任何強烈性格的人,要他來刊印和傳佈不合法的文字,那他是一個非常帶懷疑論性質的。達南柏,雖然知道"九十九頭牡羊加上一個細菌,還不構成一百個痴人",換句話說,一個智慧者梅里葉,價值大過不止百個以上的痴人,可是他以爲"無數的光線,不能醫治盲目的人"。這就是達南柏自己不活動在理論上的理由,藉以避免人說他是怯懦。

三

在文獻中好久就已有懷疑到梅里葉本身底存在的。在最近有一個無神論的歷史家佛里德奇·馬得勒,帶着許多證據,證明這種意見。他說:"我很早就決定下自己底一個任務,來證明梅里葉並不曾生存於任何時候,這是福祿特爾或他底朋友,藉一個無神論者的牧師來掩蓋的。"福祿特爾之虛構這樣一個人,是因爲要藉一個牧師,說出他——福祿特爾——連在他底親近朋友通信和他自己另外匿名著作中所不敢說過思想。這樣一個福祿特爾在心中是個無神論者，不過他沒有勇氣公開地說出來罷了。

馬得勒是一個鄭重的研究者，所以他底說法，應加以詳細的考察。我們爲避免說得太遠，必須直接地說：依照我們底意見，馬得勒底假設，是沒有根據，而且經不起批評。可惜，他沒有實現他自己決定詳細研究梅里葉而作過法蘭西旅行。他要在某文書中發現梅里葉底眞正『遺言』，原亦是一件十分可能的事，他如做到這點，則他對於科學，是有大的功績。

由上說，馬得勒是不相信梅里葉底存在的，並以爲福祿特爾"虛構"了一個天主教的牧師，在臨死前決定宣傳自己無神論的主張。

關於這些，第一件應當說的是馬得勒完全沒有注意到福祿特爾是在一七三五年從狄野利奧那裏第一次知道了梅里葉和他底『遺言』。福祿特爾在一七三五年底回信上，問狄野利奧道："你信中對我所說過這個鄉村牧師是誰呢"？他並且要求狄野利奧將他所完全保存過原本子寄給他（福祿特爾——譯者）。很明顯地，如果梅里葉是在這個通信前若干年（一七二九或一七三三年）死去，那還有可能決定埃特列平里是否實在生活過這樣的一個牧師，這是第一。第二『遺言』底手抄本早在四十年代就已在法蘭西傳佈了，這我們上已說過，而且福祿特爾自己亦談及此。可是福祿特爾在一七六一——一七六二年才第一次注意到梅里葉，那時他認爲在荷蘭印行自己底『摘要』，已經到了時候了。

福祿特爾在其一生中，心中是個無神論者，這很有可能，——雖然這是很難得相信。我們對馬得勒姑作此一讓步。然而梅里葉底『遺言』，還不止是對於神之否認，它還包含下極重要的哲學部分，在那部分中，不論在正面和反面的形式中，都確定了物質論宇宙觀之根據。而福祿特爾在其一生中，實質上都是笛卡兒派的二元論者。

然而將『遺言』所發揮之社會主義思想，歸在福祿特爾身上，就已完全是空想的了，這是他絕對沒有的。知道福祿特爾的人，都能知道馬得勒底假定是由幻想得來的。我們不再論述到福祿特爾和達南柏，特別是和搭米那維底通信了（馬得勒認爲那些通信可爲證明自己正確之證據）尤其是在章末，特別在行下的附註中，馬得勒自己亦否認了自己原來著者爲福祿特爾底假設，而又提出了一個新的、又是那樣不中用底假定，似乎『遺言』底著者，是得·亞爾若斯·捷·奇拉克底假托，能夠證明其爲得·亞爾若斯·捷·奇拉克假托底證據，是一點也提不出。他自以爲自己底假定，是一種推測，它還需要有力證據來加以證實的。

現在還要看看他底所謂反面的論證。馬得勒考慮到一個牧師梅里葉，來作這種『遺言』底著者，是不可能的。

『遺言』底作風，證明它底著者，是一個有經驗的作家，是一個對於文學很有研究的人，——馬得勒說——，可是梅里葉，據我們所能知，他差不多是沒有什麼書籍的，所有的，祇是很壞的傳道東西。

在我們看來，上述的考慮，是不足以得出馬得勒所作的結論。第一，『遺言』在文字上說，這我們已經說過，是有重大缺點的。該著作的著者，是沒有經驗的文學作家。馬得勒自己在別處說過：『遺言』不是像當時其他法國或英國作家那樣天才的人寫的。接着，他指明『遺言』底著者是當代其他作家中學問較少的人。馬得勒自己這些解釋，已經減弱了他所作的考慮了。一切公平的讀者，都應當承認，正是『遺言』的作風、『遺言』底文學形式，證明它底著者不是有經驗的文學作家，不是出色的學者，而只是受過僧侶學校底教育之鄉村牧師。

至於說到梅里葉沒有書籍，這種主張是不可信的。我們知道梅里葉底私人生活，是這樣的少，要決定他有否書籍，是沒有一點可能。在它一方面，他底『遺言』證明梅里葉所有引證的各著者，他卽在他底學校中亦是可以知道得很清楚，那個學校中一定有哲學、古典的文獻、神學等類的書。在梅里葉所引逿書中，『聖經』是佔了第一位。

魯克列齊、笛卡兒、瑪列布南什、教會神父及一些近代作家——這便是和『聖經』同時並引之作家，這在當時條件之下，在鄉村中都是找得到的。

還有更少令人確信的，便是馬得勒之“心理學上”逿考慮。一個鄉村牧師，他在四十年底時間之內都是一個急進的無神論者，却能每日執行自己教會底職務，這在十八世紀初葉，實是心理學上逿一個謎。——馬得勒說。

然而這種考慮絕不能否認有一個無神論者的牧師，在其臨死的床上對於自己不信仰東西加以懺悔這個事實存在逿可能。至於在僧侶之中，特別在天主教的僧侶之中曾經存在而且現在還存在着許多無神論者，這是事實，連馬得勒也知道得很清楚。然而此等職業的虛僞人和欺騙者，他又說，並不曾在臨死的一刻，懺悔自己的無信心呀！這種說法，必須承認它是非常無力的。那些職業的虛僞人和欺騙者是利於人民之愚闇和落後的，這種先生們在各時代中均非常之多，用不着多說。至梅里葉無疑是一個非常忠誠的人。這樣一種人在其一生中欺騙自己並他十分同情他們痛苦逿人民，這件事如何能夠發生的呢?我們以爲,『遺言』本身,就可以作爲解答這個問題之充足的——如果不是最完全的話——材料。我們已經說過梅里葉性質底軟弱,和他底怯懦了,這個性情上的軟弱和怯懦,是可以由當時俗世的和教會方面的政權之嚴酷追究來說明。如果像達南柏這樣的人,在梅里葉死後三十年,還害怕"槓子",那末,梅里葉底"恐怖"便應承認它是十分自然的了。我們現在沒有可能確定梅里葉底觀點是在什麼時候完成的。因此亦沒有根據來說:他是在四十年底時間中,過了這種可怕的虛僞生活。如果他眞是不食而死,那顯然地他是以自殺作爲自己眞正悲劇地位之唯一可能的"救星"。

末了,馬得勒最後一個論據說是荷爾巴赫曾以梅里葉引證過一七三八年出版的英國思想家休謨底書籍,可是梅里葉底死,無論如何不會比一七三三年還遲。馬得勒因此將荷爾巴赫和梅里葉合一。我們在梅里葉那裏,從沒有看見對於休謨的引證。至於說到荷爾巴赫,那他底著作,應視爲完全獨立的,無論如何,引證休謨這一件事不能拿來評定梅里葉的事情。

由此,我們仍確定地以爲,『遺言』底著者不是別的人,正是生自埃特列平里的牧師蒸·梅里葉。

第七章　牛利·阿夫萊·拉梅特利

一

拉梅特利在一篇論戰的著作（這著作在他死前數星期出版）中，論到他自己，他說他是一個生在"良好季候"還沒有到來時期中適人。他寫道："因爲我時常非常看重那些勇敢的人，他拿着公開的盾牌來反對衆人底偏見，所以你將會奇怪我自己採用那種諷刺的語句，充滿在所有我底著作中。然而我底態度是這樣：拿着鞭子鞭笞海洋，俾能由此沒有危險地渡過彼岸。如果我戴着面具，無限制地大笑着，且又那樣急忙地來去奔走着，用這樣迂迴的途徑來走路，俾最後能夠重新達到我先前由彼出發適地點，那末這種方法之所以必要，無非祇是因爲我還是處在良好季候還未到來之中滷海員所處過地位之故。自然，這個氣候對於走相反目的之人，是良好的。至於要把自己底船，駛往理智和眞理港灣中去滷人，大概永遠是要克服那逆來的風。……差不多任何地方，都不能沒有危險地走上兩步，所以必須逆轉上去，卽必須利用人工，否則，船不是爲大風所破滅，便亦要成爲那種神聖而且還爲那些愚蠢的大衆所尊敬之海盜的袋中物了”。

拉梅特利在這幾行中，對於時代和他自己底性格，都予以鮮明之形容。周圍的環境，在拉梅特利看來，是黑暗的統治，其中野蠻的偏見佔着優勢，而勇往思想的人，在他自己生命之每一步，都是冒着危險。拉梅特利很知道，他是——如他在同上的著作中所說的(註)——“他是生而不幸的”，因爲他在生命進程中，是“反着潮流前進，且要開拓新的道路，與不良氣候，和逆轉的大風作爭鬥。

自然，他是不能“拿着公開的盾牌”出現的，他必須在另外的名字，或且是完全沒有名字，匿名之下來發表自己底著作。他不得不用巧妙的諷刺，藉以譏笑所有這些在哲學上和宗教上沉溺於偏見鄉愿學者和名人。他是最好的戰鬥的物

(註) 該著作名：“Le petit homme a longue queue”在一七五一年出版。

資論者。若是他時常用一種誇大語或奇論，——特別在倫理學範圍的——，那這一方面實是因爲他底戰鬥的、憤激的性質，它方面因爲他曾與之作過光耀而眞正英勇爭鬥過那些愚鈍和仇視的環境。

拉梅特利是屬於那種不能屈服、強毅和完整的性格，那是絕不利於妥協而天生爲着爭鬥過一種性格。拉梅特利在這一點上是十八世紀末甲可賓派的青年法蘭西中產階級在思想上及理想上之鮮明代表。拉梅特利是哲學上之"甲可賓派"。他是深信物質論學說眞理之人，他確定自己底生活目的，來宣傳物質論，並與宗教和有神論作爭鬥，不論在何種個人的犧牲之前，均不退却。他自己說過：他"準備在任何時候，被那些可憐僞聖人之狂信所犧牲"。在這些可憐的僞聖人之中，不僅包含有職業的狂信者，——即穿着法衣之掠奪者，而且還有十八世紀上半期作爲科學上"裝飾品"和"傲慢"之人。

拉梅特利以一個反對全體，但並未放下武器，在他底一生中，對於黑暗和落後的統治，予以強烈的打擊，崩裂封建統治之基礎，並替那些根除舊的封建世界之新戰士，準備了立脚點。

二

牛利·阿夫萊·拉梅特利(Julien offroy de La mettrie)是於一七〇九年十二月二十五日生於濱海聖瑪諾(Saint-malo)城中一個富商人的家庭中。他依着父母底意思,進考旦司專門學校,他在那裏是學神學科學。經過了相當的時候,他由彼被送到卡恩(Caen),在楊選派處學修辭學。(註)他在修畢修辭學底課程以後,便到巴黎學習邏輯。他在巴黎普列孫專門學校中,傾心於楊選派柯爾札亞(Cordiee)底講義,而且他自己在十五歲時便寫書論述楊選派主義,該書得到同輩底重視。這至少斐力特立第二在他們『頌辭』中說到。然經過了一年,他就已不學神學了,神學已不能滿足這位勤勉的少年,他乃轉學到卡爾庫專門學校學習物理學。拉梅特利因自己底天才,在很短的時間內,對於這門學問,便有驚人的進步。他又受自己同鄉人𦓐羅(Hunauld)影響,決定學醫。在一七二八年時,他就在萊蒙司(Reims)城中,受得醫生底名義。他在以後五年中,都在自己生地的城中,作實習醫生五年,並與𦓐羅作經常的生活的往返。然因法國醫學,程度甚低(至少和別國比較是如此),拉梅特利因爲充

(註一) nèree Qnépát. Essai sur La mettrie. Paris,1873P.8

實自己醫學教育計，便到萊登去。當時有名而有學問的醫生波耳哈維(Boerhaave)，是住在那裏。

拉梅特利熱心研究波耳哈維底著作，並將它譯成法文，欲以更科學的方法，對抗陳舊的醫法。拉梅特利在他翻譯的一本波耳哈維底著作上，附上自己底一篇『論花柳病症』(註)，該著在當時學者中，得到很好的歡迎，但是巴黎醫學會會員冉・亞斯特留克(Jean Astruc)在自己一篇的文章 De morbis veneries 中(一七三六年)曾嚴厲地加以反對。

拉梅特利後由萊登回到聖瑪諾，他在那裏住到一七四二年，直到有學問的䀄羅醫生死了的時候，這個醫生對於這個青年朋友，是有決定影響的。拉梅特利在此事以後很短的時間內，譯了波耳哈維四部著作：一七三九年底 Les aphorismes de M. Boerhaave sur la Connaissance et la cure des maladies"；一七三九年底 Traité de la metière medicale"；一七四〇年兩卷的 Institutions de médecine 及一七四一年底"Abrégé de la theorie Chinique"。同時，拉梅特利對於醫學性質，亦作特殊研究。他在一七四〇年出版了兩部著作："Traité de la Petite vérole"和"Essai sur L'esprit et les beaux esprits"。在一七四三年，他印行了

(註) "Traite des maladies venerinnes" 1735.

他對波耳哈維底生理學一部大註解，名為："observations de médecine Pratique"。在自己著作 Essai sur L'esprit et les beaux esprits"(在荷蘭出版)中，拉梅特利會以自己固有的諷刺，譏笑當時許多的名人，福祿特爾和舫登列那亦在內。自然，他就是在這第一次的進攻中，已在此等名人中造成了無數的仇敵，他們都要對他報仇。

他在失去了自己底先生和朋友——鬻羅以後，住在本城中現在就沒有一切的興趣了。因此他就到了巴黎。他得外科醫生摩南(morand)和錫多勒爾(Sidobre)底介紹，入公爵格拉蒙(Granont)底衛軍中作聯隊底醫生。他以軍醫底資格，參加德挺耿包圍佛里堡(Fribourg)適戰爭，和凡登里底戰爭——公爵格拉蒙就是在那裏打死。

在佛里堡軍營時，拉梅特利得了熱病，他因為觀察自己病底過程，得到了一個結論說：一切人類精神上適能力，不過是身體組織底物理性質之結果罷了。在這個主要思想之上，便建立了他底第一部哲學著作，出版於一七四五年，名稱是：L' histoire naturelle de l'ame。(即『靈魂之自然史』——譯者)

這一部分著作，是以澈底物質論精神寫的，雖然還帶有煩瑣哲學底術語，(拉梅特利用此適目的，是欲將物質論這個藥丸加以鍍金罷了），它曾引起了一陣憤怒，特別是在僧侶之中，因此他不得不離開聯隊，——雖然人們對他，不管從醫生上說抑是從普通的人上說，都是非常看重他的。有一個事實可以證明他在一些人中得到廣大的聲望是達到了若何程度，這個事實就是出現有一大批的朋友和保證人，留心替他找到了一個新的職務——里羅(Lille)，格特(Gand)，不魯塞(Bruxelles)昂凡爾(Anvers)和渦爾蒙司(Worms)底軍醫院底總院長。(註)然而勤而不倦適拉梅特利不能以醫業和豐厚的薪俸自滿。他是一個努力於分析和傳佈醫學上和一般宇宙觀上新思想之純潔的工作者。在不久以後，拉梅特利變成非常有名，而且又是可怕的人了。他出來反對僞善，反對法國醫學底落後，反對宗教和有神論。他對於當時一切有權威適人所作適中肯而諷刺的批評，自然造成了無數反對他的敵人了。

他那本對於波耳哈維『生理學』適大註解，引起亞里伯拉黑特·哈勒(Albrecht von Haller)底壓迫，他一生都和這個人作戰。這位有學問適先生——哈勒不能原諒拉梅特利，說他應用了哈勒底一些著作而不註明著者。哈勒在『哥廷

(註)見 Neree Quepat, Essai, P. 18, j. poritzky, Lamettrie, P.145,

根學術報』上駡拉梅特利爲"剽竊者","居心不良的人"等等。實際上,據德國教授伯格曼所說(註一),註解中迶領導思想,是屬於拉梅特利。至於從哈勒著作摘取迶事,那拉梅特利在自己著作迶序言上,已指明哈勒底著作,是他自己根據之一。由我們所知,任何種剽竊者都說不上。哈勒在『靈魂之自然史』一書出現時一再地嚴酷地在刊物上反對拉梅特利,又駡他是剽竊者。他,拉梅特利似乎將哈勒底意見和思想,當爲自己固有的。如果是這樣,那麽拉梅特利便有完全理由將自己底著作『人-機器』"獻與"哈勒。哈勒對於『靈魂之自然史』迶批評,是在一七四七年六月刊印,而『人-機器』則是於同年八月出版。因此這個有名的"獻辭"(這使哈勒十八日痛苦)便是拉梅特利對於哈勒之慢駡和攻擊迶直接答覆。(註

同時拉梅特利對於巴黎醫學會繼續在自己光耀的諷刺文中加以攻擊,他在這些文中譏笑巴黎底醫界名人。一七四八年,他在亞姆斯特丹印行 Politigue du médecin de

(註一) Ernst Bergmenn, Die satiren des Herrn-Maschine, 1913.

(註二) E.Bergmaun, Die satiren des Herrn-Maschine, S. 14.

Machiavel（註）；這本書和一七四七年所出的喜劇 La faculte vengèe 一書，均引起了全醫學會底憤怒，自己尊嚴受了嚴厲侮辱的醫學會，採取了當時最通常的鬥爭方法：將拉梅特利底書籍下令焚毀。

拉梅特利再在法蘭西住下去，是有危險的，逮捕威嚇着他，因而他依着朋友底勸告，逃往肯特，不過他是在偵探監視之下被送出去的。他從肯特再到萊登去。然亦不能決定長住在萊登。在一七四七年，他由出版者陸薩克又出版了自己底著作『人-機器』，這部著作卽是對於"自由的"荷蘭，亦是太過於勇敢和可怕的了。這本著作就是在荷蘭也都引起一陣怒潮，特別是在僧侶之中，他們都要求將著者處以死刑。拉梅特利追得又要逃生。藉了他自己底一個朋友，費了多大的困難，才得在黑夜中沒有帶什麼東西從萊登逃走了出來。

國王斐力特力第二，由摩伯秀斯（Maupertuis）聽到了拉梅特利底命運，（這個國王對哲學修養很差）便招請這位被壓迫和被追究的物質論者，到自己底宮庭中來。"拉梅特

（註）　該文正確的題目是："Politique du medecin de machiavel, ou le chemin de la fortune ouvert aux medecins, Par le docteur furm-Ho-Ham, Amsterdam, 1746。

利是神學家和一些蠢人底犧牲者，他到這裏可以很自由地來寫作。我特別同情於這位被追究的哲學家。”一七四八年二月，拉梅特利便到波特斯丹(Botsdam)並接受國王講師之職。在同年七月，拉梅特利被指定爲柏林科學院底會員。斐力特立第二在一七四八年十月十八日寫給摩伯秀斯的信中，曾對拉梅特利作扼要而中肯的形容。他指出他底喜悅性情和大智慧，“他是一切醫生底敵人，但自己是最好的醫生，他是物質論者，但却不是實利主義的”。

拉梅特利在自己最危險的時候，沒有失去精神上的氣魄，生動力和喜悅性情。但在另一方面，外表上的成功，也並不使他沉醉。處在斐力特立第二王宮中的他，仍然繼續以兩倍的力量，擁護自己底主張。這是明顯的事實：拉梅特利在對於這個予他避難所，給他以自己“恩惠”和包圍他以如此尊榮的斐力特立，表示了自己尊敬的情形之下，並不感覺他自己是很幸福的。他是要到法蘭西去，並據福祿特爾所說，他倘準備徒步回故鄉。

然而他已註定不得脫離這個國王的『俘虜』。拉梅特利在有一次和法國大使共同午餐中，中了一塊牛油肉餅底毒，那個肉餅是由腐壞脂肪作成的。拉梅特利病了三日，並於一七五一年，九月十一日死去了。

必須說，拉梅特利底死，和他底全部生命一樣，是不平常的。中毒這件事，本是尋常的現象。若是拉梅特利肯服吐藥，無疑他是會復生的。可是，拉梅特利却是固執，欲證明放血遡方法可以治愈"中毒"(註)。自然，拉梅特利是錯了的。然而這對於這個奇怪的人是表示他在實際上是要試驗這個經驗，這種經驗對於他是值得起生命的。所以，所有那些關於此次拉梅特利因食肉餅而死遡事所寫遡文章，都是他底敵人和物質論底反對者之虛僞和毀謗。

拉梅特利之死亦和他底生一樣，是個自信的物質論者，他當然不免一死。當摩伯秀斯勸拉梅特利接受牧師職務時，他是鄭重拒絕了的。他在最後一分鐘，還保持喜悅和機敏。依照他臨死時底意思，他是要葬在法國大使館底花園中，俾能長眠於故國。

伯格曼是十分熟悉拉梅特利底生活和活動上一切材料遡人。他曾寫道："可恥的顏色，應當塗抹在一切人底臉上，那是虛僞和無恥——這是愚妄之必有的副產物——結合起來，藉此始能用自己底巨蹄來踐踏這已死的反對者"。這些人們不能不知道拉梅特利死時之眞實情形，(例如傳記者哈

(註)　這一點由力特立第二是可以證明的。又見：D'Argens, ocellus Lucanus, P.248，伯格曼所引 Die Stiren. S. 76.

列·齊密爾曼卽是如此），但不能稍稍停止對於這個可怕物質論者底最後幾分鐘寫作一些最有煽惑性逌虛僞。差不多當時所有的報紙和"學術新聞"，都刊印各種散文的和詩文的下賤"墓銘"，以指斥這位傑出人物之名字和紀念物爲目的。首先所有這些怕神的僞人和鄉愿，力求使自己輕信和糊塗的讀者相信，似乎拉梅特利臨在死前而落膽，且因地獄之恐怖而後悔他在生時對於神及其它所做逌罪惡。最主要的便是拉梅特利——這個剛強性格的人，這是他們如此命名他的——要求消滅自己底著作。這就是他們所要做逌事。這位有名物質論者底著作對於這些俗世的和超世的惡徒們，比著者本身還可怕。當他們知道這位反對神、反對精神不死和其它保守宇宙觀基礎逌可怕反對者死去了逌時候，都輕鬆了一口氣。必須說：在這些毒蛇們底嗡嗡合唱隊之中，有一個斐力特立第二，雖然他是一個國王，還保持了客觀的心，並稱拉梅特利應是一個哲學家和眞正的人。他稱讚他是一個善口才逌演說家，他指出他底心底純潔。"誰不受牧師們底毁謗所欺騙逌人，對於這位忠實的人和有學問逌醫生——拉梅特利之失去，都會痛惜"——這是斐力特立第二在自己發表於一七五二年一月十九日柏林科學院大會上逌"頌辭"中作下逌結論。

三

拉梅特利首先是一個傑出而有學問的醫生。他是經過了醫學而走到哲學方面來的。他是以偉大的文學天才而表現。他之爲一個諷刺家，是和拉伯烈和蘇斐德齊名。他是他那個時代最受有教育的人。

據伯格曼說，在德烈斯登底圖書館中曾保存有宮內書商底圖書目錄，附有屬於拉梅特利底書籍的書單。這個書單包含有兩千號，主要的都是十六——十七世紀底自然科學和哲學底著作。

拉梅特利底哲學著作，是建立在巨大的自然科學材料之上的。他的物質論是建立在當時已知的科學之總和上面之宇宙觀。

拉梅特利從他是爲一個醫生來說，算是波耳哈維之直接學生和信徒，波氏認定醫學是科學中之王。波耳哈維寫博士論文，其題目是論精神與形體間之區別。波耳哈維在自己這個著作中，對於伊璧鳩魯、霍布士、和斯賓諾莎底學說，均有分析。我們可以由此想到拉梅特利當是由波耳哈維這個論文中，第一次和這些偉大物質論者底學說相認識。羅羅和波耳哈維在使拉梅特利認定醫學爲"生活之嚮導者"這一點上，具有同樣的影響。波耳哈維輕視抽象的理論化，而以經驗與觀察、正確的研究與實驗，作爲唯一的正確認識方法。拉梅特利將此方法運用到哲學上面來。他在所有自己底研究中，都以經驗與觀察爲出發點，同時，如我們上面所述過的，他是利用解剖學、生理學、和病理學的根據，來建立哲學觀點。(註)

拉梅特利底醫學著作，特別是波耳哈維著作底法文譯本(附有譯者之豐富註解)，是用以達到文化開明之目的的。他(拉梅特利)認爲必須和法國醫生之無知作爭鬥，他們是停滯於舊的偏見之中，而一點不欲去認識別國醫學底進步，和新的療治方法。拉梅特利從兩方面進行鬥爭：將最好的醫學著作，譯成法文出版，同時發表自己底諷刺文，來鞭笞當時醫生之無知和落後。拉梅特利最好的諷刺文，算是一七四八年在荷蘭用匿名Altheius Demetrius出版的兩卷著作，書名爲 Ouvrage de Penèlope, ou le Machiavel en medecine。波里茨基說，拉梅特利在這本諷刺著作中，是結合了拉伯烈底滑稽和蘇斐德底諷刺。這位有名的物質論者，在自己天才的小册子(這本小册子對於當時人產生極大的印象)中鞭打落後和無知，因而担負了巨大的文化開明工

(註) 見 Poritzky, Lamettrie, P.50。

作。當時巴黎醫生底首領是亞斯留克，他是全巴黎人公認之惡徒和欺騙者，然而他同時是醫學會底首要，和一般的最重要人物。自然，拉梅特利底全力，開始是打在亞氏上面，然而當醫學會全體都站在後者底方面時，他迫不得已和該團體全體、全部的醫學會作戰。

拉梅特利用以下的話形容法國底醫生："我們底醫生——他說——是極和善的人和良好的公民，但是解剖學、植物學、化學、和物理學，他們却都認爲沒有必要。可是無條件必要的，是醫生要成一個巧辯的聰明人、文學家和抒情詩人、修辭學家和兩棲類學者、音樂家和彫刻師，尤其重要的，是成爲和善的騎士。一大堆書籍有何用處呢？他們從那裏只能得到面容的幽光和蘇格拉柢底形像，那是一點也不合我們底夫人們底口味的。追求學問是愚蠢的！試看看那學和研究至於疲憊的醫生！難道他能比我們有更好的實踐嗎？"(註)

當時底法國醫生，除了極少的例外，都是只要利益的。可是他們不是物質論者，是神之守衛者！反之，他們是和教會共生活，是有神論者和欺騙者。

至於物質論者和無神論者拉梅特利則要求每一個醫

(註) 見 Poritzky, Lamettrie; P. 81-82; nerec quepat, Essai, P. 102.

生，不要作一個"和善的騎士"和良好的基督徒，甯可作一個自己職業的專門家。爲達此目的，便必須在法蘭西範圍以外去求醫術底進步，同時要做一個單純眞實的人，而不要做一個欺騙民衆逈僞學者。

拉梅特利在自己光芒的諷刺文中，對於僞學主義、空虛的傲慢，愚鈍的自視和落後，皆予以致命的批評。巴黎醫學會，據我們所已經知道的，是用下命令公開焚燒他底著作逈方法，來向這位開明的醫生報仇！政府當局受這些高貴名人底唆使，決定將這位不安分而反對神和巴黎醫生逈維新者，驅逐於巴斯德勒。唯拉梅特利當時幸得逃走了。

四

拉梅特利實在的哲學著作活動，只繼續了六年。在此短短的時間內。他在宣揚物質論觀點上所做逈事業却無限地大。只要說一件事就可以知道：卽他一個人竟能掀起所有全體舊世界都起來反對他！這件事正足以證明他所完成逈事業之雄偉！新世界是以拉梅特利一個人爲代表，起來反對所有的偏見和舊封建制度之基礎。

拉梅特利是法蘭西革命底先驅！在他底著作中，已經感覺得到未來革命之氣息。他不僅是一個哲學作家，他還是一個不可調和之革命者和武裝的戰士。但是他底唯一實際武器是他底筆桿和他底物質論宇宙觀。他底敵人很正確地看到他底物質論對於現制度是最危險。反對天上滷神之反叛同時便是表明反對地上滷統治階級、反對僧侶、反對貴族和國王滷反叛。斐力特立第二所以能夠很豪氣地優待物質論以及物質論者，那是因爲普魯士底歷史條件，還沒有成熟到革命的變革地步。但是在法蘭西滷情形，便不是如此。那裏革命已經成熟了。無論如何拉梅特利之出現，在客觀上都是表示對舊世界宣戰，首先是對舊世界底思想家宣戰。反對拉梅特利一個人的，有牧師、醫生、學者和一切政府（不止法國一國，而且還有各國的）之聯合戰線，由這件事便可以證明物質論底宣傳對於所有封建思想家，其危險和可怕，是達到了何等程度。即在啓蒙運動者和物質論者之中，拉梅特利原是可以希望得到同情和了解的，亦沒有帮助拉梅特利。一切都一樣地報他以粗暴的辱駡。

敵人和反對者，感覺到自己理論地位的弱點，無力在純粹思想基礎上用“公開盾牌”來反對他（這是他所希望的），乃對他放射了卑下的虛僞和誹謗之無數毒箭，不僅在他生時，而且在他死後亦如此。然而歷史却證明了拉梅特利底“正確”。在他死後物質論底傳佈，得到了極大的範圍，特別是在法國，那裏革命的資產階級已在物質論旗幟之下進行反對"舊統治"適鬥爭。所以，拉梅特利是開始用非常力量爲本階級利益而磨利尖銳武器之第一人。

拉梅特利底第一部著作是Histoire naturelle de l'ame，一七四五年刊印於哈格，冒稱英國人奢爾班（拉梅特利底假名）著作之譯本。在說明該著作之基本觀念和其評價以前，應先扼要一述著者在一七五一年出版於柏林適第一次哲學著作全集底前面所作適『先決的判斷』。

『先決的判斷』亦是貫穿了著者在其它著作上及他以他個人底勇敢所常必須適那種諷刺語，藉能更有力地"用鞭鞭打偏見之海"。不聰明的讀者--時或且會覺得著者似乎是一個信仰和宗教底擁護者。而在實際上，他只是在譏笑它們和一切寺院中適"講演者"。他在該序言上一開始便指出哲學只是有利於道德和宗教之鞏固。然在這些話中，所隱存的祇是對於下述那種人表示一種譏刺之言。那些人以爲哲學是有利於宗教和傳統道德，那些人以爲必須研究自然，藉以由此覓得"理解他所崇拜適創造者之捷徑"，藉以由此知道用眞理啓示的方法。然而自然科學和哲學所證明的，恰是相反。所以，以爲科學和哲學可以服務於神學，是一種盲目。誰願意有神底存在，便不能以科學和哲學爲基礎，而唯有回到不可思議的信仰中去。著者底譏刺，是包含在每一句之中。例如，他寫道："你們沒有什麼用心讀到這些（指那些論證神之存在、精神不死迺書籍與神學著作——德波林註），便可確信哲學本身是有利於宗教和道德的"，我們會以爲這就是拉梅特利底意見。可是在這一段話中，必須在"沒有什麼用心"這一句話下面，加上着重圈點。在另一方面，"哲學本身"自然沒有保證它是要脫離神學結論的，因爲哲學是有各種各樣，只有物質論哲學是仇視宗教和能作爲反對神學和基督教道德之柱石。

試舉其它的地方。"若你們一步步地研究人類在其生活生長底各時期中迺情形，他底苦痛和疾病，他底結構與動物底結構之比較，那你便會相信，只有信仰才會使你承認最高的存在"。我們這位著者用這些彎彎曲曲的話，倒底是想說些什麼？因爲人類在機體上是相類於動物，而和它不同的，衹是更高理智之發展，所以任何一個理智上迺論據，都不能用以證明精神不死和最高精神事物之存在。因此又衹有不合理的和愚蠢的信仰，才成爲宗教之根源，而自然科學和哲學則否。

科學認識和自然科學，首先所證明的，完全和信仰所教導的相反，它是證明：在人類週圍的，唯一的東西是永久的物質；和該物質不斷變遷和消滅之形態；一切有靈的形體，都有完全消滅趵一天。在此種對於自然和人類趵理解之下，來說什麼"光榮的不死"——只是簡單的愚蠢。所以一切調和神學和理智、宗教和哲學之企圖，都是必須認爲它是"庸俗趵和無力的"（如拉梅特利所形容的）。

哲學是和宗教與道德（自然是神學的道德）相對立的，它們之間趵調和是一點也說不上，因爲它們是從不同的根源來的，且是以不同之客體作爲對象。哲學、自然、和理智，實是同一意義之概念。哲學是根據於自然，而以自然現象爲唯一來源。所以它是完全依存於自然，而不承認任何離開自然來源或認識趵對象。理智是"自然之聲"。

宗教不是以自然而是以天爲自己底根源。而其對象，不是實際存在之自然客體，而是祇存在於人類想像中之幻想的、虛構的天上事物。

道德則是政治的產物——拉梅特利說。它是發生於社會中，而爲制抑民衆之政治上趵工具。民衆底領袖，利用宗教之無條件權威，將他們所確定之法律和行爲標準神聖化起來。我們這位哲學家說："他們是聰明地將刑罰底鎖結和宗教及道德這個雙重鎖結連結起來"。拉梅特利否認宗教和以宗教爲根據趵道德，同時他又指出在自然方面亦有他自己底道德，即所謂自然的道德。宗教的道德是叫我們“克服自己”，自己壓抑人類底願望和意向。自然道德則教我們順從我們底意向。“所以，自然道德或哲學之與宗教道德和政治道德底區別，猶之乎自然和人爲之間底區別一樣。如果說它們是正反對，是背道而馳，那由此所能得到底結論只是一個 哲學是與道德、宗教和政治絕對不可調和的”。(註)

所以，物質論哲學是仇視道德、宗教和政治的。哲學是自然之“產物”，它反映出客觀的過程；道德、宗教和政治，則是社會的產物。這樣一來，是在自然和社會之間，存在有裂痕了。由此自己便會得一結論：認定社會之設立應當符合於自然的要求。後來法蘭西物質論者，以荷爾巴赫爲首，便得到這個必不可避免之結論來。

觀察哲學和觀察社會所必須之標準，是完全不相同的。哲學是從眞理概念出發。立法則主要以效用爲原則。“道德是求公平，而哲學則求眞理”。社會是服從自己特殊的法則，它之形成，不是符合於自然。然而自然亦不限於符合於社會的要求。所以，哲學家不應當估計到宗教和他底道德。近今社會之主要基礎，是偏見和謬誤，亦即是宗教、道德、和政

(註) 見 De La mettrie; Oeuvres philosophiques, 1751

P.7

治。

人們通常是相信自己底願望。換言之，便是如後來費爾巴哈所說的，願望是宗教底根源。人類相信，一片的有機物質，都是可以不死的，這是因爲他們希望不死。至於自然，——卽自然科學，便否認這種小孩子所說適話。——一切偏見和謬誤，一切社會藉以確立適條件，都被哲學堅決地推翻了。

眞理和效用（或公平），卽科學與道德（與宗教），彼此間之相互對立，猶之自然與社會底對立一樣。然而它們並不彼此抵觸，亦不彼此消滅，因爲兩者各有不同的實際方案。拉梅特利這個最後的意見，是充着康德底學說的。然而如果讀者太把拉梅特利這個思想看得太嚴重，那是錯誤的，雖然他還相信物質論哲學似乎對於傳統道德和政治，是不危險的。他迫於時代條件而"虛僞"，然而他底眞正意見是完全明白和確定的。"物質論者能夠很好地證明人不過是機器而已，然而人民永遠不會相信這些"——拉梅特利安慰害者階級說，然而爲什麼人民不相信這些，而相信精神不死呢？因爲他對此"十分無知和落後"。如果人民都相信物質論者，那末，建立在法律的強力和嚴酷之上適社會，亦無用害怕這些斯賓諾莎主義者來搗毀寺院了。不過——拉梅特利說——我們底著作對於下民（這種說法應視爲差不多全體啓蒙運動者對於人民所具之輕視態度）看來，是一種笑話和平凡的見解，因此，亦是不危險的。這裏，無論那一句話，都是辛辣的諷刺語。

可是，拉梅特利以爲，人民未提高到理智上面來，他（指人民）還是需要宗教的。法蘭西的開明運動者，不傾向於人民（或譯民衆），一點也不相信他們。他們以爲開明祇在少數傑出智識份子中才能達到。物質論或其他一般的理論對於開明的人，是不會成爲危險的。因此，哲學中所說的，是爲一部分智識份子建立眞理，——這是拉梅特利所趨向之思想。

但是理論是一點亦不威脅實際。理論是"開明"的人之功績，而並不以改造實際爲目的。必須承認這種不正確的意見，乃是這位哲學者之眞正主張。哲學理論無關於實際，它不像"醫學理論之對於實踐"那樣。"在後者，理論對於實踐有直接的和絕對的影響，即任何一個僞學，在虛誕的途路上便會予病人以痛苦，而在前者，純潔的哲學思維和它的著者，是不會有害於社會之實踐生活的"。

是否要證明拉梅特利這種理論，是經不起任何的批評呢？自然，僅靠書籍底誦讀，人民是不能改變自己底"習慣"，即不能改變自己底確信和意見，主要地是不能改變自己底生活環境，——社會制度，這拉梅特利是完全正確地說過。然而正確的理論，其本身是來自實踐，而首先對於實際生活有巨大的影響，——如果這個社會條件，對於某種改革是已成熟的話。拉梅特利底物質論是法蘭西社會條件變遷之表現，因此，他是能夠首先使他所代表的先進階級之頭惱革命化起來。十八世紀下半期法蘭西物質論所有基本的和領導的思想，是已經由拉梅特利指示出來了的。

中產階級對於"下民"之自傲和中產階級思想家在"不開明的"大衆之前的害怕，乃是中產階級和人民之間的階級仇視之自覺的和不自覺的表現。拉梅特利說，我們或者能夠同意以下的意見：卽"一切未來生活中的虛構刑罰，是我們現實生活中的刑罰不夠的原因"，而許多人民正是因爲害怕苦惱的地獄才去避免斷頭台。然而，如果一切法律、道德、宗教、斷頭台，對於人民是必要的，那末，對於開明的人，眞理是沒有危險的。

拉梅特利沒有認爲"灌輸人民以科學，並使它走向自然的祕密"是必須做的事。他說，"我知道得非常清楚，龜是不能跑的，橫行的動物是不能飛的，這猶之乎盲者是不能看見的一樣。我所希望的一切是有少數的哲學家能夠作爲統治的指導者，我以爲他們是不能在極大範圍內作爲統治指導人的”。所以，拉梅特利已養成對於人民極大之不信任，而將自己底希望寄托在統治者上面，而站在一種開明專制底立場之上。

通常人都以爲，沒有神底信仰，社會是不能存在的。然而這是不正確的，因爲在神底信仰或神之否定和人民道德之間是沒有絲毫關係的。難道我們不是已經證明了：正是那些信神者才引起了戰爭和散佈了混亂嗎？無神論者是一種人，而我們底德行乃是由我們身體和精神底結構而定的。‘由無神論者的哲學家所組成𨑹社會，是比那些僞聖者的社會，要更有德行、更爲良好”。

至於說到哲學和道德之間𨑹相互關係，那末前者是無害於後者的。我們只要承認絕對公平或非公平是不存在的，公平乃是由“社會利益之比重而測定的”，那時我們便會明白宗教對於建立道德是沒有用處的。所以，若是哲學告訴我們以絕對眞理的東西，而不否認相對公平的東西，則哲學便是無害於“人底相互關係之安甯的”。

哲學家——卽開明的人——之本分，是不相信愚蠢者所相信𨑹東西，闡發科學，並在自己言論和行爲上，作一個自由的人。君主（我們重覆說一下，拉梅特利對於君主所具之偏見，是還沒有解除的）是應當替哲學發展和科學發展，創造必要的條件。因爲"哲學在各方面，不論是正確的還是錯誤的，都是對於社會幸福有影響的，這種影響是大部分不相當於它底眞理性，然而這個影響却是非常之大：作爲自然和科學與智能光耀之認識鎖鑰遒哲學，同時又是理智、法律、和人道底火炬"。

物質論是（如拉梅特利所說的）拯救厭世之人道的哲學。存在於社會中遒法律，是和人類本性底要求相矛盾的。人類是害怕用法律懲罰遒強力的方法來幫助自己，然而拉梅特利亦不會引導人民趨向強力。他不相信人民，以爲他是迷信和偏見之奴隸。因爲意見是統治世界，所以哲學家提倡用開發新眞理、新觀念遒方法來重新建立社會。他叫操握權力遒人，要減輕法律底嚴格性，而對於自不幸的同胞，應有人道寬仁底態度。應當力求人類之"相互的需要滿足"——這是拉梅特利向操握政權遒人所提出之不確定的要求。

五

拉梅特利底哲學活動，有一主要之點可以和費爾巴哈底哲學性質相對照。兩個思想家，都是以人類，作爲自己思維底中心，人成爲整個宇宙觀建立之出發點。所以費爾巴哈用以洗禮自己哲學遒"人類學"，同樣應用於拉梅特利底宇宙觀。然而人類學主義，繼續便發展爲"自然主義"，因爲，如費爾巴哈所說的，若是我們知道了頭惱所藉以構成之物質，我們對於其它一切物質遡估計，都可得到正確的觀點。

拉梅特利在『靈魂之自然史』(或。靈魂論——這是最後一版底題目）中所探究的主要是"什麽是頭腦底物質或人類底"精神"這一個問題。著者開始以爲精神底本質以及物質底本質是爲我們所不知道的。然而拉梅特利在此對於"本質"一語作何了解呢？這個問題，必須加以說明，因爲有些作者，欲將拉梅特利列爲玄學的觀點，似乎他這個觀點，亦和康德相類，承認有不可知的"本質"。這樣看法，我們以爲是不正確的。實際上，他對於精神本質一語所了解的，是指"抽象化於形體而解放出來之精神"；對於物質本質一語所了解的，是指那種沒有任何形態之物質，然而在這個所謂精神本質和物質本質不可知之理論中，却包含有一個爭論：就是究竟誰是實際上承認了此種理論。拉梅特利（費爾巴哈在以後亦是如此）是一下便是站在精神或物質之本質只是死的抽象而在實際上不存在這一個觀點之上。他由此是欲指出那些談論精神或物質之本質遡人，實際上所說的，乃是無生命之抽象。因爲沒有形體遡精神，是沒有的，同樣，沒有形式遡物質，亦是沒有的。"精神與形體是同時創造起來的，總而言之，是一擊而成迺東西"。精神是形體之積極的基礎，物質是構成有機和無機形體之本質。

至於認識形體性質，唯有藉助我們底感官，才有可能，感官是開明理智迺一個機能（如拉梅特利底說法）。

物質本身是被動的，如果在形體之中，有一種使心臟跳躍、神經感覺、和腦筋思慮之原動的根原，那末這個根原便叫做精神。

他接着分析形體藉以構成之物質底性質，認定外延是物質之第一屬性。被動的物質從各種形態得到自己底一定性和運動，形態是給與物質以動力的。依拉梅特利，形態是物質之不可分離的性質。拉梅特利和亞里士多德與笛卡兒相反，他以爲原動力不是從外賦與於物質，而是自身所固有，它是構成物質之第二個屬性。上述兩個哲學家將物質與實體間加以區別，是不正確的，而拉梅特利在應用舊的術語之下，極力證明此所謂實體者仍祇是存在於我們理智中而不存在於實際中之一種抽象。因爲具體物質沒有運動和沒有形態，是永不存在的，所以它和我們所命名爲實體者，乃是一個東西。(註) 由此可知：拉梅特利所用以開始之物質被動性，祇是一種抽象，卽抽開運動和形迺抽象。運動和形

(註) 見 Poritzky, Lamettie, P.100

態(這便是笛卡兒底神一類之某種特殊外在的力量，或被稱爲實體之玄學的物質本質)與具體的物質，是不可分離的連繫着的。所以，沒有任何根據，能說在具體的物質之外，同時還有一個特殊實體之存在。

物質之第三個屬性，拉梅特利認爲是知覺或感覺底能力。

現在有一個問題發生：動物是否亦具有知覺力呢？大家知道，笛卡兒是以爲動物不過是簡單的機器。拉梅特利以一個生物學家和解剖學者底資格，指出動物與人類之間，存在有完全相似之感官，"知覺的言語"在動物亦是同樣具有的。所以不能同意於笛卡兒，他以爲動物只是一個簡單的機器，而沒有知覺。然而是否能夠將我們在動物或在人類所發見適知覺，列爲某種精神的實體呢，拉梅特利堅決地否認這種觀點，其理由是我們只能在形體中看到知覺能力，而我們所見適形體，祇是物質而已。知覺力是直接都存在於一切物質本身，還是特定屬於有機的物質，我們則不知道。——拉梅特利說。

在我們現所考察適這本著作中，拉梅特利還常常應用煩煩哲學的術語，然而他在這些術語內所充實之內容，則是物質論的概念。例如他分別實體和偶然形態之間適區別。這個觀點是屬於亞里士多德的。(據亞里士多德底見解，各種形態是可以產生事物底本身)。後來拉梅特利在自己最後的著作中，便不用這種術語了。又提出有三種生命底起源：植物的、知覺的、和理智的。這種提法，亦是亞里士多德提過的。然而拉梅特利是否認這三種獨立起源或三種獨立精神之存在，這我們從他對於本問題之論述，便可一望而知的。他又用這種術語，不過是欲藉以證明一切此等精神，都是統一的物質之能力罷了。

沒有知覺，亦沒有精神。精神之眞正"所在"，是腦筋，或正確些說，精神就是腦筋自身，因爲一切神經是集中在這個地方。著者自已又指出說，精神不是獨立的實體或脫離形體之存在物，某種實體的形態——如煩瑣學者們所說的。通常證明精神爲一實體性，都是用許許多多形而上學的論據。拉梅特利就問道："然而他們證明些什麽？若是一切東西，都可以由解剖學和物理學在腦筋組織中所啓示的情形來說明，那末我如何又能夠建立某種觀念上的存在呢？"若是我將精神和形體視爲同一的東西，那祇是因爲一切現象使我這樣看法"。

腦之狀態是不斷變遷着。這是因爲"動物的精神"(這句話和"精神"一語不同，據拉梅特利自已說，這是指來去於神經中遊纖細事物）將許多新印象帶進來，而這個印象必不可免地會產生一切新觀念，並在精神中發生各種不同過程之故。

知覺是精神之基本原素。實在說，精神除了知覺以外，便什麼也不知道。卽是理智的精神（如拉梅特利所說）亦是當爲一種知覺的精神而起作用，因爲它祇有從知覺或感官底感受始能有所作爲。古代人把人類底精神看爲理智的精神，那是因爲它比動物底知覺精神要超越一等。然而二者間之差別，是由於人類底身體和動物底身體之不同而決定，而並非由於所謂理智的精神之特殊的性質而決定。人類智能之完善，是由於人類生理組織之特殊性質而來。有些思想家之出發點，是以爲精神是靈魂的和非物質的。這種靈魂性便構成了形而上學（或譯玄學，餘同此——譯者）和宗教之根源。然而知識能力之經驗的研究，必然會使我們相信它們是包含在知覺或感受的能力之中的。

可是，僅僅從自然佔有感覺的能力，是不夠的。爲能獲得智能，還必須和別人有往來。拉梅利特說，這是因爲"人類之基本的觀念，其基礎是在於相互的往來"。人如無這種往來，不論是神底觀念，還是道德底觀念，都不能有。拉梅特利這些話，是欲指明不論神底觀念還是道德底觀念，都是以教育和人類底往來爲其根原。如果精神實際上是不死的和獨立的精神實體，那末它之獲得宗教的、玄學的、和道德的觀念，亦不需要什麽教育和學習了。所以，沒有印象和知覺，亦沒有任何觀念。然而沒有教育和人類之相互往來，也沒有什麽觀念。

六

在一七四七年寫成『哲學體系簡論』，據著者自己底話說，其目的是要使『靈魂論』容易得到了解。

拉梅特利在這小小的著作中，對於那些對於他有若干正或反的影響之基本哲學體系，加以批評和分析。我們在拉梅特利底宇宙觀中，所見到的，實際乃是笛卡兒、斯賓諾莎、萊菩尼茨、洛克和波耳哈維諸人學說中之各要素底綜合。

拉梅特利認爲笛卡兒底功績，首先是在於他"創立了邏輯的、明白的、和方法論上適思考藝術之模範"。雖然該哲學家本身，沒有常常採用自己底方法。拉梅特利是接受和稱讚笛卡兒底方法，而否認他底體系的。拉梅特利以爲，笛卡兒之"靈魂的、道德的、和不死的精神，不過是"蘇爾爾龐亘神催眠所用之囈語"。他和十七世紀底物質論者——勒宓醫生同是懷疑笛卡兒爲一眞正的物質論。無論如何，笛卡兒關於我們觀念直接發生於神迹學說，關於精神爲非物質性迹學說，是爲巨大的謬誤。然而，據拉梅特利底意見，笛卡兒所以作如是說法，又是因爲避免教會對彼之壓迫而被迫出此，因爲他所處迹時代，是他底"功績只能害它底進步，而不能帮助他"迹時代。所以，笛卡兒底功績，主要是歸在他底方法上面。

至於瑪列布南什，著者對他底學說，是有嚴厲的，但完全正當和應有的批評。他證明全部他底體系，乃是一串的虛幻或爲抽象思想所充塞迹頭腦所生迹產物。

拉梅特利對於所有的哲學體系，首先都是批評到認識的和研究的方法。他很正確地以爲，一切罪惡，都是在於思想家將無生命的抽象物、抽象的原則作爲基礎。這不論在萊普尼茨、瑪列布南什、和伍爾夫，都同是如此。但是他從萊普尼茨那裏很明顯地採用了關於物質存在有原動力和知覺力之思想。

拉梅特利對於斯賓諾莎體系，是批評他底合理主義。他很好地指出無神論者斯賓諾莎是用舊辭句充實以新觀念。關於拉梅特利對於斯賓諾莎迹關係，只能根據非常斷片的指示來決定——拉梅特利同意將外延和思維作爲統一的實體之變態和表現方法這一說法。而且，拉梅特利曾直接表明：他底『人-機器』是擁護斯賓諾莎所以爲“人是服從自然不變法則之機器”這一思想。由此看來，拉梅特利自己說到斯賓諾莎對於自己宇宙觀之直接影響了。但是很明顯地，拉梅特利同時亦指出其和斯賓諾莎不同之點，他將自己物質主義的感覺論和斯賓諾莎底合理主義相對立。例如，據拉梅特利底意見，思想是“感覺基礎”之某種變態，而斯賓諾莎則以爲感覺是宇宙中思維部分之運動。

但是拉梅特利是以洛克和波耳哈維，作爲自己底直接先生。在實際上，他們對於這位有名的物質論者，是有最深刻的影響的。洛克之功績是在於他證明演澤法之不中用和笛卡兒關於先天觀念過學說之無力。“洛克是第一個解除玄學的混亂之人”。“他以爲感官直覺是唯一可信的健全理智，並以它作爲自己判斷底基礎；他常用確實性的羅盤針和經驗的火炬作爲自己底嚮導”。

至於說到波耳哈維，我們在說到哈勒時，再說幾句。大家已經知道，哈勒是曾無理地責駡拉梅特利改變了萊登底偉大先師之見解的。

七

拉梅特利在物質論史上留過偉大痕跡而給與同時代人

以震動之最有名著作，是『人-機器』。這位有名物質論者這部著作，是於一七四七年末用匿名在萊登出版的。該書底出版者，是當時以自己關於道德和哲學方面之著作而聞名遐邇的吕利劉陸薩，他個人對於梅拉特利底見解是不同意的。他在該書上，加上自己底一篇序言，在序言中自別於著者。不過，在文獻上有一種意見，說這篇序言，亦是拉梅特利自己寫的。

在出版者序言之後，便是獻與哈勒的獻辭。這獻辭曾引起一些賣罵和庸人的感嘆，說著者缺乏文字道德、缺乏德性等等。我們對於此獻辭，擬稍稍加以詳剖，俾知，第一，它對於哈勒是應有的；第二，其中一點也沒有什麼不道德；第三，它乃是一種特殊的、熟練的妙作，不論在自己特出的聰敏方面，或是在自己底諷刺方面，都是如此。哈勒是一個學術界底鄉愿，和怕神的俗人，他是絕對消失了一切恢諧的感覺的。他自亦不了解這個獻辭底意義，把這個鞭責式的諷刺文，却看得怎樣嚴重。現在已有證據證明這個『獻辭』乃是拉梅特利對於哈勒在其批評拉梅特利所出的書籍（波耳哈維底譯本和『靈魂論』）時所自認可以攻擊之點加以一種答覆。

哈勒常常斥責拉梅特利爲“剽竊者”。於是得到一種印象，似乎拉梅特利自己一點思想也沒有，一切都是他從波耳哈維那裏偷來，自然，亦就是從哈勒那裏得到的。可是在實際上，拉梅特利和哈勒之間，是有鴻溝之別，因爲前者在自己著作中闡發物質論的思想，而後者則站在有神論和宗教立場之上。很明顯地，拉梅特利會想在自己底『人-機器』底書上加上一篇獻與哈勒適獻辭，這個獻辭似乎在證明他一切都是蒙了哈勒底恩惠，他實質上在自己"可怕的"著作中只不過是重覆了哥廷根這位學者底思想和觀念。這裏他在獻辭中是用哈勒自己底話，再一次"證實"他是做了"剽竊者"！哈勒底愚蠢，却完全不理解這個諧謔！

波里茨基在我們上面曾數引過那本書上，說到拉梅特利是否爲"一剽竊者"適問題，說法是完全正確！波里茨基說，拉梅特利和哈勒是波耳哈維底兩個學生。自然，兩個學生常會說出出於同一根原之相類的思想。在這種意義上說，哈勒和拉梅特利，同是一個"剽竊者"了。

此外，哈勒自己對於拉梅特利所持適態度，完全不是應有的，（如果我們不用更嚴厲的話來形容他底態度）。『靈魂史』之出版，我們已經說過，是用奢爾班底名字。哈勒不管這種"通知"是等於告發，却不能制止自己公開說出拉梅特利是該書底著者，哈勒在自己批評中，責難拉梅特利底罪惡爲他在『靈魂史』中，證明了精神之爲物質性和可死。

哈勒指出說，拉梅特利在此利用了波耳哈維和他——哈勒——底著作，而沒有指明來源。這位善良的哈勒，以爲拉梅特利最大的罪惡，是他欲將波耳哈維變成一個物質論者和無神論者。而波耳哈維是曾一千次反駁斯賓諾莎底學說，指明精神底感覺，並不是感官印象之必有的結果，而是精神與我們之自由的談話。不管哈勒在自己學問領域內爲一大學者，但在哲學方面說，他比起拉梅特利，猶如一個渾沌的小孩子。在一方面，拉梅特利已做了從波耳哈維和哈勒方面所可模彷過事；在它一方面，拉梅特利却否認了"神與我們之自由談話"而提出了有價值的物質論理論。必須說一下：拉梅特利實際上是利用了當時物理學和解剖學之結果，藉以證明那些口談物質論散文過人，都不認識此點。如果拉梅特利之"模彷"波耳哈維和哈勒，是欲藉此證明他們底研究只能得到物質論的結論，那末，就在這點上，他底功績已算是偉大的了。然而我們已經知道，這是說不上什麼剽竊者。

懇懃的哈勒，非常憂慮拉梅特利將波耳哈維（自然，還有他自己）變成物質論者。然而就在這點，他對拉梅特利也知道得不淸楚，因爲，例如，拉梅特利自己曾說過波耳哈維談不上是一個斯賓諾莎主義者，因爲"他在各方面還承認神之不可見之手，即據他底意見，不可見之神手，創造了一切，甚至及於我們身體最細小的一根毛髮”。這說得比哈勒還有力些。然而拉梅特利底思想，是以爲這個“不可見之神手”，當解釋現象之時，卽在波耳哈維自己，亦不發生作用，當他（指波氏——譯者）以一個學者底資格來尋覓一定現象底原因時，他却一千次被迫站在物質論的立場之上。

這樣，聰敏的拉梅特利以漂亮的獻辭，已報償了哈勒對他適攻擊和無根據的責難。這裏，拉梅特利首先作成一個有意的剽竊者，利用了哈勒底詩文“Vergnugen an den Wissenschaften”。奇怪的是：哈勒對於這個巧妙處，仍不理解，而又責備之爲“剽竊者”。

如何不利用哈勒底詩文！在實際上，人類都是以快活的態度讚揚科學所給與之愉快，而同時又捨棄其爲一個粗暴偏見之奴隸的。拉梅特利精妙的諷刺語，響亮於下列獻給哈勒適數語之中：“對於理智研究有興趣適人是幸福的！能夠利用這些研究使自己理智從愚妄中解放出來，使自己底內心從驕傲中解放出來適人，那更其幸福！這是一個期望底目的，這個目的當您在壯年時因有聰明早巳達到了，那時那些無數的鄉愿學者，經過半世紀底不眠之夜和努力以後，北屈服於偏見底重壓，比時間的重壓更其利害——這些鄉愿學者，一切很好的東西都學習了，然而只是沒有學習到思維底學問。這一個學問，雖然應成爲所有其它科學之果實，但在學者中間實在是非常罕見”。

在這一段話中，亦和全部獻辭一樣（上段話是『獻辭』中的最後一段——譯者註），著者是用諷刺語氣來讚揚哈勒，這個哈勒恰是沒有使自己理智從自己愚妄中解放出來，內心沒有從驕傲中解放出來之人。拉梅特利所欲說的是：哈勒在半世紀底不眠之夜和努力之後，還沒有學得思維，他仍是學術界底鄉愿學者，和偏見的奴隸。總言之，獻辭是帶着一種譏刺的性質。然而哈勒不理解這個譏刺。他認眞地担保說，他並不是拉梅特利底先生呀！他不贊成這“無神的”書之內容呀！同時他又指責拉梅特利爲一“剽竊者”，他連這一點簡單的事情，都不理解，即：有意地採用他那比較精神快樂和感覺之詩文，只是拉梅特利更利害地嘲笑這個鄉愿學者和自驕自傲的學者哈勒！

『人-機器』在其思想內容上，是和『靈魂之自然史』直接相一致。然而這個著作，和後者不同，它是帶着非常明顯的戰鬥的性質。拉梅特利在他這本著作中，是以研究人類“精神”爲目的。我們由此欲說明一下，他所感到興趣的，並不是宇宙論的問題或自然哲學問題，而主要的是人類學的問題，他亦像費爾巴哈一樣，他以爲精神的物質，乃是哲學的根本問題。

所有哲學底體系，用此種觀點可以分爲有神論和物質論。物質論常是主張物質是佔有（或能佔有）思維適能力。有神論底假設，則常是主張物質之神底創造。笛卡兒和他底信徒會提出過兩種實體底理論。末了，“最有理智”的思想家（這是他底譏刺說法）則簡單地旋轉於信仰之週圍，而用神學解決這個問題。

但是爲要解決一切科學的問題，必須利用經驗和觀察。決定之言，是歸於經驗，卽論啓示本身，卽論宗教亦是如此。神學一點也不能討論精神底性質，因爲它對於這個問題，一點也不知道。唯一有發言權適學者是醫生。唯有醫學，才能和身體同時來測驗精神和神經。自然，後者底主張，是不正確的，拉梅特利亦像其他法蘭西物質論者一樣，在這裏是用自然科學的物質論，來說明社會現象——人之精神和神經。然而這個問題，我們在此不談論它。

人類有機體之研究，使我們相信，它是一架複雜機器。一切純粹懷疑論和先天論性質的研究，都不能提出關於人之任何概念。唯有經過考察、經驗和與動物機體相比較適方法，“從身體器官內部去尋覓精神”，才有可能在這方面得到相當結果。

營養、氣候、和教育，對於人有極大的影響。然而除此影響之外，拉梅特利又承認"父種對於兒童底理智和身體底影響"。換言之，此處是在特定形式中指明遺傳底影響。

人類和動物之比較解剖學，無可懷疑地證明了，"精神之各種狀態，常常是和身體之類似的狀態相符"。腦之形式和結構，在動物和人類兩方面，從一般上說，是相同的。彼此間所不同的，祇是人類底腦，比動物的在範圍上較大，而波紋之數亦多。然而拉梅特利根據烏伊里亞司底解剖學，而不盲從。他是帶有批評地改造科學的材料。拉梅特利關於這個問題說過："為要決定它底思維能力而僅知道腦之範圍，是不夠的"。"尚需質量符合於數量，並固體和液體部分，有適當之平衡，這是健康之必需的條件。"在人與動物之間，並無絕對的鴻溝。他們彼此相隔之界限，是相對的和可以變動的。拉梅特利說，"真正的哲學家，會同意於我，從動物過渡到人類，並非極端嚴格。"人在言語、科學、和藝術未發明以前，亦是動物。在另一方面，動物亦能夠學習言語和思想。言語、字、法律、科學和藝術並不是一次出現的，而是漸次發展的。"動物之訓練，猶如人在過去所訓練的那樣"。然而天性先於人為。人類由於天性得到一定的感官和本能，他可以藉此由訓練的方法以發達理智，又藉理智以發明知識。人比動物有兩個優越處：即組織和教育；然而不管人有這兩個優越點，在一定年齡之前，其爲動物迻成分要大於其爲人迻成分，因爲他在稚幼之時，比動物更爲無力。然而就是這種天性，恰向我們證明了：人比動物之主要優越處，乃在於教育。

"精神不過是原動的根原或腦中之可感覺的物質部分。我們可以不怕錯誤地認它乃是我們全部機構之主要成分，它對於其它所有的部分有顯著之影響，而且顯然地是在其它部分之前形成的"。拉梅特利所命名爲人之物質的統一性者，由此可以得到證明和確定了。有機物質和無機物質之唯一區別，乃是運動底根原，當運動存在於一根或數根的神經之中時，可以藉刺痛，使已停之運動，重新活動和刺激起來。運動與感覺之相互的刺激，不僅在完全的身體上，卽在敗壞的身體上亦是如此。運動和感覺之連繫，卽在一些植物中亦可發見。至於思想不過是感覺能力。一旦感覺消滅，思想亦跟着消滅了。

"卽使讓人們只同意我所說迻有機物質是賦有運動根原，且以此爲它與無機物之區別（難道這個無可爭辯之觀察，還能夠推翻嗎？）以及我所已說過的，動物之一切區別，係依存於牠底機體之相異；但這已足以解決實體和人類底

問題了。很明顯地，在全宇宙中，只存在一個實體，而人是這個實體之最完善的表現。"(註)

這樣，我們已實際得到"人之物質統一"。然而人類身體底哲學，像拉梅特利所說的，自然是可以由此而肯定人類機體以外之物質論的，換言之，可以將它擴張成爲一般的宇宙觀。從物質論的宇宙觀中必然會有無神論隨之而來。拉梅特利借自己虛設的一個對話者（他很好地將他稱之爲"可怕的人"）底話說："人類在他未成爲無神論者的人類以前，都不是幸福的"。他說："如果無神論得到普遍的傳佈，那末各種的宗教，便會消滅，而且連根拔除。宗教戰爭亦停止了，可怕的宗教軍隊亦不存在了。爲宗教遺毒所傳染之天性，亦將收回自己底權利和純潔了。這種聽不見一切其它喧嘩聲的安靜人，只聽從自己個人底自由指揮。這種自由的指揮不可隨便加以輕視，它乃是唯一能夠引導我們依着愉快的善良道路而走向幸福上面去的"。

在這些話當中，無疑有一部分是眞理的，因爲它指出了無神論的人類之自由的意義；但同時這裏却在尖銳形式中表現了自然主義和個人主義，這乃是十八世紀法國物質論

(註) 見：De La Mettrie, Oeuvres philosophiques, 1751, P. 68.

一般之特徵。

關於這方面，有一點還需得指出的，是拉梅特利常以實踐和抽象眞理相對立。例如，他關於最高存在底問題說過：對於最高存在之承認，乃是一種抽象的眞理，其與實踐是一點應用也是沒有。如果這話是對的，那末它是完全無用的了。——拉梅特利話中的意是如此，雖然他以他所特有的技巧，隱存了這個意思，而聲稱最高的存在，在他看來，乃是"最高眞理之類的東西"。

八

『人-機器』引起了一大批的文獻來。最早是引起哈勒底反應。他在一七四七年十二月就出來批評這部書了。這位有學問的先生寫道："對於宗教、創造主、和眞理之尊敬心，不能使我看到這個敢於起來反抗自己天父和創造主之人而沒有害怕和戰慄。"然而哈勒對於獻辭本身，却不理解拉梅特利底諷刺語，他反應得十分安靜，祇是說，該獻辭不能使他特別滿意。哈勒起來抗議該『獻辭』，只是在一七四九年，那時反對『人-機器』的鬥爭，已形成極大的範圍，從荷蘭擴張到法蘭西、瑞士、和德國來了。哈勒收到來信，詢問他何以能夠將自己善良的名字和以全力攻擊宗教基礎之人所著迺書連在一起。這時這位善良的哈勒乃急忙地送了一個抗議到"Bibliothéque raisonné",但是編輯拒絕刊載該抗議。這個抗議只是在一七四九年五月用寫給烈奥米爾迺書信形式,才得登載於巴黎底 Journal des Savants。哈勒在這封書信上向自己底讀者保證說,他對於該書底著者,是不認識的,從來也沒有通信過,自然更是沒有參與他底見解和主張,這更不用於證明的了。

然而在哈勒從給烈奥米爾迺書信中來作第二次進攻以前,在哥廷根機關報上已刊載了(很明顯地是受他底慫恿的)他底大學同事沙莫愛爾·荷里曼教授底信,起來反對『人-機器』。荷里曼在自己底信開頭又重新責駡拉梅特利爲剽竊者。他底『人-機器』似乎不過是一七一三年出版迺『兩個朋友論精神本質之通信』之譯本。所有這些怕神而固執宗教基礎來反對它底破壞者之人,其喪失良心和無誠實是達到了何種程度,只要由於『人-機器』和『朋友通信』二者間之毫無共通點一事,更可證明。這個陷入伍爾夫形而上學的煩瑣學派之人——荷里曼,其反駁是非常膚淺的,他底嘲笑,亦和他底思想一樣地平凡。荷里曼說,在實際上,拉梅特利自己反駁了自己"機器理論"。拉梅特利是一個機器——他如此寫道。然而如何能夠使有機的物質卽機器,發生了思想呢？這位"帶着不死精神之聖者"說，可是和機器一樣不能思想適人機器，是存在着的。這個人，或正確些說，這個機器——『人-機器』底著者（卽拉梅特利），不理解精神是有最高的起原的。雖然拉梅特利和笛卡兒一樣，主張動物是一個機器——這位淺薄的伍爾夫派又說——然而笛卡兒却是要把『人-機器』的著者，置於"petits philosophes"（小哲學家）之列的。荷里曼是把拉梅特利看作斯賓諾莎主義者，這是完全自然的事；他這個沒有誠實的著者（他底名字，是早被人忘記了，如果還記得着，那也是因爲他對於十年來高高地立於這些小人物之上適拉梅特利，做了攻擊適關係）底結論中，曾帶着完全自負自己底優秀的神情說過："斯賓諾莎主義者在我底眼中，乃是不幸而混亂的人，他是很可憐的，若是他要得到什麽帮助，那必須向他從研究理智適學說中，對於什麽是實體一問題，加以若干的指明。"這種愚蠢的閒話，却被人刊登在學術的機關報上，而且譯成法文，來恥辱物質論者和無神論者斯賓諾莎。（註）

但是這個粗暴而無知的諷刺文，在當時所有的保守者

（註）該信在印單行本時適題目是：Lettre d'un Anonyme pour servir de critique ou de refutation au livre intitulé "L'Homme-machine", 1746.

當中，自然是引起了狂喜和稱讚，拉梅特利用自己一本小册子，命名爲"Epitre a mon Esprit, ou L'anonyme persiflè"來答覆他，時在一七四九年。這本小册子登在一七七四年出版滋他死後滋拉梅特利全集上面。

這個傑出的小册子，是一種拉梅特利對自己滋對話。他用自己底話向自己底精神說道："可惜得很，我底精神，你有那樣多的缺憾，……某些學院中滋鄉愿學者底邏輯，是會把你消滅了的。你沒有任何實體底概念。是何等的無知！若是你同意於受神學家們底勸告，你也許會得到關於實體之明白觀念，你也許會解除你現在所自認爲不破眞理的那許多謬誤了。可是，你又欲利用自己底理智從事眞理之自由的研究，這乃是一種驕傲！何以！你難道不相信牧師們所喋喋不休滋那些賤論嗎？如果你是斯賓諾莎底信徒，那你自然是應該可憐和悲哀。但是那些虛僞者底面目，還未爲人揭破呢！他們在宗教面具之下，巧妙地起着自己底作用，他們底神乃是粗俗的利己主義！我底精神，你是可以和那產生早而不成熟的果實之基礎相比擬的！我愛護你，我底精神！我甯可同你一道去巴斯地獄，但比聽神學家們底讚美還要好些！你！你是一個幻想家。你底思慮，和你底下筆一樣迅速！你是一個輕率淺薄的人。你必須加以糾正！你必須學得你底敵人底惡習！它是會有益於你的！你還學着相信牧師們所說的話吧。你再拿那些曾經一時漂亮而高貴的論精神不死之著作，給我們吧”。

這便是拉梅特利向自己所說過話之思想。這小小的著作是表徵該著者之爲一個傑出諷刺家遡顯著文件。然而這本小册子同時又把那個時代和那個時代底領袖（這些領袖可以說是拉梅特利所非常不願和他們有何交涉之人）底文化水平，也加以漂亮地形容了。

在這方面還必須說到兩本拉梅特利底小册子，那是和上述那本小册子有密切關係的。這兩本小册子便是一七四九年底Epitre a M-lle A. C. P. ou la machine terrrssée”，和在同一的一七四九年出版遡“Reponse a L'auteur de la machine terrassée”。這兩本拉梅特利反對自己的小册子，很明顯地其目的是使論敵迷亂。唯我們因爲篇幅不夠，不得不放棄敍述其內容及其所以發生之情形。

在其它反對『人-機器』遡謾駡文中，還需指出一本勒烈斯拉夫醫生巴爾塔薩·托辣烈司底一本書。該書以拉丁文出版於一七四九年，其書名爲 De machina et anima humana”，亦有給哈勒遡獻辭。醫生托辣烈司不僅欲從哲學上，而且欲從醫學上說法來反駁拉梅特利。他替拉梅特利介绍伍爾夫底"合理心理學"。據這位"批評家"底意見,宗教對於人類幸福是必需的。然而托辣烈司之主要說法,是在於主張精神不爲任何變遷所消滅。精神在死了以後,又在另一世界中復活而成爲新的生命。所以,它不是物質的身體之一部分或其性質,而是構成獨立的實體。

第三個批評家是亞丹·佛蘭炎,他在反駁拉梅特利的物質論時,只是簡單地從『聖經』中引證些章句,便以爲他由此便把『人-機器』底著者消滅了。

我們再不繼續論述其它反對拉梅特利適著作了。他們已說得夠多了,而且實質上他們無非都是在舊的神學的概念上轉來轉去。這裏必須指出一點:就是在此種黑暗的年代之中,要成爲一個澈底的物質論者,那是需要異於尋常之剛毅,而且不管一切追究、打擊、和譏罵,皆能堅持着新的思想。這種新的思想,在後來便會開放萬丈光焰,而推動科學思想和哲學思想之發展。

九

拉梅特利物質論宇宙觀之繼續發展,我們從他底兩本非常有趣的著作中,可以看到。它倆是在『人-機器』之後出現的:一本是『人-植物』;另一本是『伊壁鳩魯之體系』。

『人-植物』於一七四七年出版於波特斯丹;『伊璧鳩魯之體系』是在一七五〇年刊印於柏林。在我們看來,拉梅特利在這些最後的著作中,自己大有進步。通常的習慣都是以為十八世紀法蘭西物質論,完全是沒有發展底觀念。然而我們對於這一點是一點也不能同意的。發展底概念,在法蘭西的思想家中,是佔第二位,這是可以說的;但是如第德諾和拉梅特利者,並不曾將世界當作不變的和靜止的來考慮。在十八世紀物質論者之中,荷爾巴赫是最被人稱之為玄學的(或譯形而上的)宇宙論。實則法蘭西物質論不應當看為整個的一類,更正確的辦法,是應分為兩類:一方面是拉梅特利、第德諾和赫爾維修;它方面便是荷爾巴赫及其信徒。他們全體可合稱之為物質論的宇宙觀,但在兩類的思想家之中,對於各種問題𨑨見解,其背景是不同的。首先便是我們現在所提到𨑨發展一問題,我們必須指出一下:我們在第德諾中間,可以找得到辯證法的成分,在拉梅特利則發展一概念,是完全明白,而且有一定之形成。所以對於波里茨基欣然稱拉梅特利為達爾文之先驅,必須承認他是完全正確的。

波里茨基曾將和我們同時代𨑨傑出之植物學者費丁蘭達·康納論植物𨑨著作和拉梅特利底著作相比較,並得到結論說：康納所闡發之根本思想，在一七四八年拉梅特利已說過了。歌德底『形態學』——算是浪費了人們那樣欣狂地稱讚的，它比起這個天才的物質論者這本數量不大的小小著作，還是趕不上，這本著作是爲他同時代的人——連最大的學者哈勒亦在內——所不能理解的。波里茨基說，"如果康納曾知道拉梅特利底『人-植物』，則他將不會認爲一元的觀點（指在植物界和動物界方面的——德波林註）乃是新研究之結果。他將會很欣喜地承認拉梅特利在一七四八年已用最大確定的形式把它說出來了"。

其次，這一個波里茨基在他自己這本很卓越的書中又指明拉梅特利一方面是和伊璧鳩魯和魯克列齊一致，它方面他是以他同時代科學之成果爲出發點而首先得到從低級植物到高級植物間的發展概念。他是和歌德相反，歌德不是從低級植物形態中尋覓它底生長（urpflanze），而是在高級發達的單葉植物和雙葉植物中去找。波里茨基又在上引的文章中繼續說道："如果費丁蘭達·康納指明過，『歌德不能注意從下等植物中取得最新的東西，是因爲只有在多年以後，植物結構底法則才能成爲科學上的財產；而且如果康納又承認歌德關於生長所作自然科學上的讚美（生長乃是象徵上空想而未爲經驗所證實的觀念），是錯誤的，而且對於"有人焉，他底天才能在達爾文七十年前，違反自己底時代而胆敢說出……進化論、物種變遷、及全部植物界之生長出於一迻諸理論"，無論如何均認之爲可驚奇之事，那末我們不得不有最大的權利，覺得這種可驚奇之事應屬於拉梅特利，他在距達爾文不止百年以上，就已走上了正確的道路，且他亦正是"違反自己底年代"，不但如此，他還爲他同時代人所嘲笑，爲我們時代底人所不理解和誹謗"。(註)這些讚美的話，拉梅特利是完全可以承受得起的。

波里次基還說得遠些，他把近代論"細胞"迻觀念，亦歸之於拉梅特利。然而必須說，他就是在這種主張上，亦是說得正確。因爲，我們已經說過，拉梅特利是當時最有受教育之一人。古克在十七世紀就已發現了植物細胞，他叫他爲小孔。馬利比格（拉梅特利常常引證他）叫它爲小袋。無論如何，細胞一思想，已帶到世間來了。拉梅特利接受此種思想，並更加闡發，由它得到一般相當的結論來。他由此便有可能從許多植物的和動物的形式中，歸納之爲統一的實體。在『人-植物』和『伊璧鳩魯之體系』中所提出迻根本思想，便是以爲各種各樣的生命形態，在外部條件影響之下，均可以從有機胚胎中發生出來。拉梅特利一方面從證明自然

(註) Poritzky, Lamettrie, P. 234-235.

界之統一性或一致性，它方面證明由此統一性底胸懷中發展了植物形式和動物形式之多樣性。他從不斷進化底思想出發，便預覺到植蟲之存在。他在『人-植物』之第一篇中，論述植物界與動物界之類似，而聰明地指出人與植物之間適相類似處。

在該著作之第二篇，他底考慮對象，是這兩個自然界間之差別。可以不是誇大地說，他底考慮完全是帶有辯證法之性質。例如，植物被他視爲不活動的動物，它是沒有理智和知覺的。而動物則視之爲活動的，有知覺的和能思維的植物。“雖然動物也是具有運動能力適植物，然而牠可以認爲是性質完全不同之存在物，因爲牠不僅具有移動適能力（移動費力甚少，因爲移動是有利於移運所依存底器官之健康底回復的），而且他還能知覺、思維，並能夠滿足他所有適許多需要”。

“某個有機體之需要愈大，則它所得到用以滿足它底需要之天性適方法亦愈多。此等方法是包含在各種不同程度之敏捷性中，卽動物底所謂本能，人類底所謂精神。有機體之需要愈少，則其養育和生長亦愈易，則它們理智能力之發達便愈弱。

“沒有需要之生物，同時亦沒有理智，這個最後的法則，是由前兩個法則而發生出來的"。

因此，希望和需要，實是自然界（自然，在社會中亦然）所藉以發展之內在動力。植物與人是構成這不斷的連鎖中之兩極端，在此兩極端之間，尚有各種動物、禽鳥、和昆蟲等，卽尚有無數的中間層排列着。不管人和植物之間，有極大之相類似，但他們之差別，總比彼此之類似大得多。拉梅特利說，"在實際上，從現在所已知道遡許多存在物之中，人是具有最大的精神，這是自然而然遡事。至於植物，是所有存在物中，礦物除外，佔有精神是最少，照理也只應佔有那樣少"。讀者看到，這裏拉梅特利是引用了斯賓諾莎底自然普遍"有靈"說，雖然有靈遡程度不同。可是因爲程度不同——卽數量上遡差別，是決定了事物之質量。所以拉梅特利完全有道理地推論說，佔有最小的精神，卽等於完全沒有佔有精神。"實際上，精神是良好的，它沒有什麽工作，沒有任何慾望、任何痛苦、過失、德行，特別沒有什麽需要；它自己亦不要關心爲自己底身體供給食糧"。

若我們依自然界底階梯向下回溯，由植物說到礦物，那我們便看見它已是完全不佔有精神的，它是沒有精神遡存在物——如拉梅特利所說的。但是，據拉梅特利底見解，在礦物界和植物界之間，亦不存在有鴻溝。依據不斷性底法則，自然界中亦存在有動物的植物，這在以後實際上是被人發現過的。今可舉他自己底話，證實上面所說的。"除了植物和礦物(沒有精神的存在物)之外，尚可找到一種具有精神胚胎之存在物，這就是水螅和一切動物的植物，這種植物現尚未明瞭，然經過若干時間，定可為新的幸運的特蘭白勒所發現……我所說的這種東西，軀體愈大，便屬於植物界，其本能亦愈少，而對於自己行動之自覺力亦是愈少。……總言之，這些中間的、或混合的存在物(我所給它底命名)，因為它們是兩界之產物，所以它們因尋覓自己底營養而不得不作的運動愈大，則他們所具有之理智亦愈大"。(註)

這樣說來，外部的條件、生存的競爭、需要——便是決定自然界中有機體發展之因素。動物因為尋覓自己底食物和對偶而消耗的努力和運動愈大，則其本能和理智之發達亦愈甚。"牠底運動之繁多，是和牠所經驗的困難相一致。因為沒有和牠底需要相適應之理智，則有的動物便不能伸長頭頸，有的動物便不能爬行，更有的不能上下轉動其頭部，不能飛，不能游水，不能走路，換言之，即不能進行其覓取食物所必要之運動"。動物之種的變遷，據我們所見到的，是因各種條件和因素所引起，這種條件和因素，以後達爾文曾

(註)　文是我節錄了的——德波林註。

有詳細之分析和剖解。拉梅特利實在是進化論之偉大的先驅。他不僅說出進化論之一般的思想，而且是拿學者底資格，企圖建立此種思想，而他在實際上已能指出進化之眞實因素底一般特點了。所以，我們重覆地說，我們是一點也不同意那種以爲全部法蘭西物質論，都沒有發展底觀念之意見。全部拉梅特利底著作，其目的便是在於證明和確定自然界中之發展。

拉梅特利底『人-植物』之第三章及最後一章，是將自然界中統一性和多樣性，加以綜合，并展開一巨幅動物界和植物界從統一的物質實體（這個實體是該兩界之基礎，但採取不同之形態）中轉化形態之圖畫。我們不能不引著者自己底話，說明他在這方面研究所得迪總結："人與植物，是一白與一黑。四足獸、飛鳥、魚、昆蟲、兩棲動物，則是緩和這兩種極端顏色之中間的影子。如果沒有這些中間影子（我所謂中間影子便是指各種動物之生命的表現），那末人類（這個高傲的動物，和別的動物一樣，也是由泥土作成的）便要上昇爲地上之神，而只服從他自己了"。

"人類不僅不是植物——拉梅特利現在作下結論說——而且亦和其牠一切動物不同。牠是彼此連接以無限層次之自然界階梯中之最上層的"。然而人類亦不是由神底手造成遡已成東西，且亦不是由自然界之手所造成遡已成之物。他是自然發展過程之產物。他從其起源來說，是和其牠動物是一點也沒有區別的。不僅如此，他底一般根本，不僅和全體動物相同，而且和植物界相同。然而發展過程却使人類超出於一切動物之上。需要和生存競爭在此首先成爲基本的因素。隨着需要之發達和發展，理智卽一切人類和動物之精神能力亦擴張起來了。"然而不論是如何說法，不論對於動物，有何奇怪可以敍述，終不能減少我們精神之優越。自然——拉梅特利說——乜亦是由同一的麥粉揑成，同一製造起來的，然而乜總遠不是和動物相同遡性質。人類精神因爲這種質量上遡優越，因爲認識之豐富（這顯然是由人類構造中發生出來的），所以他成爲動物界中之君王，且爲唯一能適應社會生活遡東西。爲要適應社會生活，他底勞働發明了言語，他底理智發現了法律和道德"。這樣是人類和動物（以及植物）都是由同一"麥粉"製成，卽其實體和物質只是一個；不過他們底性質（或譯質量）是不同的。同一的實體——卽：有機細胞——在長久發展遡過程中，發生了不同的質量上遡形式（彼此相互轉變之形式）。但精神實體和物質實體之間遡區別（這拉梅特利在『靈魂之自然史』中就已說到了），除了將乜認爲同一實體之不同的存在方法之外，是沒有別的差異的。所以，拉梅特利有權繼續說：物質的東西可以無形地轉化爲精神的東西，而在實際上亦是轉變的。同一實體之數量上的變形，會產生不同之質量上的形式。

十

『伊璧鳩魯之體系』是一七五〇年寫的。拉梅特利在這個著作中，根據伊璧鳩魯和魯克列齊底學說，欲描寫整個動物界之發展情形，動物及人類之起源。值得注目的，是拉梅特利在此形成了一切生物所服從之根本法則，其言如下："一切皆變，一切皆消，但一點也不滅絕"。形體的形態，都是暫時的，和時髦的歌曲一樣"。

對於拉梅特利有影響的，是梅烈(Maillet)底自然科學著作，這部著作，是用他底另外的名字特恩亞美達出版的。(註) 梅烈是以下面的思想爲出發點，即以爲海洋有一個時候曾淹沒全地面；最初的動物是從海中發生的，牠在以後在地上亦能適應新的生活條件。拉梅特利是同意於這個思想

(註) 梅烈的書名是：Telliamed, ou Entretiens d'un Philosophe indien avec un missionnaire francais sur la diminution de la mer, la formation de la terre, l'origine de l'homme 1748.

的（大家知道這個思想卽在古代思想家之中亦是有的）。所以他很懷疑，人和動物以前是土地的產出物。他說："以爲海洋（它以前曾淹沒我們星球之地面是很可信的）是一切生物之泳游的搖籃，這些生物是包存在它底胸懷中——這個假設，不是更正確的嗎？"拉梅特利指出說，這個理論是非常和魯克列齊底理論相似。然而拉梅特利可作第二個假設，卽在空氣中，亦有動物以及植物性質之種子和胚子。人是無限長久發展之產物這一個基本論題，著者是一再地重覆着，欲將此種眞理侵入同時代人底頭腦中。"如果人類不是永遠像我們現在所有的這個樣子（我們難道能夠相信他們以前出現時，便是像我們底父母那樣，能夠再生出同樣兒子之人嗎？），那我們便必須承認：土地是人類底母親，它爲人類底種子而開放自己底胸懷。這高傲的動物就是在這種種中依一定法則而生長起來的"。然而拉梅特利亦並非以自己這個思想爲絕對眞理，而祇是將它當作一種假設。他接着便發揮魯克列齊關於有機體形成的見解，其出發點是：自然是萬能底"試金石"，自然由此創造出動物和人類。"生物之最初一代，是（也一定是）非常不完全的。有的沒有消化器，有的沒有胃部……很顯然地，只有具有繁殖上所必要的器官之動物，總言之，卽一切主要官能都沒有缺乏的動物，才能生存，持續、和繁殖。反之，動物中失去某種必要的部分，便會在出世後不久死去，或無論如何是沒有後代的。拉梅特利結論說：完全一事，在自然方面亦和在藝術方面（或譯爲在人爲方面）一樣，不是一天的事情。

我們看到，拉梅特利在上述這段話中，是提出了一種思想，以爲動物底發展，是應過生存、持續、和繁殖底途徑而達到生活之最大的適應。然而，我們已經知道的，這個適應過程，一般是和有機體之需要底發展有關係的，而需要又決定理智之發展。

動物是比較不完全的生物，牠最早出現於世界上。人類發生得最遲，因爲他是完全的。據拉梅特利底意見，人是由動物變來的。他說，"當我們看見聰明的人常必須有一段生命經過愚蠢者適多心和某種行爲，那末，說人起源於動物這個思想一點也不是盲目和奇怪的"。

拉梅特利由生命起源適問題，說到死適問題。生命自己——它是應當充滿着幸福和快樂的——是處在生和死之間。在宇宙間是沒有絕對界限的。兩邊極端性是相互恰合和互相轉變的。什麽足以區劃生和死？只有一個小點。"生和死底區別，不過是由此到彼之一種變化，不會有更懸絕些。區劃它們適東西，不過是一小點，因爲脆弱的生命，可以在一分鐘之內被一千種原因所破滅，又因爲生物底遞變是無限的。然而人們就是因爲這一點，不斷地不寧和憂慮，所以我們完全可以說：理智使他成爲昏愚的人了”。

拉梅特利欲使人對於死處以一種安靜和智慧的態度。消滅他們對於這個幽靈底害怕。“臨死之將近而戰慄，這是有類怕神怕鬼底小孩子”。死是自然的，而在無限形式變換之中是必然的。沒有疾病和正常的死，是有生到無生之間底無形轉化。人應當服從這個不可避免性，當死到來之時，應當安然處之。

十一

拉梅特利對於人類幸福問題，亦有專著，出版於一七四八年，書名爲：『論幸福』。(註)以上我們已說過拉梅特利關於生和死底問題之見解。現在所發生的問題，是何者構成生命底內容。著者首先反對那些禁慾主義者，他們是宣傳輕視快樂、輕視人類身體底需要，而以認識眞理爲德行等等。自然，

(註) 該書之全名爲：Traité de la vie heureuse de senèqne avec l'antisenèque, ou “Discours sur le bonheur”——五一年出版於亞母斯特丹的，名爲“L' Antisenèque, ou le Souverain bien”。

拉梅特利以其為新的社會階級之代表,(新的社會階級是要克服和基督教禁慾派有關之舊思想),是以堅決擁護人類身體底權利的。拉梅特利是不能和這種要把人變為純粹精神生物而放棄地上快樂和感官愉快之宇宙觀和人生觀。這種反對禁慾的和基督教禁慾主義道德之抗義,在歷史上說,是完全正當的。若使拉梅特利是折了手杖而陷入非常極端方面,甚至於陷入於平凡的犬儒主義和縱情論之中(註),那末,這種情形亦不能使我們不看到中產階級道德之健全的傾向,這在歷史上是受新的社會關係之全部總和決定的。

拉梅特利底道德,在邏輯上說,是從他底全部宇宙觀來的。他在一般上是宣傳樂觀和幸福,然若在此說他只注意一種感官的快樂,那亦是不正確而且是不公平的。"我們若是愈能成為一個人,則我們認為愈幸福,我們若是愈是同感於自然、人類、和一切社會的德行,則我們亦愈有存在價値"。我們看到,這個理論不僅是大大地超出了感官的快樂,而且大大地超出了狹義的自利主義。中產階級底道德是現實生活之反映,該生活中自由競爭是用以達到"利益之調和"的。

(註) 我們這裏可舉遊著作(和「論幸福」一致的)是:一七四五年底"La volupte"或該書底新版,其名稱為:"L'art de jouir"一七五一年柏林出版。

中產階級社會中每個公民努力實現私人的利益，同時卽是想像着爲社會全體而工作的。道德學者以自利主義爲出發點，同時便是認爲有實現利益“合作”之可能。利他主義是以自利主義爲其基礎的。若將局部性質抽象起來，則拉梅特利底根本思想，是歸結於否認那以天上生活爲基礎而與宗教有某種關係之抽象的、絕對的德行。他很正確地以爲，除了社會德行之外，除了地上生活之外，其它任何東西，都是不存在的。所以爲要說明幸福底機構——如他所說的，便只有從自然和理智方面着想。自然，拉梅特利只有一部分是正確的，因爲他對於最根本的一點沒有理解，卽他沒有理解道德是由社會關係決定的。社會關係是可以說明它底相對性和可變性。如將道德歸結到人類機體之本質和自然和抽象理智底要求，那是表現他不明白道德之眞正性質，雖然沒有人類機體、自然和理智，也不會有社會和道德。

但是我們若用歷史的觀點來觀察拉梅特利，那我們看得很明白：他雖有那些自己底錯誤，但他是引導了自己底階級向前進的。

拉梅特利是將自然科學和人類學的物質論之基礎，引用到社會現象的方面來。就他自己底觀點說，他是澈底的。人之個人的、物理的機體，是應成爲說明道德之出發點。我們論到人類機體，便知道感官是其中之主要的和根本的東西。所以，道德應當從人類感官中求得之。"我們底器官，對於某些感覺或一定的變化，是有感受力的，這些變化對於我們是喜歡的，會使我們生活愉快。若是從這些感覺得來的印象，是親切的，我們便感到滿足，若是這種親切的感覺是更加延長，便會感到快樂，若是這種感覺是經常不斷的，便是幸福"。拉梅特利說，抽象的理想，對於我們感覺——卽內感是沒有任何影響的。幸福是可以感覺包括之。然而——拉梅特利說，是否這就是完全沒有顧到理智呢？一點也不是。"如果理智欺騙了我們，那只有是在它當要領導我們之時採用了偏見。然當它是眞實領導者，那時它便是以自然爲領導的"。而且，感覺是由思維刺激起來的，當思維在無數其它知覺之中，佔取了自己底地位，當思維是以自然爲領導時，幸福更會覺得強烈些。

如果以爲拉梅特利否認精神快樂，這是盲目的。他僅僅因爲感官的快樂，是很普遍，所以將它列爲第一位。至於精神的快樂，當它強度化而變成爲感官的快樂時，便要成爲非常強烈和重要。精神快樂，是感官快樂之局部的場合，同此，理智不過是變態的感覺。人類幸福底敵人，是隨理智而俱來之偏見。必須使人類解除偏見，而予以一種完全有助於他底幸福之社會德行。同時拉梅特利又說，人類愈是不僅爲他自己而生活，而且爲自己底家族和人類而生活之時，自己便會愈覺得幸福。“爲社會求幸福，同時卽是創造了自己底幸福。一切德行，都歸結到爲社會謀幸福”。

所以，德行是在於一切有利於社會的事業中。拉梅特利除了人類機體之外，還指出教育在德行養成和發達中之偉大作用。拉梅特利和盧梭不同，但和霍布士相同，他以爲人類生來便是惡的，只有教育才能使其變成有德行的人。教育是改造人類，使之向有利益方面走（如拉梅特利所說的），德行底根源是社會幸福。無條件的道德是沒有的，只有和社會和它底利益相關聯之相對的道德。拉梅特利很正確地說，每一時代都有自己底道德，自己底德行。

教育可以使我們底本能和我們底感覺力，發生一定的變化。可以說，“一切在壞人和好人之間的區別，是在於前者將個人利益超過全體，而後者則爲朋友和社會而犧牲自己底幸福”。他在它處說，最好的是那些不僅爲自己底生活而忍受生活負担和運命底變化之人。由此我們看見拉梅特利是傾向於社會的道德。他攻擊那些宣傳自殺和死爲解脫生活負担之人。“一切擁護自殺的話，都不過是虛誕的詭辯，或一種怯懦的粉飾”。

他希望一切的人都是幸福的，並欲對於犯罪者亦是十分寬容，自然這並不是因爲他認爲犯罪是正當，而是由於一種人道的感覺。只有物質論是對於人類底缺憾，甚至犯罪，能處以人道態度之根源。

“我希望有可能阻止人類互相仇害，——他說——我希望將他們揑成所謂良好的麥麵，而嚮導他們底行動使國家得以沒有危險、有利、和幸福。我希望使他們都成爲幸福的、親切的、眞實的、廉潔的、豪爽的、慈悲的、沒有依賴心的、沒有任何野心的(除了有益的野心以外)，而且對於一切人都是滿意的，卽對於自己敵人之幸福和進步，亦是如此。然而敵人在我所理想的社會中，是不能有的。社會之組成，亦像一個家族一樣，其中每個人都在一種安閒的和善良的欣喜之中，渡過純潔而明淨的時光，就像涓涓的小流，清而且澈，流過多孔的石頭，而更加美麗，注入草場，是那樣天然的水勢，是那樣輕快的流波，似乎在表示它是在非常滿意地灌溉着它的”。

十二

我們在以上的篇幅中，對於拉梅特利所有最主要的著作，都加以扼要的分析。爲完全計，須再一述其它的一些我們因某種情形而未加考察過之著作。這類著作中，首先是那些帶非常顯著的論戰性質的，而且因此方法而常暗淡了拉梅特利所擁護過思想之意義過著作。這些著作對於主要的和基本的著作並沒有增加一點新的東西。拉梅特利常有一種和自己論戰過習慣，其目的是欲藉此欺瞞自己底敵人。關於這一類底著作，我們上面已有說過。這裏必須說的著作，是:『動物不止是機器』(註一)，和『人不止是機器』(註二)二書。第一本書和『人-機器』，『人-植物』比較起來，是沒有加上一些新的觀點。至於第二本著作，是用拉梅特利出版者袁利·陸薩克底名字，而下筆是拉梅特利自己。這本書著者是以有神論爲立場及擁護精神不死之作者底觀點來反對『人-機器』底基本思想之論戰文。

最有趣味的，自然是『論自由』(註三)一書。但是這本書並沒有在一個著者完全的文集中刊印過，是文獻上我們所未見過的非常稀罕過東西。我們在波里茨基底書中，看到該書內容之概述。拉梅特利在該書中，是成爲一個政治自由

(註一) "Les animaux Plus que machines," Berlin, 1750.

(註二) "L'homme plus que machine" Landres, 1748.

(註三) "Essai sur la liberté,"1749.

和公民自由之尖兵。所以，拉梅特利底物質論，在一定的政治要求上，亦有自己底成就。

我們在認識了拉梅特利底生活和學說之後，現在可以作出幾個結論。"有名的"拉梅特利（十八世紀時他底仇敵是如此稱呼他）是偉大的學者和傑出的思想家之合體。現在人們已經承認拉梅特利自己思想之豐富，不僅在於心理學、生物學、解剖學、物理學方面，而且還有精神病學。在哲學方面，他以非常之澈底性和革命的不妥協性來堅持物質論的宇宙觀。這個宇宙觀在他死後幾十年在法國成爲革命的中產階級反對封建制度之爭鬥武器。拉梅特利底興趣，主要雖是集中在生物學問題上，但在自然和社會方面，仍是採取機械論底觀點。然而拉梅特利在宣揚物質論宇宙觀及其繼續發展適事業上，是具有偉大的歷史作用的。他是十八世紀物質論最大的代表。他可以和托蘭德同時並稱爲斯賓諾莎最接近的信徒。難怪普列哈羅夫說，他在斯賓諾莎主義和拉梅特利底物質論之間，看不到有什麽主要的區別。

歷史對待這些偉大的思想家，是非常苛刻的，在其生時，他便到處都只遇到一種冷嘲。人們捕獲他、追究他，並斥駡他。對他加以無所不有適辱駡。現在人們已承認拉梅特利之爲一個人，絕不像他仇敵所駡適墮落而無道德的利己者了。

反動者和一切傳教的牧師們爲要使人人相信他所擁護𨑨思想，便首先要說他不是一個人！然而卽在他底同思想者一方面，原是可以得到同情的，但亦對待他以敵意和不公平𨑨態度。我們看見第德諾、赫爾維修和荷爾巴赫，他們無疑是從拉梅特利那裏學得許多的東西，在他們著作中繼續發揮他底思想。

至於最新的文獻史家和哲學史家，他們完全是受了"傳統"的影響。而在另一方面，他們又沒有用功夫去研究拉梅特利底著作，俾能獨立地去決定他在開明史上、科學史上和哲學史上𨑨作用和意義。此外，所有這些有學問𨑨先生們自己之爲庸俗和幼稚見解及統治者思想所蒙蔽，欲使他們對於如拉梅特利這種人，採取一種公平的態度，已是太天眞了。這裏爲說明計，只要舉出最有名𨑨文獻史家黑得勒，也就是夠了。他在早年時還是經過費爾巴哈底學派的。然而黑得勒尙如此，則又何望於他人哉？

拉梅特利"回復本來面目"，是由馬克思開始的。他在『神聖家族』中，扼要而明白地指出說，拉梅特利是十八世紀法國機械物質論之焦點的、卽中心的人物。郎格在其『物質論史』欲對他底見解，加以客觀的分析。他證明，拉梅特利在良心上一點沒有“罪過”，然而他（指郎格——譯者）有一個料想不到的聲明，却有如一匙底黑煤損害了一桶底蜜了。他聲明，拉梅特利最有害於他底學說的，是他底自己底死。由這個奇怪的聲明中，就已可顯然看出郎格是沒有完全解除關於有毒肉餅的傳說了。在我們想來恰是相反，對於宣傳精神不死的人，他自己底死才對於自己底學說有無比而更利害的害處啊！然而這不是重要的事。

法國自十九世紀下半期以後，已稍稍注意到拉梅特利；一八六五年，重刊印了『人-機器』，並附亞摩司底序言和附註。一八七三年，發現了凱巴（Quépet）底一本書，該書雖寫得很膚淺，然而其評價該思想家之性格和學說上，是客觀的。

在德文著作上，必須指出丟巴伯蒙在柏林科學院所作的演說，特別是波里芙基底書，該書於一〇〇年出版於柏林，它算是一本論述拉梅特利各方面都很好的著作。

第八章　荷爾巴赫

第一節

一

荷爾巴赫是在一七二三年生於巴瓦里底漢得斯漢堡。父親給他很多的遺產。荷爾巴赫乃移居巴黎，娶法國女子，而將一生寄居在這個國家，當作爲他底第二故鄉。他開設沙龍，(沙龍是法國學者常常聚集討論問題的談論會之類，或譯客廳——譯者)，作爲物質論思想底中心。赫爾維修、第德諾、盧梭、格拉姆、達南柏、烈孫等人，均於星期日和星期四聚集於此，並時常作政治的、哲學的、和文學的問題之談論。

沙龍在那個時候，在沒有有組織的政黨情形之下，是有巨大之意義的，因爲它可以用此來代替政黨，並作爲團聚同一的見解和思想之人迺組織中心。這是具有特殊性質之特殊一種的"政黨"核心，其所不同的，只是他們並沒有從事本來的那種狹義的政治活動。一切活動，主要都是帶上文字上迺性質。然而，很明顯地，這種文字活動是屬於大膽地對於教會、專制、僧侶等之攻擊和責備，和用匿名刊印特殊著作物於國外並在國內普遍散佈之行爲的，這亦是具有政治的性質，且是便於一切反對者份子形成觀點和結合的。

荷爾巴赫是"哲學黨派"之領袖。照摩烈里底說法，他是maitre d'hotel de la philosophie。他是各方面均有修養迺人，藉着在各領域中迺廣大知識而接近了同志們。他替『百科全書』，供給關於自然科學和政治底問題迺條目和註解。他又從英文翻譯了許多高林司、托蘭德等人底著作，和從德文譯了許多化學的著作，用以豐富法國迺科學文獻。荷爾巴赫關於哲學、宗教和道德諸問題之獨立的著作發表，祇是在一七六七年開始，即在他生到四十四歲才開始。荷爾巴赫是謙遜的、溫和的人，卽在當時法國貴族社會中那種普遍的放情縱慾情形之下，他在道德上亦是無可非難的。他從父親得到巨大財產，並非用在奢侈放蕩生活之上，而是用在知識慾的滿足之上。他有深廣的慈善心。特別是他多多地幫助自己底朋友和同思想的人。荷爾巴赫從未想到自己佔取最高地位，和起最高的作用，他祇是希望成爲一屋底客氣的主人，常是親愛的、溫和的、安閒的，然而是對於誰都喜歡、對於一切都招呼底人。人們在荷爾巴赫底沙龍中，可以研究一切的新的書籍，年輕的有才能的人，在這裏可以提高，接受認識，並取得感化。由這裏散出一切革命的著作，它使理智上引起了變革。荷爾巴赫底沙龍，眞正是第三等級及其和法國舊制度作思想爭鬥之大本營。

這樣，革命在十八世紀是發生在沙龍中，而且首先是誕生於荷爾巴赫底沙龍中。領袖在此時只是作思想上的鬥爭，然而大家知道，思想一旦爲羣衆所獲得，便成爲物質的力量。這種眞理，十八世紀底開明運動者（或譯啓蒙學者），是知道得非常清楚的。他們對此理解，而且還更有甚者，他們是非常地或例外地相信理性之力量。所以他們不以刊印“祕密的”（或譯“不合法的”）革命文獻供給上層的知識份子和第三階級卽爲已足，而且在“爲民間”（卽對於民衆，廣大的人民）而印行“通俗的”文獻方面，亦作活躍之活動。我們一點也不是要說，開明運動者們是自覺地希望革命。對於我們重要的，是他們活動之客觀的意義，雖然我們亦並沒有忘却他們中適許多人，（一部分荷爾巴赫亦在內），曾不以爲人民有革命底權利。不管怎樣，荷爾巴赫們對於革命底基本標幟之準備和形成上，是做了許多的事情，這一件事是無可置疑的。

一七六七年，荷爾巴赫開始在法國國內（自然是祕密的）和國外，不斷刊行許多書籍。這些著作之刊印，其祕密程度，即是荷爾巴赫時常接近適朋友，亦不知其著者爲誰，或知之亦是偶然的。原稿在此種情形之下是轉給烈蓬，他裝作一個書商，把這些原稿帶到蘭斯或亞姆斯特丹，或其它某些地方，荷爾巴赫常從自己某個已知該書內容適朋友處聽到自己底書籍已經出版，但著者並沒有看到自己著作底排印本。除了這些個人的創作（所謂個人的著作，亦是很有限的，因爲在沙龍中，思想家所討論適問題，都是集體考慮的），尚有狹義的集體著作。例如，『百科全書』，便是當時所有傑出的學者和文學家勞働和努力底結果。荷爾巴赫底『自然之體系』亦是集體著作。這裏自然應當知道，這亦好像"百科全書"之靈魂——它之眞正組織者和領導者是第德諾一樣，『自然之體系』底眞正著者，總是荷爾巴赫，不管有幾章是由第德諾和拉格拉司寫的。荷爾巴赫在各方面底知識上、在堅決心上、在傾向底確定性上，都是比一切的人超出的，所以只有他一個能夠將自己底觀點，完成一個體系。誰也沒在解剖基督教和一般的宗教批評上，做得像荷爾巴赫那樣。他底著作中，有許多就是在現在對宗教偏見作鬥爭中，尙有莫大的用處，不管著者底觀點是如何地陳舊，和他是如何地採用了合理主義的（或譯理性論的）觀點。他底有些著作，在全世界無神論的文獻中，算是其中唯一的一種了。我這裏所說過著作，例如他的『解體之基督教』，『迷信之唯一歷史』，『健全思想』，『僧侶之欺騙』等書便是。固然，荷爾巴赫是有自己底先驅者的，只舉出梅里葉便可知道，然而必須直接地說，誰也沒有像他這樣固定、經常、和自信地來作反對宗教過鬥爭。他是創造了戰鬥的無神論文獻中之特殊一種，可惜卽在現在也還是很少的。

十八世紀底物質論哲學，以他底『自然之體系』爲最完成的和最有體系的表現，著者對於自然、人類、社會、道德、政治等之觀點，都在其中加以分析。必須直爽地說，我們在荷爾巴赫以前，還沒有見到一種哲學的物質論體系：一方面，它能以直接的實踐爲任務，而與政治問題和社會問題密切相連，因爲『體系』之每一行，都是建立在政治上，而引向革命（姑認爲著者是一時的和不自覺的）；而在它一方面，形成革命的社會階級之世界觀而不以舊形式隱存新內容，不以殘留階級之外衣覆被自己，而用新形式，新起階級之新衣裳包裹之。中產階級以荷爾巴赫爲代表，是以充分的聲音來說話，它是公開的，它是用當時平民底話。法國底資產階級，和英國不同，它是不作原則上邀讓步的，不知道妥協。它卽在術語上亦不讓步，無情地放棄了一切舊的廢物，一切階級敵人底任何出發點。法國革命前迿文獻，特別是『自然之體系』一書，是在這一點上有趣地表現出非常尖銳的階級爭鬥之預兆或象徵，這種尖銳的階級鬥爭在政治上迿表現，便是不妥協的革命，政治鬥爭中迿 guillotin，實是等於思想鬥爭中之『解體之基督教』和『自然之體系』。

荷爾巴赫對於物質論之繼續發展迿影響，是巨大的。費爾巴哈不論是在自己底宗教批評以及一般宇宙觀問題中，都是直接和荷爾巴赫與赫爾維修相一致。馬克思和恩格斯亦是趨向於法國物質論。他倆是以費爾巴哈爲基礎，而繼續發揮和更加深物質論的宇宙觀。若是在此我們再加上"傅立葉之"直接以法國物質論者爲出發點"，"巴卑胡之爲一物質論者"，"社會科學主義之以法國物質論爲直接起源"，"物質論之成爲社會科學主義的邏輯基礎"等等，則讀者對於荷爾巴赫底歷史意義，自然是完全顯然了。法國物質論是成爲科學社會主義之構成部分的。所以荷爾巴赫不管他是"貴族"

出身，而其觀點和自信，是屬於資產階級的，但他在為一個無神論和物質論底戰士上說，亦是屬於近代勞働階級的。

二

荷爾巴赫底活動，是有巨大文化上適歷史意義的。自由底口號，當時是和大學教授底高高講壇，非常之不相投合。在學院和大學中，通常都是講述官家的哲學，宣揚官家的宇宙觀，換言之，卽統治階級底哲學和宇宙觀。所以，很自然地，先進的、進步的、和革命的思想，是發生在新起的先進階級之中，主要都是不在官家"知識養成所"之圍牆內，而是在統治的學說之反對者內。不僅是荷爾巴赫，而且福祿特爾都是難在十八世紀王權的法國大學中充當大學教授。

假使歷史家不主要以哲學教授底歌頌自限，而亦注意及以哲學講師及"常任"教授因自己之狹隘和"常任"關係，而因而卑視之思想為思想底革命者，則哲學史是會完全另具一種性質了。荷爾巴赫便是這種思想底革命者之一。還有誰能夠在十八世紀，為破壞宗教的、玄學的、和觀念論的偏見，為民衆底開明，而做了如此其多適事業呢？縱令他不直接注意及人民，然而他底革命思想，終侵入於人民中，並幫助了人民底開化，幫助了人民底自由（或譯解放）。

荷爾巴赫曾自覺地力圖建立根據於新基礎上之新文化，並摧毀在思想上奠定於神學的舊世界。新文化之基礎，應當是科學和理智，而此理智亦非自足之因素，而是和經驗相依關的。物質論和無神論是應代替觀念論和神學，而人應當代替神。中產階級是沒有實現此種偉大思想之能力的。人類到現在尚處在宗教和有神論的偏見之中。中產階級因害怕勞働階級，直接在大革命（指"法國大革命"——譯者）之後，就早已回到卡諾司去了。建立新世界和新宇宙觀這一個光榮作用，只有落在勞働階級底份上了。自然，勞働階級底宇宙觀，本質上是和法國開明運動底諸代表者——卽使最極端的代表者——底宇宙觀，是不相同的。但是，這些人（如荷爾巴赫者），提出過無神論和物質論底文化要求（這些文化是建立在科學上，而不是建立在曚昧偏見上），曾經建立了一些堅固基石作爲新建築底基礎，這一件事是不能否認的。

十八世紀底思想家沒有理解新宇宙觀這一個新文化思想上底基礎只是建立在社會主義原則上之新社會制度、新世界底反映；而宗教偏見和玄學的虛誕，大部分是由私有財產、剝削、和奴使"人民"而養成的。——這些眞理，他們是不懂的。荷爾巴赫以爲，宗教迷信是人類謬誤和僧侶欺騙底結果，同時亦是政治上壓迫人民底結果。他以爲若是封建統治崩壞，中產階級秩序建立，則物質論和無神論亦隨之而得到勝利。這位有名的物質論者，是錯誤了。中產階級當其和它永久仇敵劇烈鬥爭之時，會允許此種尖銳之武器之存在。然而它卽是在革命時期，用此亦是非常之謹愼的。

在革命時期（恰好這個時候，荷爾巴赫沒有看到——他死於一七八九年一月廿一日），於很短時間內，羅伯士比爾（大家知道，他曾是盧梭底信徒）底自然神論是得到勝利。在立法會議中，黑伯特派是無神論底代表，其中有些（如克勞特斯）曾經是屬於百科全書派的。黑伯特派的荷爾巴赫門徒，是失敗了。羅伯士比爾之奸雄的煽動，竟至於汚黑伯特們底無神論，爲貴族的"思想，"（用我們現在的術語來說），不管黑伯特、蘇默、克勞特斯等人，實際上是小資產階級左派的代表人。一七九四年，三月廿四日，黑伯特派都被殺了。雅谷賓右派是如此地對待雅谷賓的左派；自然神論者是如此地對待無神論的思想家！

三

我們現在進而來考察荷爾巴赫對於人類和社會之觀點。新的中產階級底人，和中世紀底人是截然不同的。中世紀底人是由神創造，具有無形和不死適精神，且以另一世界

（地上世界乃該世界之反映或幻影）爲眞正的生活的。這是舊世界底代表人，作如此觀察的。人——自然之創造物——這是新的眞理。人亦是服從自然界其它現象和存在物所共同服從之普遍法則。“人在無數存在物（這些存在物之總和便是自然）之中佔取一定的地位，他藉着自己底特質，即藉着他所特有之生存方法，因而能夠適應各種行動或運動迻方法：有的簡單而易見，有的複雜而隱諱”。他底生活只是必然而互相連系的運動之統一的鎖鍊，這些運動或以它內在隱存之原因，如血、神經、等等爲自己底根原，或是以外在的原因——即影響於人的感官並使其產生不斷變遷之外圍對象物——爲自己底根原。總言之，人是自然的存在物。他亦如自然界底一切存在物一樣，是有力求自衛之傾向：他敵視一切破壞自己迻東西並避免對他不幸福迻一切事情。在他一方面，他又努力於一切足以使他幸福迻事情。“他底一切行動方法，他底一切感覺、思想、嗜好、希望、行爲，實際都是他底固有性質與對他發生影響迻那些東西底性質所生迻必然結果。”

人類是不依存於自己底願望和不依據於自己底認識而走入特定體系之中的，且不斷受那些決定他底行爲之各種原因而引起變化。他是一個有機的總體——各種決定牠底性質（這些性質是構成人類之特質的）適事物之特有的結合。自然並不具有理智，但是自然卻能在自己底懷裏產生理智的生物，從物質底結合中而發達了一種特殊活動或所謂智力適一種能力。人類的有機體，是一種具有知覺、思想、和行動之特殊機器。一切人們底謬誤，都是由於他們幻想人類似乎不依存於自然法則，似乎他底身體存在有非物質的東西——精神。人類似乎是由身體和精神所合成的，"人們幻想在人們中存在有一種不同於自己且爲神祕力所賦與適實體，人類並以爲該實體有一種完全不同於那影響於其器官之可見原因且不同於該器官本身之性質。但是，精神是些什麼東西？這是純粹的否定物。這種否定物，這種影響於身體、於物質之非物質的東西，又如何能自己思想呢？很顯然地，我們所見的，祇是簡單的可笑、虛構的事罷了。在實際上，精神不是別的，它亦同是身體本身，不過只是從它底某些能力方面來觀察適一部分身體而已。它亦會如身體一樣會引起變化，它只能夠從抽象上和身體作一種區別。

實際上，所有一切所謂精神能力，都是集中於腦中。所以可以說，頭腦便是人底精神之自身，而所謂精神云者，乃是我們將腦或腦之活動從本身以及身體而作適簡單的抽象。而哲學家乃將此種抽象，提高而成爲獨立的實體。"野蠻人承認精神底存在，藉以說明他不知何所屬適現象，或以說明他們所認爲奇怪適東西"。然而我們亦以自然具有精神，則我們底行爲有什麼比野蠻人好些，又和野蠻人有什麼不同？自然這是和野蠻人相去不遠了。

一切我們理智的能力，都不過是從我們身體組織中所發生之存在方法或活動方法。所有它們都不過是一種肉體感覺之變態，亦即是智覺力而已。一切心理的活動皆可歸爲此種的基本能力。眞正的"知覺所在地"便是頭腦。器官底物質對象所轉遞之運動或震動，便叫做知覺。

傳佈到腦之震動，叫做感受（Perceptions）。在感受成爲知覺（或感受）所由來而有關係之對象物的模型時，便是觀念。若是我們感官不能經驗到任何對象底影響時，則我們亦不能有任何的知覺、任何的感受、任何的觀念。從此等對象對我們所生之最初的影響，便再發生了和發達了其它的知識機能，如想像、判斷、思維、活動，但此等機能之基礎是知覺。認識則是我們分別我們從那些影響我們感官適對象所得之印象和觀念之區別力。但是所有上述這些變化，都只有在頭腦起了作用之時，方有存在之地位。一切心理生活，都是在腦中完成的。它是我們活動適根原。理智力之不同，是由於身體組織底不同而起，"精神世界中適不同見地"亦是由此來說明的。"這種不同是非常之大的，亦像性情和面貌底不相同一樣。構成精神生活之不斷相互行動，是由此種不相同發生出來的；保持人類底那種諧和，亦是由這種不相同而得到的"。

這個赫拉克里特底理論——諧和存在於不諧和之中，一致建立在不一致之上——表現第三等級底思想，是再好沒有了。"各個人底差別——荷爾巴赫繼續說——使他們之間產生了不平等，而此不平等又是社會底根基"。自然，誰也不曾否認人底性情、面貌、和能力是不相同的。誰也沒有爭論並不同意這種不相同使人類社會發生了特殊的色素與和諧。然而問題是在於荷爾巴赫以這種肉體上(及精神上)之差別爲出發點，而得到社會的和道德的秩序之結論。自然的或肉體的差別，是不平等之根源，而不平等是社會和道德之基礎。"肉體的和理智的能力之差別與不平等，使人成爲人所必需的，使人成爲共同生活的，而且指明道德之必要，對於他是無可爭論之事"。

荷爾巴赫亦將階級差別，歸結到能力和性情底差別。這個荷爾巴赫底社會學和倫理學之經不起批評，還須得證明嗎？荷爾巴赫又以爲，如果一切東西最後都是依存於性情，那末，很明顯地，"一旦我們知道了某個人或某民族之大多數人之性情基礎中所有存適要素，則我們便亦會知道了他所需要的是什麼，知道了他所必需適法律，有益於他適制度是什麼"了。這種判斷之無知是顯然的，然而荷爾巴赫還有說得比此更利害的。我們可以藉一種烈性事物即所謂"熱素"者，來改變甚至自己造成一種性情，即改善天性。我們智力和性質是依存於烈性事物之多少而定的。營養物、氣候、空氣可以影響到我們機體中之固體和液體的要素，並決定我們底意向。君王、貴族、富人，——他們是沒有感情的——荷爾巴赫說。然則富人們之沒有感情，營養物、氣候、和空氣亦應尸其咎嗎？固然，荷爾巴赫之理解"性情"，是廣泛的，將教育及生活方式亦包括在內。但這還是一樣，因爲其基礎仍是這個烈性事物，仍是"我們機體之固體與液體的要素。若說一種制度或法律底性質，是取決於"性情"，則制度亦是影響於性情在某程度上，亦決定性情，即人之性質的。我們已知，性情亦是依存於生活方式和教育。由此顯然可知社會制度是在最大程度上創造了"人"。

可是我們不應服從性情，它常引人入於謬誤。只有經驗和思維，才能引導我們走上正確的道路，而趨向於幸福。然而具有理智之人，是非常之少的。"理智是以持重之性情、健全的知力、有程序之想像，建立於眞實經驗上之眞理的知識，用心和先見的能力爲前提的"。很顯然地，一個人能將所有這些能力恰好作這一種幸運的結合，實是一個稀有的現象。理智有產生經驗、回憶、預見將來、和選擇人類幸福所需要的手段等能力。經驗和理智告訴人們應尊重別人，因爲一個人在社會中所共處的他人，對於他是有必要的。人因經驗和理智，才知道分別善與惡、德行與過失。我們爲達到個人幸福計，必須得他人底帮助，所以在我們自己底利益之中，亦存在有別人所有益的事情、德行云云，即在乎此。"道德義務云者，吾人因欲使他人(與我共處者)有利於我而必需作有利於他人之事之謂也。"

幸福是符合於人類天性之狀態(長期的或暫時的)。此種狀態又是由於人類和人類天性所藉以確立之環境的一致，才發生出來的。德行並非如禁慾主義的舊道德所謂在於慾望之壓制，慾望本身，有其正當理由。它是受制於習慣、意向，和感情我們之教育。社會是爲人類幸福而創立的。不論道德家或政治家，都應當記着這個基本的目的。

政治家應當根據人類天性爲原則而調整人類之幸福。換言之，它應當與社會之本質和目的相恰合。政府及其所建立之法律，應當時常記着大多數人民所以要締結社會契約的那些利益。這些利益，便是：自由、財產、與安寧。法律應當使社會全體各份子一律平等，卽應當減輕天然的不平等。

“沒有幸福，亦沒有祖國”——荷爾巴赫喊道。“奴隸是不能作爲公民的”。——這位第三等級底代表者又繼續地說。“只有自由、財產、和安甯，才使祖國變成高貴的”。中產階級以荷爾巴赫底口實稱道：“沒有財產亦沒有祖國”。政府爲一偉大力量：它教育社會，形成道德，並決定人之慾望等等，我們所視爲神聖的，祇是自衛和要求幸福之需要。社會制度應以此等需要爲出發點。然而不良的政治和教育，惡劣的制度和有害的思想——與人類天性相矛盾者，是毀壞他底慾望，而只帶給他以一個貧窮。所有這些，都必須改革而趨向於社會的幸福。爲達此目的，社會必須爲自己命運操在自己底手中，他必須組織新的政權，並以普遍幸福作爲政府活動之原則。

四

我們並不以批評荷爾巴赫底思想，爲我們底任務，這是非常輕易而不應有的任務。實際上，近代和荷爾巴赫之間，距離底時間，爲一百五十年。科學之巨大進步，和這些時期中歐洲所生之歷史經驗，大部分已推翻荷爾巴赫之理論體系，現在所有的學派都知道，人首先是社會的動物（亦是階級的動物），人底法律與制度並不依存於性情和幻想的熱素,社會不是由契約(卽使是默認的)而發生,而是由於漸次的發展;道德——善惡底觀念亦非永久和不變的相互關係。

一切科學的社會主義者都知道,法國開明學者之根本錯誤,是在於他底自然主義、合理主義(或譯理性主義、理性論)等等。然而我們應爲荷爾巴赫辯護者,卽他是以他當時底科學狀態爲出發點,同時他是社會發展在歷史上所成熟適需要之反映。我們不應忘記荷爾巴赫是以建立整個新的宇宙觀和破壞舊思想爲目的。由此必須指出他底宇宙觀之原則上的基礎(並非一部分的某些結論),大部分是不曾陳舊的。它之所以不陳舊,是因爲歷史尚未將它克服下來,未使它成爲多餘的東西。我們在他底宇宙觀中,看到基本的無神論底成分。自然,在荷爾巴赫之前,亦有不少之物質論者和無神論者。但他是一個力圖直接改變全部社會,全部生存、全部生活、全部文化,而代以無神論和物質論之一人。這是一個爲人類底先進階級所不應忘却之偉大的歷史任務。自然,荷爾巴赫是欲建立一個中產階級的社會,該社會是要保證自由、財產、和安寧的,該社會之和諧——卽社會的一致——是以不和諧——卽不平等和相互競爭——來促成的。然而他爲了這個目的,不得不建立物質論的宇宙觀。他認爲必須提出一個人類、社會、和世界之新見解來。

在他看來，人類乃是地上的、可感覺的、和物質的動物。神學家給人類以神的精神，並宣稱此種精神是不死的東西，並環繞他以天上之光，然此不過將人降低為地上生活之奴隸。荷爾巴赫則欲將人"下降"為肉體的存在物，而剝奪其一切神底屬性，然此祇是要提高人之自尊和意義，並替他肯定了幸福之權利並建立適合於此點之社會，在該社會中，"普遍幸福"是領導的政治原則。

荷爾巴赫之根本思想，是以為應將超於自然的東西和可能的存在物、以及玄學的幻影，驅逐於世界、社會、道德和政治之外，那些東西給人類以無數的貧窮，因為那些東西是為僧侶和統治階級所操縱用以奴使人民的，那些東西是和理智及經驗相衝突的，那些東西是人類落後、迷信、和謬誤之結果。在宗教的獨斷和有神論的幽影之中，是絕對沒有任何科學內容的。那些東西僅僅是統治和剝削人民之手段。

人類、世界、和社會底學說，以及道德和政治底學說，都應當建立在物質論之上，即建立在科學基礎之上。在人和社會（即人周圍之環境和條件）之間，必須相一致。立法者或政府（它是主要的慾望、意見、和觀念之根原）應當以教育——即人類性質之改變，並依理智與自然之要求而形成其見解——為目的。荷爾巴赫以為，建立在私有財產、和形式自由之上適中產階級社會，亦可以實現此等要求。我們知道，他在這一點上是錯了的。然而我們尚應該指出，後來的思想家，是可以從此種具有狹隘性、矛盾性適法國物質論之中，得出社會主義底結論。荷爾巴赫將人視作自然之生物，而將個人和他底不變天性，作爲他底社會學說之基礎。他是沒有歷史的和社會的觀點。自然主義、個人主義、合理主義和反歷史主義——這些便是荷爾巴赫物質論之基本特點。可是，這個物質論（經過了費爾巴哈），是可以作爲物質論宇宙觀繼續發展之出發點。而在科學的社會主義之中，得到完成。科學社會主義是以物質論原則，作爲歷史過程之說明，而世界、人類、和社會研究之基礎，則又是採用歷史的觀點。

第二節

一

十六世紀和十七世紀，法國的無神論和物質論已有自己傑出之代表，十六世紀時，無神論思想，主要是以詩歌傳達。例如，拉布列、馬露、頓里、和德培里等人，都是十六世紀宣傳自由思想且述之於自己著作之中適人。有名的拉布列曾嘲笑牧師，攻擊王權底專横。雖然主教和國會加以譴責，仍是處之泰然。

馬露亦是傑出之詩人，他不但否認天主教，而且否認一般的基督教。伯伊利非常推重馬露。

頓里顯然是宣揚無神論的觀點。馬得勒在其『無神論史』中，亦說頓里和馬露爲無神論者，不過是被以新教底外觀罷了，因爲當時公開宣傳無神論，顯然是非常危險的。頓里是被駡爲無神論者，且在一五四六年被焚於巴黎。德培里亦是屬於這個懷疑論者（實不如直截說無神論者）之集團的。他是一五三七年出版之"Cymbalum mundi"一書之著者，無疑這書使自己帶上了不信神之印痕的。著者在該書之序言上，就是用不信神逾形式寫的。怕拿瓦托·德培里是一個詩人和一個學者，而供職於朝廷中（亦和上述的那些思想家一樣）。他亦是屬於馬露和頓里這一個同一文學學派之中。據馬得勒說，在僅存的一本第一版之"Cymbalum mundi"上，有以下的一段題詞："著者是一個很壞的人，一個無神論者，這在這一本書中，就可以看得明白。凡人如何地生着，便要如何地結局，——這由這個惡人——不名譽的名字之死，便可以證明了。"然而這個怕拿瓦托·德培里乃是一個有名的人文主義者，該世紀之啓蒙學者。如果他在早年著作中，還站在一個改良底觀點上，那末，他在這本書中，便是反對一切宗教逾人了。在這種情形之下，他同時代人自然最仇恨這位思想家了。不論是天主教，還是加爾文派，都是討厭他。德培里被所有的人所擯棄，連他底以前保護者馬加里特・那瓦爾亦在內。馬加里特・那瓦爾以前是和自由思想家有往來的，而且或許還是十分熱心於他們底觀點的，然而不得不和自己以前的秘書割斷關係。因此，德培里便陷入極貧困的地位，最後自殺了。"Cybalum mundi"這一本書，後來重版了好幾次。(註)

德培里無疑是這一時代最大人物之一。他對於一切正統宗教，一律處以否定態度，是澈底的物質論者和伊璧鳩魯底信徒。

在這許多準備開明世紀並剷除傳統宇宙觀（主要以宗教和煩瑣哲學爲基礎者）之思想家中，佔特殊位置的是懷疑論者米霁・摩登。對摩登有堅決影響者，爲急進派斯蒂芬・拉波哀特，他是十六世紀中專制制度之反對者。摩登以及拉波哀特又都是在一個有名的宰相羅比塔爾影響之下。後來十八世紀底思想家，說到羅比塔爾，都起莫大之敬意。

羅比塔爾是從第三等級出身，他在十六世紀中，是以自由派和開明的人物而現身于國家活動之中。他擁護言論自由，並頒佈許多條例，力圖終止宗教的紛爭。他釋放了所有

（註）『德培里文集』，一八五六——一八五七年出版於巴黎。

的囚禁的新教徒。他要求召集最高會議，允許新教徒以公民的和政治的權利。羅比塔爾在其政治活動之中，特別注意于工業和商業之發展。伯伊利認他爲十六世紀最偉大之聰明人。摩登及其朋友拉波哀特取得羅比塔爾對于宗教容忍迫觀點。然而摩登不是政治家和戰鬥者。他在這一方面，（一般說來），是不同于他底朋友拉波哀特，他（指摩登）是一個保守者。然而在他之爲一個思想家（偉大的懷疑論者）來說，他對于法國思想，是有巨大影響的。

摩登是一個懷疑論者和伊壁鳩魯派。生活之唯一目的，是滿足。在知識方面，沒有什麼是確實可信的。摩登在某些方面說，是伯伊利、福祿特爾、和盧梭之先驅。宗教在摩登看來，不過是人民在外表上應當服從之人民的一定習慣定例（偏見）。但從思想家底見地來說，他是嚴峻地批評過對於神、對於不死精神之信仰。他起來反對自然神教，反對自然的宗教及一般的一切權威者。沒有什麼東西，是在自然之上的。自然創造人，人爲自然之一部分。自然亦產生了它底宗教。一切都是有條件的和相對的。我們底道德觀點亦是相對的，且亦不過爲風俗、習慣之類迫東西。摩登之一般的觀點，可以說是貴族的 Solipsism（視一己獨尊之學說——譯者）。他是一個個人主義者。他只注意自己，他對於當時法國在他周圍所發生之血的鬥爭，甚少興趣。他是以個人安甯之觀點評價一切。他對於國家生活中的一切改革，都是討厭，因爲害怕革命、害怕一切變革。人民應當服從現存的制度規例，——不論宗教，還是政治，都應如此。然此並不妨礙他將宗教視爲建立迷信和"擬人說"之類的東西。

摩登死於一五九二年。在同年，彼爾·格桑第誕生，——格桑第是一個堅决站在物質論之上的思想家。前一世紀之懷疑論者和自由思想家，已替新人物之出現，準備好基礎了。新人物已不限作懷疑式的否認，而是欲在科學根據之上形成新的宇宙觀了。在這些新人物之中，佔第一個地位的，是格桑第和笛卡兒。

格桑第已不是像德培里那樣，只是孤獨的一個思想家了。他創立了一個學派，且在他底學生之中，有以下的人物：羅伯·郗伊爾——近代化學之創造者；大戲曲家莫利哀、西塞諾·伯若拉克、伯恩、薩伯里等人。格桑第最大的歷史功績，永遠是在於他復興了原子論，並由此使一切近代自然科學，走入唯一正確和科學的途徑之中。格桑第雖然自己是佔着牧師底高位，但却是堅决地站在物質論底道路上。固然，他是承認神是存在並爲一個宇宙之創始者，然而因爲他是在一般的物質論宇宙觀中作宣傳，所以他底個人不澈底並不能妨礙他底學生，從他底學說中得出無神論的結論。在格桑第學生之中，最值得提出的，是詩人和哲學家西塞諾·伯若拉克(一六一九——一六五五年)。他和莫利哀一道在格桑第那裏聽講哲學。他在不久之後，往謁康帕內納，康氏對他發生了重大影響。伯若拉克在康帕內納影響之下，寫了一些社會性的小說：『月之國』和『太陽城』。不論是在他底小說中，或是在他底哲學論文中，他都是站在無神論和物質論觀點之上，而且他並不是沒有發展一概念。物質的事物，在其發展中，是經過了無數階段的。人是自然之一部分，且爲物質事物發展之產物。

伯若拉克認爲理智是人之唯一可靠的領導者。他將自己底無神論觀點，編入自己底歌劇中。當在劇台上排演他底歌劇『亞克里賓』時觀衆大罵著者，對着歌劇大喊道："壞蛋"，"無神論者"。(註)

蔣·巴狄斯特·莫利哀，伯若拉克的同志，是一個簡單佈景人之兒子。伯恩、薩伯里、和莫利哀——都是以自然科學爲根本而宣傳新哲學之格桑第底聽講生，他們形成一個密切的團集——貫通以自由思想並渴望與偏見和他們環境

(註) 見：F. Mauthner, Der Atheismus und seine Geschichte im abeendlande, III;S.10。

周圍的傳統作爭鬥之一團。莫利哀在這一團集中，在格桑第領導之下，完成了最後的宇宙觀，在這個宇宙觀中，是貫穿了他底創造力。莫利哀是伊壁鳩魯派，曾將伊壁鳩魯底"De rerum natura"——詩文，譯成法文。

這位天才的詩人在自己底喜劇中，攻擊各種錯誤、僞善和宗教偏見。保守派，特別是僧侶，都要求對個不信神的人，採取懲罰，甚至死刑。不管莫利哀迫而不得不軟化和改變自己天才的歌劇，以適合僧侶之利益（例如『塔爾迭夫』），他底影響總還是偉大的。他底活動，亦像伯若拉克一樣，無疑地是以自己對於社會制度的批評而在第三等級之中，形成了反對派的情緒。

這些偉大的懷疑論者和最有影響的思想家之中，倘有比爾·伯伊利，他對於十八世紀思想家，福祿特爾亦在內，是有巨大之影響。所有上所陳述之思想家，對於準備開明的世紀，所作貢獻均多，然其中無疑以伯伊利之作用爲最偉大。伯伊利似是摩登之承繼者；然而他比後者有力而堅強得多。伯伊利是經過摩登而研究笛卡兒。他以有巨大學問爲特色。在他底全部活動中，並沒有從事正面的宇宙觀之建立，而是從事於——獨斷主義（或譯獨斷論）之破壞和批評——不論是在宗教信仰方面，還是在哲學領域者。他在一六九六年底"Dictionnaire historiqne et Critique"可算是十八世紀開明運動之直接的出發點。著者是作爲一切迷信之反對者而出現，且主張道德離宗教信仰而獨立。他是言論自由和思想自由之熱烈的擁護者——雖然他自己尚不能澈底克服他自己曾以那樣深刻分析將理智的批評與之相對立之宗教原理。

伯伊利是首先出來擁護無神論者之一人。無神論在他看來，總比宗教迷信好些。在十七世紀時，這種說話，自然已算是非常革命的了。至於一切的信仰，不過都是空想，亦即是迷信。假使說伯伊利還沒有公開地說出如此的思想，然這種思想之包含在他底判斷中，則是無可置疑的。

將一切東西都在理智之前來加以思維和證實，這一種企圖乃是全體啓蒙學者所有之共通點。可以說，這種合理主義(或譯理性論)的原則（它是受國內經濟生活之發展而定其傾向的），笛卡兒提出得特別有力。笛卡兒底學說，在伯伊利底思想中，引起了一個變革。伯伊利開始的工作，是將笛卡兒學說和加爾文主義相調和。然而伯伊利在後來一篇論彗星迫著作中，已於正教的天主教面具之下說出迷信對於人類社會比無神論更可怕這個見解了。特別值得注意的，是伯伊利對於自己先驅者——懷疑論者和無神論者瓦林之擁護。瓦林是一個爲無神論主張而將自己頭顱交給斷頭台之人。伯伊利亦擁護宰相羅比搭爾並指出說，不論瓦林和羅比搭爾都是誠實而在道德上無可非難的人。實在說，這些人物誰都知道他們是無神論之擁護者，不管他在外表上所用術語和不得不已的虛假情形是如何；他們在本質上道德都是比那些欲以道德行爲換取在本世得到某種報應的那些宗教迷信，更有健全的傾向。伯伊利在思想史上，算是一個獨創的現象。他在贊成宗教教義情形之下，而提出了反對宗教而直接擁護無神論和它底代表者之破壞性的論據。馬得勒將伯伊利視爲無神論者和物質論者，不是沒有理由的。他說："伯伊利無條件是個懷疑論者。然而如果說他是傾向於某種獨斷的玄學的話，那末，這便是原子論，亦卽是物質論。"(註)

從年表次第上來看，法國自由思想和無神論連續的歷史，是表現在十五、十六、和十七世紀中新教徒和天主教之間所發生的鬥爭之上。然這個鬥爭自身，又是表現因國內經濟發展所引起之社會矛盾。對於另一世界、不死靈魂、及高立世界之上的萬能之神（或譯爲上帝，本書均譯爲神，較妥——譯者）等的信仰，是不能滿足已轉心注意感覺世界和眼

(註) F. Mauthner. Der Atheismus etc; B. II, S. 304.

見自己生命之生滅迻人們了。在宗教爭鬥和宗教戰爭底神祕形式之下，是已包含着封建世界和中產階級世界間之矛盾了。我們看見，提倡新思想迻人，主要都是從第三等級出身甚至從下層階級出身迻思想家。

到了十八世紀，在思想方面，以及在政治方面，革命觀念已達到自己底最高點，而匯流爲具有世界意義且在某種意義上說決定全歐後此繼續發展之諸大革命之一。前數世紀之一切潮水，今匯集爲一有力之洪流，這個洪流衝蕩了全部舊社會以及它底全部贅瘤和上層建築。不管一切之追究（此種追究，以前的伯伊利、德培里、頓里等均遭受過的），法蘭西社會中之地盤，已經爲接受戰鬥的物質論和無神論，十分充分地準備起來了，尤其甚的，舊的統治很快地就走到末日。

所以，法蘭西底百科全書派，是有光榮的先驅者，這些先驅者之辛勞努力，極有利於“開明運動”，且是他們底先生。我們看見，他們中之有些人，是爲了自己主張而受極痛苦之死。十八世紀底思想家亦是在困難條件之下努力和奮鬥的。政府方面和僧侶方面之追究，迄未停止。然而情形却大有所變遷了。以前是焚燒異教徒，現在則不是焚燒著者，而是焚燒他們的著作了。這裏必須指明此種對於著者書籍之懲罰，究是沒有收到效果」

構成所謂開明運動之各要素，都已由以前的發展準備好了。我們知道，無神論思想，是有其長遠的前史的。伯伊利已經提出了無神論者國家之可能的問題，並在肯定形態中答覆這個問題。物質論在法蘭西國土內亦在以前發達起來了；特別是從格桑第和笛卡兒底時候，格桑第和笛卡兒亦算是部分的物質論者。十八世紀底思想家，都是研究過摩登、薩伯里、伯伊利、笛卡兒、格桑第，和英國的哲學家，以及斯賓諾莎底思想。

在此尚須提到者，除了梅里葉以外，尚有兩個自由思想家——無神論者和物質論者，他們是十八世紀上半期到十八世紀下半期之過渡。十八世紀下半期，以荷爾巴赫爲首之戰鬥物質論者諸光榮明星，已經發現了。我們〔所說之這兩位自由思想家〕，便是佛烈納（Frèret）和丟瑪塞（Dumarsais）。荷爾巴赫有時隱存在他們名字之下，顯然是以他們作爲自由的同思想的人。尼古拉·佛烈納（一六八八——一七四九）是一個傑出的歷史家。他爲科學院底會員，且終其生爲該院底祕書長。一七一四年，他發表演說，反對攝政腓力浦·奧立安，如此他被囚禁於巴斯梯獄六個月。佛烈納不僅是歷史家，而且是哲學家。他底哲學著作於死後印成四卷。該書是對古代希臘哲學，加以一般的觀察。同時他顯然是"Lettre de Thrasibule à Leucippe"（第一次出版於一七五八年）一書之著者，通常人都以爲該書是屬於荷爾巴赫的。烈孫是第一次印行該『書信』迺人，他說該書著者是佛烈納，他在這一點上，在我們看來，是完全可信的。假若該『書信』是屬於荷爾巴赫，那末，烈孫一定會提到此，因爲他是荷爾巴赫和出版者之間迺中間人。若縱使烈孫以前是知道而與荷爾巴赫約定不言，則到了一七九二年，那時烈孫將此『書信』轉載在他自己的"Encyclopédie methodique"底第二卷，已無隱瞞荷爾巴赫罪過痕跡之任何理由，是顯而易見了，（假使荷爾巴赫確有做過此種"罪過"迺話）。

在它一方面，我們從其它根據中知道佛烈納曾研究過研究哲學問題，是一個傑出的自由思想家，且顯然是斯賓諾莎底信徒，這一點他底學生波倫威爾（一七二二——一七六三）——亦是一個歷史家和斯賓諾莎主義者——曾間接證明此事。

著者在上述書信中提出下的觀點：除了可感覺的世界外，是沒有任何所謂神迺東西。一切宗教都是謬誤、虛僞、和暴虐底體系，那是欺騙者牧師所發明用以統治理智較弱之人；又是國王所欲支持的，國王們是以此作爲統治落後人民和王位之最好的柱石的。

神不是别的，就是宇宙。我們自己亦是構成這個宇宙之一部分。因爲我們可以影響於我們周圍的世界，而世界首先亦影響於我們。所以，神之與宇宙底區别，猶之乎亞芬共和國和該國公民間之區别一樣。

馬得勒將佛烈納列爲不可知論者，同時又列之爲最確定的和最不游移之無神論者。我們不能確定馬得勒關於不可知論一問題，究有多少正確性。該『書信』著者曾將自己列爲禁慾主義者。馬得勒所引之引證及其設想，是不可信的，且甚至是反對了他自己。他説，在佛烈納底倫理學中，固然是站在伊壁鳩魯主義底立場之上，但是在論原子論或機械論的問題上，佛烈納又有若干是立在懷疑論立場之上。爲什麼佛烈納不滿意於原子論？以下是他底設想：最狡猾的原子論者都不能避免承認無形式非物質的物體這一錯誤。而其中有許多都是陷入了這種錯誤，並將主觀觀念和眞實存在混合起來。

我們還沒有看到這種主張是有離開物質論的傾向。至於説到世界不可知一問題，則這種懷疑論的調子，當時底許多思想家都是有的，連最明顯的物質論者都在內。

丢瑪塞（一六七六——一七五六年）是一個貧窮的學

校教師，十八世紀上半期傑出思想家之一。丟瑪塞曾參加『百科全書』底工作，寫關於邏輯和言語學迻問題。他底最傑出的著作，是"nouvellesbi bertès de penser"，出版於一七四三年。假使不算梅里葉（他底『遺言』是出版於一七二九年——別的作家有謂梅里葉死於一七三三年——然而它底福祿特爾所作『摘要』只是刊於一七六二年），則丟瑪塞底書，是十八世紀中凡著者能以公開說出自己無神論和物質論之著作中之最早者，因爲拉梅特利底活動，祇是在一七四五年才開始。

丟瑪塞說："哲學家者，具有思索自己運動迻能力之人機器也，——自己撥動自己之時鐘也"。丟瑪塞亦和別的一切開明學者一樣，爲洛克之信徒，他指明思想家之吸收自己底知識，不是來自自己、來自思維，而是來自感覺。思維亦是一個感覺，和別的如聽覺、視覺等亦是一樣。沒有外部對象迻影響，人是看不見和聽不見，同此，沒有外部原因，亦不能判斷。

至於對於不死靈魂和最高存在物之信仰，這不過僧侶和政治家們所發明的罷了。沒有什麼精神，沒有什麼靈魂，成爲什麼非物質的實體。人底靈魂和動物底靈魂，是沒有區別的。"思維——丟瑪塞說——完全和外延合一。除物質外，沒有其它實體"。

二

英國開明運動底開始，遠在中世紀。然我們關於這方面所注意的，祇是英國自然神論和物質論，因爲它們對於十八世紀法國思想家，有直接之影響。

我們現在都是知道得非常淸楚，社會自覺之根源，係深種於社會關係之中，卽所謂社會的經濟結構之中。馬氏除了這個法則之外，同時又提出社會形式之重複的法則，社會思想亦如此。在生物學中，存在有比較解剖學的專門原理，同樣地，在社會科學中，我們亦可說到有公民社會之比較解剖學。一般說來，同一型態的社會組織，是服從同一之法則，而不因某種特殊情形而有所例外。例如德國、英國、法國等國家之經濟結構，在本質上，都算是同一的，不管共同的法則在具體的環境中發生了何種屈折，產生了何種某一定的特殊形態。所有這些社會組織，都服從資本主義結構底法則，卽資本主義動力學之法則。但是，如果資本主義社會底結構，是同一的，那末它們底機能運用方法，自然亦是受同一法則所支配。政治德謨克拉西制度，是一切發達的資本主義社會之國家形式，私有財產權也到處都一樣地成爲公民的權利。一致在此並不排斥具體形式之多樣性，反之，乃是作辯證之綜合。

自然，思想在此亦無例外。亦像比較解剖學或比較的法律一樣，思想之比較的科學，亦有其應有之地位。思想在比較的歷史照耀之下，使各國間思想上之相互影響的程度、範圍、和可能諸問題，可以得到正確的解决。在一般的形式上，可以說兩國間彼此影響之程度，是取决各該國中生產力發展底程度，或它底經濟之類似程度，及由此而產生之階級底相互關係。自然，這裏底研究，不是抽象的，而是具體的性質，因爲我們應注意到那些因內部因素底遭遇反影響而有時不能接受之條件。歐洲自然神教、物質論和無神論之歷史——不過是從荷蘭中產階級革命時代起——對於這些方面，是給與我們以極多的教訓。

荷蘭是歐洲中提高政治自由和精神自由之第一個國家。中產階級還在十六世紀時，就已取得了政權，因爲此處商業和工業，已達到了空前的繁盛。荷蘭人是從西班牙解放出來的，西班牙是很快便衰弱下來。而荷蘭却繼續發達。自然在此種基礎之上，經過了革命幾十年後是能夠發生了像斯賓諾莎體系那樣宏偉適哲學。斯賓諾莎哲學是貫通以新思想，而與經濟生活之條件相適應的。斯賓諾莎在該國中，是能夠將具有懷疑論、甚至無神論思想等人們團結起來。各宗教派別之間底劇烈鬥爭（這些宗教派別是一樣地不能容忍，一樣地酷辣的），已成為過去的了。荷蘭在這個時候，提出了自己底福祿特爾來，他們對僧侶進行劇烈的鬥爭，不管這些僧侶，是屬於何派信仰。有所謂大學生團（年青的斯賓諾莎和他們有來往）否認一切的僧侶。斯賓諾莎在這裏認識了汪愛登，該人是一個有名的無神論者，並對斯賓諾莎有相當的影響。然而有謂是斯賓諾莎使汪愛登成了一個無神論者，這亦許是可能的。唯我們所重視而須指出者，乃懷疑論、自然神論，甚至無神論——即自然主義的思想，是已經帶到世間來了。斯賓諾莎將此一切派別和較少自覺的東西，形成之為一科學體系。

十七世紀底英國，亦發生十六世紀荷蘭所發生過發展階段。經濟條件和社會條件之類似，發生了思想形態上（一般說來）之類似。

〔在英國〕，在神秘的宗教外表之下所進行之思想鬥爭，其中係包含了地上底物質內容。在此亦似以前之荷蘭，和以後之法國一樣，解除國家中牧師和僧侶底政權，以及封建壓迫之問題，亦提到議程上來了。因此，人底思想便擊趨於基督教基礎之批評。但是這種批評，在以前是會涉及專制政體之基礎的。英國因爲發展上特殊條件，鬥爭之射手（戰士之意——譯者）不是出自下層階級或中產階級，如在各國那種的情形，他們都是上層階級底份子。

英國"開明運動'之溫和性和不澈底性——英國開明運動沒有超過自然神論一步，那是可以由此等情形來說明的。下層階級是隨着貴族出身的這些"改良派"底誘導而向前走的。貴族積有許久以來政治上和思想上之巨大經驗，使他能在我們時代之中巧妙駕御於全部的危險和最大保存自己地位、財富、和影響之間。法國底貴族，到了革命時期，才發現自己政治上之完全無用。他沒有及時了解、預見並預先改變他所遭遇之危險。他只是漠不關心地喜歡並崇事自己底國王，換言之，即無情地剝削人民和統治人民。所以貴族中最好的代表，在他們理解自己地位之無望時，才轉入中產階級底營壘之中。在英國沒有這種情形，在那裏，貴族即是到現在，對其他階級保持某種隔絕性和獨立性，並對他們伸張自己底影響。

十七世紀底貴族，自然是無分彼此地統治於思想界。他們從自己底團集之中提出思想家，以應新時代已成熟之需要底形成。一般上說，如果從思想比較內容之基本上的情形來看，則他們亦是按着荷蘭和法蘭西'開明運動"之輪廓而漸進的。思想家形成了在政治上和宗教上"人民權利"之原則，提出了經驗和理智之絕對意義，而對抗對於權威者等之盲目信仰。但是，同時亦有因各國條件之不同（或譯特殊點——譯者）所引起之差異。在法國，運動是帶着非常顯著之無神論和革命的性質。墨森——笛卡兒之朋友，在十七世紀初，就已因無神論在法國有了六萬信徒，而其中五萬住於巴黎，而爲之嘆息不已了。自然，這個"統計"，我們尙應十分考慮的。因爲當時凡與正教分道揚鑣的人都稱爲無神論者。然而，自覺的無神論者已經不少，宗教戰爭，天主教和新教徒之爭鬥，及隨之而來之懷疑論和個別的無神論者之不會空過此一時期，那是沒有什麽可疑的。在英國則無神論從未曾成爲廣大普遍之現象。而英國自然神教在本質上都是善良的基督教徒，或總是有信仰的人。反之，法國的自然神論者，本質上都是無神論者，福祿特爾便是顯明的例子。

英國自然神論者底首要，是赫伯脫（Herbert of Churbury）。一六五六年赫氏在他底書"De veritate"上面，提出了一些認識底理論和批評之類的東西。眞理有四種：對象的眞理、現象的眞理、理解的眞理（veritas Conceptus）和判斷的眞理。純粹思維（即verita intellectus）是認識中之最高的一種。理性是無需乎外部對象的。它是以一般概念（notitiae communes)爲對象的。這個一般的概念，不是由經驗產生的，並不是觀察底結果，而是以它自己決定經驗之可能性。我們看見赫伯脫在此算是預先說出了康德關於先驗形式或概念之學說了(註)。赫伯脫又說，宗教以及道德，亦是有自已底一般概念，此概念是爲一切理知所具有且係獨立於經驗迫東西。一切宗教之本質，皆形成有五種眞理，其中神底存在爲最初和最高之眞理。尼赫勒曾正確指出赫伯脫之五眞理可以歸納爲康德之三個有名的命題：神，自由和不死。康德底體系，實發生於普魯士基礎之上迫自然神教。

所以，赫伯脫是欲調和信仰和理智，而最後開發某種先在於人迫一般概念——如神之類；宗教是"先在"於理智而發生，或構成理智本身中迫"一般概念"之總和。若是說，一切都應當在理智面前判斷其是非（理智是新運動之內在意義），那末，理智自身應加以"裁剪"：使它在其實質上說要成爲宗教之機能。時代之"詭辯"便是如此。赫伯脫將理智位於信仰之上，但是"信仰"自身——這是包有眞正而不可踰越的東西在內的——爲理智之天性。赫伯脫否認了舊正統意義上之啓示，但又主張某種理智的啓示。純粹思維在其內部

(註) Gotthard Victor Lechler, Geschichte des englischen Deimus 1841 S. 39.

包含有神和不死精神之純粹概念。一旦承認純粹概念(純粹概念是不需要外部感覺之對象來發現眞理的)之存在,那末顯然每個人都可以將他所高興的內容,充塞在這純粹思維之內了。

多瑪斯·霍布士是走到無神論唯一的一個思想家。不論是赫伯脫,還是霍布士,都是和法國有關係的。但是赫伯脫主要是研究摩登和信仰懷疑論之薩伯里,而霍布士則與格桑第結識,格氏對於霍布士顯然是有相當影響的。

霍布士以爲一切思維是出自對象之感覺的認識。除根據於感覺之外,沒有別的思維內容,理智或判斷是發生於感官感受的基礎上之反射能力。這種感覺論底傾向,是歸結爲物質論,而避開以純粹思維(亦即是先天的或天賦的思維,或是任意的思維,都是一樣)着想之觀念論的結論。如此則良心——即道德觀念以及宗教觀念,都不是先天的(或譯先在的,先驗的——譯者)或最初的東西了,而是相對而來自經驗的東西。宗教是經驗之產物,而爲一種超自然力之信仰。

洛克,可惜,在形成理智和信仰的相互關係上,是有些兩可。因此,他是沒有跳出自然神論之範圍,如我們對於這個立在經驗和感覺論基礎上的偉大思想家所能希冀者。

然而同一的洛克亦曾以自已底感覺論,給與法國"啓蒙運動"以巨大的影響，而作爲法國物質論之基礎。尚有牛頓，應爲提及，牛頓底觀點對於"啓蒙學者"一般宇宙觀之形成上，亦有影響。但是洛克和牛頓對於法國物質論之影響，在文獻上已有充分說明，故我們此處對該點不加以論述了。

約翰·托蘭德是英國自然神論最偉大人物之一。他從理智之概念出發，以理智作爲確實之唯一基礎。托蘭德在一六九六年自已底"Christianity not mystrious"一書中，是完全站在自然神論底觀點之上。托蘭德亦像其他的一切自然神論者一樣，欲證明基督教之有理智性。他在該書之第三篇，與無神論論戰，力持神底啓示之理智性。他從宗教眞理應達到一切人類理智之理解這一思想作出發，而對僧侶和權威原則作劇烈鬥爭。著者觀點雖然溫和，但他底書曾引起極大的騷動。托蘭德不和赫伯脫一樣，他不是一個貴族。他是屬於蘇格蘭平民之家庭。自然，他在他自己繼續發展中，大有進步，並在柏呂諾和斯賓諾莎影響之下而趨於物質論之宇宙觀和顯著之無神論。

一七〇四年，他在『給謝侖那迺書信』(Letters to Serena) 中，從自然科學成果底見地來批評斯賓諾莎主義。托蘭德是以斯賓諾莎爲根據，而欲使其更向前發展。他提出說，運動之爲物質所固有，正和外延一樣。物質是處在一種永遠運動的狀態之中，而不能視之爲被動的和死的東西，運動是物質之主要性質，而不是偶然性質——這便是托蘭德對於斯賓諾莎主義之批評。這個批評有重要的意義，因爲托蘭德欲將斯賓諾莎學說，從他底神學外衣中解放出來。可以說，他是將斯賓諾莎實體改爲完全而科學的物質概念之最初一個人。物質具有運動，且爲其重要的屬性，這種物質便不需要什麼最初的創造者了，這樣說法是給自然神論以重大的打擊。物質之內在的能動性——托蘭德稱之爲物質之力——這個術語，在荷爾巴赫方面，常可以見到。托蘭德在其它著作中，常嚴酷地反對僧侶，說他爲人類之毒害。例如他在一六九一年的一本小著作"Tha Tribe of levi"中，曾發揮一種爲後來法國思想家（一部分爲荷爾巴赫）所屢屢重覆之思想，謂一切人類之貧窮，均來自僧侶。一切正宗宗教，不過是欺騙，而牧師不過是欺騙者，他們只爲滿足自己而生存，而人民則置之於饑餓。

如果我們在此對於英國有名之自然神教底歷史，雖作扼要之敍述，亦將使我們說了太多了。〔在英國〕，亦如別國之處在相當的發展階段之情形一樣，當時思想上運動底意義，是在於肯定理智之超越於權威。一切的"自由思想家"(free-thinkers)，赫伯脫、托蘭德、高林司、勃諾思特、朱勃、莎佛斯比亞、丁但等人，都是主張理智底權利，即思想和言論底自由。自然，此等自由思想家，除了托蘭德是例外，都不是很大的革命者，即在思想方面亦如此。他們中甚至有些以爲理智之自由應用，必須符合於宗教利益之內。他們力圖將宗教合理主義化，而不將其破壞。自然神論者本質上仍爲信教之人，無論如何仍視宗教爲相當之眞理。但是他們欲得有藉助理智來解釋和確認這種眞理之權利。凡是經理智確認其正當的東西，便和自然法則一致，並構成自然的或理智的宗教。此等思想家及其所代表之中產階級便以此種宗教和理智之間腐惡的妥協自足。英國所歡迎之中產階級制度，是保有（直到現在還保有）自已主要的思想形態——宗教——之一。在宗教方面，英國中產階級從來不曾提高到法國那樣迦急進主義。只是到了十九世紀初葉，渦文在法國無神論影響之下，以社會主義者底資格，即工人階級思想家之資格，才完全否認了宗教，並以它爲謬誤和人類貧窮來源之一。

三

我們上面所分析十六世紀以後自由思想史之最一般的特點，於十八世紀荷爾巴赫底『自然之體系』中，得到完成。一方面中產階級和它方面貴族和僧侶之間迦矛盾愈是尖銳，此種世仇之革命的終局愈來得近，則新社會階級之思想家，起來形成其政綱、其思想，以作爲對舊世界爭鬥之不可動搖的武器，亦來得勇敢。革命的思想家，現在成爲思想之權威者。他們在第三等級底廣大羣衆中，得到生動的反響。荷爾巴赫假使不從他底文學天才而言，而就其偉大的博學，思想上之非常大膽性質和無所畏懼之澈底性而言，都是一個最傑出之思想家。荷爾巴赫亦和一切開明學者一樣，對於偉大的懷疑論者，特別是伯伊利、和英國的Free thinkers（其中他特別尊敬托關德），都有研究。他精於全部哲學文獻，上自柏拉圖，下至斯賓諾莎和霍布士。所以，荷爾巴赫可以算是將以前的全部宗教思想和哲學思想之運動作一總結了。

所有這個工作之成果，便是『自然之體系』一書（一七七〇年），該書乃是這個偉大歷史時代之最出色的紀念物。該書分爲兩部分。前一部分是分析物質論宇宙觀之積極的基礎。在第二部分中，荷爾巴赫對於宗教宇宙觀及其各派——不論是正統的基督教，還是不澈底的和怯懦的無神論都予以致命之批評。

他底體系可以形容之爲自然主義的物質論或物質論的自然主義。宇宙是偉大的整體或總和，這個總體或總和是由各種不同事物底結合，由它們底不同統一和運動而形成的。荷爾巴赫說，自然如就它底狹義來說，或就每個個別的存在物來觀察，則它是由各種事物相互區別之實質（即性質、結合、運動或活動方法）而成之總和。例如人是一種由某些具有特殊性質的事物之結合而生之總和，這個結合的總體，叫做有機體，而其實質就是在於它之能思維、感覺、行動等等。事物之不同體系，或說好些，它底特殊性質，是依包羅萬象之偉大總體之全體系而定，事物是構成這偉大總體之一部分，而一切存在物和它皆有不可避免之連繫。

所以，人是構成偉大總體——萬有之自然底一部分。人類如欲圖求幸福，便必須認識周圍自然和自已有機體之法則。這種知識（或譯認識）是由於經驗、並受理智之指揮而達到。然而認識自然及其所支配之法則者，甚為少數。故必要以此為基點而建立生活，必要依自然及理智而生活。作為自然一部分之人類，是必須服從自然的法則，而不能避免的。然而人類不以自然為限，却欲於自然之外而企求似乎存立于宇宙之上且如君王一樣統治宇宙之某種存在物。這樣，他底思想是會得到虛僞之趨向且會與可見之世界相隔絕，人類輕視經驗和理智，便要成為無形幽靈之奴隸了。這樣，人類是將自己之命運轉給空想的存在物之掌中，而自已失去地上幸福之可能。

在荷爾巴赫看來，（和後來的烏托邦社會主義者一樣），在這種意義上的一切歷史，不過是許多謬誤之鎖鍊，這種謬誤同時又是人類貧困之根原。眞正哲學——卽物質論——之任務，是要使人將此蒙目之布除去，而回到它底本性來。眞理是永遠無害於人類的，它是爲幸福的生活所必需的。唯所謂眞理者，是在于認識周圍的世界，係自行存在着，而無須世界以外的任何東西的。必須拚棄閉塞之教育和成見的傳統，倒置的世界觀念，那只有害於人類。最先而最危險之謬誤，是那些以爲自然之外似乎尙有特殊之存在物，或尙有一種推動自然運動之某種特殊力量。然而宇宙之形成，除了物質與運動外，無需它物。物質是永久的，從非存在而形成存在，那是人類所不能理解的。創造主——神學家之虛構也。自然有始之假設，是錯誤的，勢必陷入不可解之矛盾。在它一方面，必須承認自然自身，便是一個能動之開始。運動是與物質不可分離之性質。假使物質之爲不壞和不滅的，是誰也承認的事，那便可知物質在時間上是沒有開始，卽它是永遠存在的。

因此，物質係構成自然之內容，而處在永遠運動狀態之中。運動與外延，同爲物質不可分離之性質，或說好些，同爲物質之屬性。荷爾巴赫正確地說，沒有性質之物質，爲純粹之無（或譯純粹之空虛）。"存在是以存在的事物中之性質存在爲前提，一旦它是具有性質的，則它之活動方法，必然由它底存在方法而發生來的"。物之活動方法，係由它底存在方法決定的。在自然界之中，一切都是在互相連繫之中，並處在運動和變遷之中。"只要稍爲考察自然底途徑，研究各種形式中之存在，便可確知只有運動一事是形態變遷及其結合之根原，總言之，一切物質變態之根原。一切存在物之發生、發展與消滅，是因變化而來。荷爾巴赫說："自然因運動及運動所引起之變遷，正似不死鳥(註)之不斷從自己灰燼中復活起來一樣"。

自然是構成一永遠之輪迴。一切存在物因物質和運動而開始。自然中一部分之破壞與保存，均由別部分之破壞與保存而起。但是存在物之總量，却永遠是一樣的。自然底過程，——它之永遠輪迴——是在于物質所具有之運動，使每種現象得以開始，由此並引起變遷，最後，又使它破壞了。荷爾巴赫說："自然因結合底方法而產生了太陽，作爲自己體系之中心，太陽又發生了行星，行星又依自己底本質而引向

（註）不死鳥係爲一埃及神話。該鳥焚化後每六百年，牠從自己底灰燼中又復活起來——（譯註）

於太陽並在這個太陽之周圍旋轉。漸漸地，運動使這些東西起了變化，在一個時候，它會分裂成爲各部分，由這些部分它又構成這些可驚的塊體，且在其瞬息的存在中，祇是成爲一瞬間之發現而已。”我們不難看到，我們所述這些荷爾巴赫在這一部分之思想，大半是明顯地和康德在他底『天體之全史及其理論』中之思想行程（該書出版於一七五五年）相吻合。

人類亦和一切生物一樣，是有自衛之傾向。人類是要經驗（如荷爾巴赫底說法）“能力”之力的，換言之，人類是要對抗自己底破壞者，同類相吸，而矛盾相拒。吸力和拒力，成爲普遍的法則，而亦存在於人類之上，人類者，特殊之機器，而服從於一切自然生物所共有之法則者也。人之一切行動，都是吸力和拒力之結果。他在自己行爲之中，自己活動之中，幻求自由；然在一切皆有連繫、一切互爲鎖合之世界中，不能有獨立而不依存之力量。“永遠能動之宇宙，已爲人類指定他（指人類——譯者）所應畫之線之每一點了”。

人類爲宇宙之構成部分，且與之密相連繫，他是應受外部之影響。有神論者欲使人類成爲特殊之實體，而保持一已之自由。他們使人變爲精神之存在物。然而人類欲成爲自由之人，必須置身於自然之外，可是人類却必須經驗他周圍足以决定他底行動之對象的反響。影響於其它自然界之機械力和法則，同樣亦影響於人類。人類在一般上說，是物質之特定結合，而其形式是不斷變遷的。人類為物質之生物——其組織可以感覺、思慮和能經驗自己有機體所特有的變態之生物。我們知道，在荷爾巴赫是以為除了一般的法則以外，每一種個別的生物，其中尚存在該事物特殊結合所固有之特殊法則。

至於荷爾巴赫論及人類起源問題，曾證明各種假設之可能性，但是他自己却選定人類係經過無數連續階段的那種漸次發展。物質是永久的，但是它底形式却是暫時的。有一點為荷爾巴赫所認為無可置疑者，卽人類是與動植物一樣，生在與全部宇宙互相連繫之中，且為自己生存計，不得不與總體一致，卽不得不與宇宙秩序一致，因而他底變遷是依後者之變遷而定。"不論主張何種假設，植物、動物、人類均可認為現今狀態下之地球上所特有之產物，這種產物如果在地球因某種異變而改變地位而引起變遷之時，亦不得不變。生存地球上之一切生物，因各處氣候之不同，均有變化，此一事實卽可以鞏固上述之假設了"。荷爾巴赫由此得到結論說，人類亦和一切生物一樣，是處於不斷變遷過程之中。以為"有機體之各種形態是在不斷變遷，和我們亦能夠知道它們現在是怎樣，以及過去是怎樣"——這是"不會矛盾的"——荷爾巴赫很愼重地說，如果一切是變遷的，如果宇宙間沒有任何固定不變之形式，則人類亦不能例外於這個普遍的法則。自然是破壞和創造、結合和分解之無限的交替。這便是荷爾巴赫所得到之革命的結論。

精神論者(或譯唯神論者——譯者)以爲，人是由物質的身體和非物質之精神結合而成。哲學家在此是用神學家之論據。荷爾巴赫這些話是預先贊同了費爾巴哈之思想，費氏以爲一切觀念論者必不可免地會和神學家同類相歸，後者乃是構成懷疑論哲學家之祕密。笛卡兒首先以爲能思維的東西，是和物質不同，精神論者和神學家，以後又按照人類精神的模型創造一個普遍的精神。"但是從本質上分別靈魂和身體之人，簡直是把身體上所具之腦和身體本身區別起來"。這個命題以後費爾巴哈亦重覆地說着。他底思想，係以爲人們是用抽象方法將某種的人類能力(或機能)和他底身體分開，將此種能力變成爲自足自在的東西。精神是不能和身體區別出來的。精神是隨着身體而發生和發達，而且是和它同時消滅的。精神亦就是身體，不過是就該身體中某部分之機能或能力而言適部分。這便是知覺、感覺、思維和行動之原理或能力。在以前，人們都想像自己有一種非物質的東西；他們均以另一世界作爲眞正的生活，尤以神學家特別關心於此。而荷爾巴赫則欲人類力圖求自己存在之肉體方面的滿足，因爲隨着肉體的幸福（這是他的說法）而來便亦可得到精神的幸福。依社會利益而言，是必須推翻神學家所虛構之空想。精神的學說，是阻滯了知識底進步，因爲該學說有利於人類思想底惰性，而妨礙他尋覓現象之眞正原因。這種惰性，雖有利於僧侶，惟對於社會是有害的。

生活是全部身體運動之總和。知覺和思想，是特殊一種的運動。先天觀念（笛卡兒特別堅持此點）是不存在的。觀念實際上是知覺、感覺、教育和習慣之結果。我們所認取之先天觀念，乃是我們已忘其起源之觀念。一切我們底知識，都是來自經驗。一切人底觀念、概念，都是他自己發現的，而不是先天的。人只能知道他所感覺之東西，至於抽象的觀念，那是沒有任何與之相符合之物質對象的。"我們想像爲我們任何一個感官所不能感覺之對象，這是等於想像空言、想像聲音，在自己幻想中尋覓對象，藉幻想而形成對象。如將此等性質加在對象本身，那是更加狂妄。「神」字在我看來，是我的任何一個器官所不能感覺之對象，這即是說，它是我們所不能確定之存在和性質。在現實對象（「神」字假定有此對象）不存在情形之下，人類幻想乃是自造幽靈。所以，荷爾巴赫說，人之創造神，乃是以自己爲模型的。

若說神是存在的，則它自然是那些破壞人類一切罪惡和不幸之始創者。然而神學家却使神不負此責任，而轉嫁於似乎具有自由意志之人底身上。這種所謂意志底自由，是基於我們沒有認知我們活動眞正原因而來。自由也者，依必然動機而行動之謂也。"人之自由——荷爾巴赫說——無非是自由之中所包含之必然"。人類完全是依賴於影響於彼之外在原因。所以，政治家和立法者應當力圖改變人類之動機，使其與外部條件相恰合，如果這些政治家和立法者們是關心於人類幸福的話。社會之組織，應在於使社會各份子，都樂於幸福。然此唯有使社會各份子都能滿足其物質需要之時，始爲可能。罪惡的行爲是罪惡的社會，即組織不公平的社會——虐待民衆而偏愛於少數寄生者——之結果，人之爲惡，並非生來即爲惡人，而是因爲社會制度使其如此。故須創造一種制度，使人類愉快，並使其成爲公平而善良之社會份子。荷爾巴赫在說出了此種健全判斷之後，同時又以爲人類底命運，在任何時候都是操在某個君主之不良脾氣，和某一女人之感情用事，女人有時成爲毀滅城池而使民困之破壞戰爭。所以，一個愚蠢的原子（一個愚蠢之人——譯者），可以關連人類史之全局。

荷爾巴赫雖然是重視一個原子或份子，但當他提出公民幸福係依存於社會條件之時，在一般上說，其對於問題之理解，倘接近於正確，自然，問題不是在於"立法家"，他本身亦是無力的。但是，當荷爾巴赫主張"社會制度"形成並創造了人類（此處社會制度之理解，係指社會關係之全部總和）之時，無疑是正確的。荷爾巴赫說："我們思想適型態，必須由我們生存適型態決定的"。可惜，只是因爲片面的、無學的自然主義，使他不能進而探求社會生存，並了解社會現象之特殊情形。荷爾巴赫所了解之生存，係純粹肉體上適生存，或自然的生存。荷爾巴赫不理解自然的生存和社會歷史的生存間之區別。在他以爲這些乃是同一秩序之現象。人類在他看來，乃是自然之生物。立法、道德、科學諸問題，皆需由自然及其法則爲其領導。因此，荷爾巴赫對於一切罪惡，皆用不認識自然（或譯對於自然之無知——譯者）這一原因來說明。人類因爲不認識自然，使自己爲幽靈（所謂神）所統治。人類不知道自己底天性（或譯自然），而認自己爲自足的精神起源。

依荷爾巴赫底學說，人是自然必然性之被動的工具。如果人民有時起來作亂或革命反對自己底壓迫者，則此事之所以成爲必要，亦正如一切肉體現象一樣。"人民之不幸，使其走向革命：在爲貧困所煎迫適人之中，開始激動，其不可避免之結果，便是國家底崩壞。所以，肉體界和精神是密相連繫，或正確些說，是同一的事物"。自然，準備革命之中產階級底思想家，是必須提出革命必然性之理論上適根據。在文獻上，曾有人指出荷爾巴赫之溫和性。普列哈羅夫曾提出荷爾巴赫立場之矛盾。『自然之體系』著者有矛盾一事，是無可疑的。荷爾巴赫是曾不欲對貴族和專制政體，採取強力行動底態度，——若是貴族和專制政體已經妥協。但是，荷爾巴赫同時又告訴自己底階級，在統治階級不能用和平方法解決已成熟之問題時底唯一出路（亦是每個被壓迫階級之出路）。"如果人民已到了絕望，和完全沒有幸福之時，則他們唯有最後的手段——武器。他們冒着萬死，是能設法結束自己底痛苦"。荷爾巴赫曾以武裝暴動作爲拯救已趨絕望適人民之最後手段。這當然是指他當時底法蘭西和第三等級，他是如此地號召他們來用強力推翻舊制度。然則荷爾巴赫如何描寫當時底社會，並要何種的"政府"呢？關於這個問題，我們看見以下非常有力之幾行的答覆：——

"讓人們可以不必告訴我們說，似乎政府是不能使它底每個人民都變成幸福的。自然的，政府是不能滿足那種遊蕩而不知設法解除自己苦惱適國民底貪婪的慾望；但是政府是能夠而且應該努力滿足大多數人民之物質需要。如果社會之大多數國民，都有衣、食、住，——總言之，都能夠不要過度勞働而滿足自己必要的需要，則社會亦達到充分的幸福了。如果大多數都相信任何一種力量都不能剝奪他底勞働之成果，則他亦就滿足了。全體人民因爲人類底某些狂妄，迫不得已而用淚水來耕作，灌溉田地，以供少數無知而無用之人窮奢極慾之生活滿足，而這種生活亦不能使此等人成爲幸福，因爲他們貪得無厭之希望，是無底止的。此即是宗教的和政治的謬誤，使世界變成了血淚的悲慘地獄”。荷爾巴赫在這裏是用了何種顯著之筆調，描寫他當日社會之人民底狀況。可是他和一切“啓蒙學者”一樣，是以宗教的和政治的謬誤（而此謬誤又是輕視理智和經驗之結果），作爲這種可悲的事物狀況之原因。荷爾巴赫由此得到結論說，以自然底研究爲基礎之眞正觀念，是與人類貧困鬥爭之唯一的實際手段。這已是純粹的觀念論了。

『自然之體系』底第二部分，是專批評神學和自然神教。荷爾巴赫首先提出神道一觀念的起源問題。荷爾巴赫說，“人類之落後和軟弱，使人迷信。宗教思想如果從經驗和科學理智底觀點來加以分析，實是沒有一切思想和內容言。但是人類在自己發展之第一階段上，是非常孤立無助的，又因落後之故，而時有恐怖底感覺。人類是有各種的需要。“我們沒有需要，便要如植物之類，是一個簡單無知覺之機器，且亦如植物一樣，不能防衛自己和覓取自己生存之方法了”。人類必須努力設法避免惡劣天氣、沒有收成、疾病——總言之，避免各種可能的貧困。

原始人類不知道自然的法則，因此一切自然現象在原始人類看來，都是些神祕而不可解之東西，均足引起驚駭和恐怖。貧困和落後，是人類對神之觀念的根原。

荷爾巴赫說，“如果人民之神，是從恐怖中產生的，那末，每個人創造一種不可知的力量（他是爲自己而創造的），亦是從苦痛中產生的。人類經驗到某種的不幸或不愉快的感覺，因爲不知道自然原因及其活動方法，故不能對它加以解釋。

“發生於他內部而又違反於他之運動：如疾病、苦痛、偏向、恐怖、他底有機體所經驗之病的變化（其原因他不知道的）、死亡（死的狀態對於愛生適生物，是最覺得可怕），——所有這些，在他看來，都是超自然的現象，因爲這些現象都是和他本性相反。因此，他便賦予這些現象以某種最有權力的原因，認爲該原因可以不管他底努力是如何，均可隨意支配他。他在絕望於此等不可避免之悲運之中所生之想像，立使他創造了一種幽靈，他在自己理解自己底軟弱之時，對此幽靈不能不害怕。那時，他爲恐怖所縛住，開始爲自己苦痛而憂慮，並在惶恐之中設法消滅它們，解除追隨自己適妖物之壓迫。不幸的人類，就是如此在苦痛中創造了幽靈，並由幽靈自行創造了神。”

上述這些思想，將來費爾巴哈亦有同樣而更深刻之發揮。但是費氏是以荷爾巴赫之思想爲出發點的。費爾巴哈認爲在神底思想形成中有重大意義之想像的作用，已由荷爾巴赫特別指出來了。這位法國思想家，亦如費爾巴哈一樣、指出了自然或自然之各部分，曾是最初的神。以後玄學家和神學家，從自然抽去其所有之力量，即如荷爾巴赫所說的，將自然與自然本身分開。然後他們（即指玄學家和神學家——譯者）再將自然的這種力量或活動方法，變成爲獨立存在的東西。“因爲力量是空的東西，所以他們是見不到，因此他們便把它稱之爲精神、理智、無形之物，即完全不同於我們所知適一切之一種“實體”。神話便是原始人類最初欲藉幻想來說明現象之一種企圖。

但是人類置之於自然之上適神，是什麼東西呢？荷爾巴赫已先於費爾巴哈而說道，這個神無非就是人類自己；它底一定性質或能力，離開活的、實在的人而變爲獨立的、形而上的東西。不是神創造人,而是人創造了神。神學家,乃是"擬人論者",他們是以人作爲自己底神之模仿。"實際上,人在過去及將來所視爲自己底神者,不過就是人。不管他是如何巧辯,不管他是如何誇大神之權力、如何增大神之完善,但是,他總只能將這種神作爲一種巨大之人,而賦有一種包存矛盾性質之幻想性格者。神常是表現爲一種非常不可信的人,因而亦是一種完全不可思議之存在物"。故人類之賦予神以理智、聰慧、善良、和正義,乃是因爲這些性質爲人類所具有之故。

人們通常都以爲法國物質論者——荷爾巴赫亦在內——是僅將宗教視爲教師們之虛構或發明。讀者當已看到,這是不和實際相符合的,雖然"啓蒙學者"常有可以使人以此解釋他們觀點之處。但是,我們知道他們如此說法,祇是爲了鼓動目的,指出僧侶等級之發明及自覺欺騙底成分。至於說到荷爾巴赫,則我們看到他是以人類對於現象眞正原因之無知,對於他所不可解之自然力(他是完全依存於自然力,他底一切悲運之原因,亦是此種自然力)之恐怖,來解釋宗教之起源。宗教之起源是如此,但宗教一經形成,即爲僧侶等級及富人政權因自己利益而加以維持和養成。宗教觀念,或確言之,宗教偏見,給人類以極大的害處。凡是爲消滅宗教而努力適人，都是人類底朋友——荷爾巴赫說。一切宗教是因野蠻人之必要而發明，然而所不幸者，人類尚繼續相信此幽靈，而“一切玄學的傳奇小說”（如荷爾巴赫之所說，荷氏此處所指係那些觀念論的哲學體系），又和此種野蠻人底宗教體系，有近親之關係。

荷爾巴赫接着十分簡單、明顯、而深刻地指出神底概念中所有之一切矛盾。他反駁那些爲神學家以及觀念論哲學家（如笛卡兒、克拉克等人）所通常引用有利於神之一切論據。宗教觀念是不能“改良”或改革的。宗教改革云者，乃是可恥之欺騙，因爲虛僞是要簡單地把它推翻，沒有什麼“改革”。故所謂自然宗教亦是應當在推翻之列，因它和神學，無一點之區別。一切神學家以及觀念論之玄學家所用以證明生存乃建立於神之論據，都是以假設物質自身不存在，假設物質在本性上不能轉動並不能產生我們在自然界所見的那些現象作爲根據。所以，唯有物質論，方能作爲無神論、健全的道德和政治之基礎。人類唯有在他澈底離開宗教和觀念論之時，方能成爲幸福的；宗教和觀念論乃是人類不幸之原因，專制和惡劣道德之根原。

不管荷爾巴赫觀點有很多已經陳舊了。但是『自然之體系』就是到現在，仍是物質論哲學中傑作之一。它在與觀念論鬥爭中，仍有極好的用處。因爲在他以前，沒有一人曾給宗教以致命的打擊如荷爾巴赫者。人們對於『自然之體系』底著者，均下過攻擊，但是沒有一個有神論者或觀念論者能夠駁倒他所引用之論證。因爲以觀念論爲觀點，是駁不到荷爾巴赫的，正似一般的物質論觀點之無可反駁一樣。所以，『自然之體系』就是到現在，從其基本的物質論傾向來說，從其分析之簡單明瞭來說，從其反對觀念論論證之無可反駁來說，都可算是物質論基礎著作之一。但是，如果物質論在原則上爲無可反駁，則這自然亦不是說它亦就不發展和變化了。體系之各部分，即是作如此觀。很明顯地，荷爾巴赫是陳舊了，然而這只是就其和辯證物質論比較而言。辯證物質論是荷爾巴赫物質論之繼續發展，所以，荷爾巴赫物質論在一般物質論發展史上說，是非常重要的一階段。

我們不能在現在簡短敍述中詳細批評荷爾巴赫底觀點，因爲如此便必須分析近代底哲學，所論恐涉太遠。而且，此種任務普列哈羅夫在其名著『物質論史綱要』中曾有局部之完成。不過我們認爲有幾點，亦需在此一論。

上面我們說過，荷爾巴赫底物質論，是帶着純粹自然主義的性質。荷爾巴赫說:"人是自然之生物"。在反對舊的觀念論和反對神學上,這種綱領在當時是有巨大意義的;荷爾巴赫首先欲指出將人分爲肉體生物和精神生物——分爲身體與精神之兩分法,是錯誤的。精神者,就是身體。他用這種說法,是主張了一元論。這自然是完全正確的。然而他是沒有辯證法和一般發展底概念,雖然我們亦會見荷爾巴赫談及物種變遷等等。荷爾巴赫將人化爲肉體之自然物,這裏唯有機械力方起作用,然而人不僅是自然之生物,而且是社會和歷史之生物。荷爾巴赫對於這一方面,是一點也沒有注意到。人是自然之生物,同時又反對自然而成爲社會之生物,他可以對自然起積極之反作用,並改變自然。人類因爲自己這種的創造行動,方適於發展,它至此方從自然,從肉體之必然性(物理上之必然性)——這個必然性是荷爾巴赫常常堅持着的——中"解放"出來。同時,在社會上,我們又有另一種的必然性,這是荷爾巴赫沒有看到的。所以,我們這位思想家所繼續主張機械力發生作用於到處,例如吸力和拒力底法則,亦可以應用到人類和社會上面來,這是錯誤的。他由此不得不將社會生活,視同純粹肉體的(物理的——譯者)現象,並以個人的偏向來作說明。對於人類和社會生活作如此機械的和自然主義的理解之下,自然是沒有進化和發展了。我們這裏底指明，同樣亦可應用到別個問題上面去，首先是道德問題。荷爾巴赫在道德問題上，亦是偏於用物理上邊觀點，而不是用社會的觀點。荷爾巴赫是以自然科學家之態度處理一切問題。他欲從一切人類有機體底性質，說明一切，並解決一切。可是社會生活及其發展，是不能用個人之物理的有機體來說明的。荷爾巴赫對於德行和人類利害之間邊關係問題，有鮮明之解釋。人類應以人類是否成作德行之人，當作自己底"利害關係"。其意似是說，社會關係自身應先成爲人底社會關係，人才能有德於社會，人才能成爲德行之人。只有在德行社會之中，才能有德行之人。所有這些，自然是正確的。但是當荷爾巴赫提出個人，及其性格、偏向、嗜好係依存於政體形式時，他便極大錯誤了，因爲政體形式自身亦是決定於社會的經濟結構及該社會中之階級相互關係的。

荷爾巴赫在其熱烈反對現存制度之抗議中，已說出對於資產階級利益上十分可怕的見解來了。據荷爾巴赫底見解，從社會契約之性質來說，社會與國家應當關心於個人的利益。荷爾巴赫由此甚至要求社會給與公民之物質的保障。

很有趣味地，『自然之體系』德譯本編者，由此點懷疑荷爾巴赫爲社會主義者。他在特附的註解上（註），指明這個傾向是有害的，並謂國家並非"保險機關"，社會主義是要消滅國家和一切社會制度；並指明：個人有自由處置自己財產之權利，至於貧人，有財產者對他並無任何義務，貧人除了勞働自由之人，是沒有其它的權利……等等。我們看到，十九世紀底德國資產階級，比十八世紀法國，算是"正派"得多了。

荷爾巴赫對於專制制度，雖有嚴酷的批評，但仍有希望君主負担使命及其活動可能性之幻想。在這一點上，荷爾巴赫是站在烏托邦的觀點之上，而有某種賢明君主之希望。希望此種賢明君主超出朝廷及等級利益之外，推動國家與人民走向將來之幸福。對於這個烏托邦之批評，這裏是不必要了。

我們在荷爾巴赫體系中，可以指出無數觀念論的成分來，特別是他底道德學說，然此指出，將使我們涉及太遠。

五

『自然之體系』於一七七〇年出版於國外（亞姆斯特丹）巴黎一經接到，立刻引起責難。巴黎議會在同年八月底會議上，對於此書，就已有決定，並判定該書及『解體之基督教』

(註) "Mirabeau System der Natur. 1441。見二八〇——二八一頁的註解中。

和著者其它著作，一併付之焚毀。國家檢事官發表重要的演說，（該演說荷爾巴赫認爲必須保存於後代，他把該演說和他在『自然之體系』第二版『開場白』附在一起）。我們現在應摘引該檢事官底演說之最特色的部分。

他說（檢事官說——譯者）：一個自由思想家底新教派起來了。他們底呼聲，從這裏傳佈到那裏。他們一邊手欲推翻王位，另一邊手則欲破壞寺院。這些叛亂底領袖，都是最出色的人。所有我們時代中這些所謂哲學家們，都是宗教之公開敵人。起來反對他們，是危險的。但是，國家底服務人員，應當和僧侶共同聯合反對此等叛徒。他底書雖然出價極貴，但是一切人都讀它：自由思想之傳佈，不僅限於巴黎一地。所有省份，都在它們權力之中。人民是貧困的——這位檢事官又說——然而他們以前尚有一個安慰。現在疲於勞苦，而舉起懷疑了：以前人民希望在這個世界中得到生活底改良，現在則自己覺得痛苦底重壓了。無神是國際的現象。並破除民族的界限。『自然之體系』底著者（檢事官不知道他，亦不欲知道），向教會進攻而否認權威者。據他底意見（指荷爾巴赫——譯者），人民和上層政府之間，存在着有條件的契約，一旦國王破壞此種契約，人民有權剝奪國王之權力，而重建新政府。著者破壞了宗教、國家、道德和觀念論之基礎。他在自己底抗議中(指荷氏——譯者),超過了前數世紀底一切無神論者——甚至超過伊璧鳩魯和斯賓諾莎。斯賓諾莎等人只是對於最高存在物之存在,表示懷疑,而現在『自然之體系』底著者,竟一點不模糊而且最堅決地宣佈道:任何的神都不存在,亦不能存在。……無神是會使社會入於無政府的危險的。所以政府底職責,是在保存現存的制度。破壞底精神,個個都有了。這些人們——這位檢事官預言道——在立法權力沒有抓到民衆手中之時,在他們沒有破壞等級之必要的不平等之時,沒有分割國王底權力並沒有使國王服從盲目羣衆之意志之時,是不會罷休的。自由之濫用,已使英國引起了無數的不幸,在生活中引起了無數之宗派和黨派、獨立的精神、和可咒咀之革命。在法國——檢事官又繼續預言道——這種運動會引起更可怕的結果,更兇惡的革命……

檢事官提議採用嚴峻刑罰。著者底名字,還不知道,遭禍的只是書籍,但此並不能阻止該書之廣泛的傳佈。荷爾巴赫底『開場白』,我們現在只引兩處。一處明白地說:"Je souhaiterais que tous les tyrans fussent pendus et étranglés avec les bayaux des prtêres et des Parlomentaires, acolytes du despotisme"(我希望所有暴虐者都絞殺或縊死於牧師和法官——專制之忠僕——之絞繩上)。一處是論及檢事官所提出退關於革命發作退問題。荷爾巴赫對於這個問題是和檢事官一致,(即均認革命定會發作和非常可怕等等——譯者),但,他自然是和檢事官不同,他是在號召革命,重覆福祿特爾底話說:"Les jeunes gens sont bien heureux, ils verront de belles choses"(年輕的後代非常幸福,他們將是偉大事變之目擊者)。荷爾巴赫自己不能延長生命直到偉大的日子。他死於一七八九年,死於大革命澎湃之時,然而他之準備革命,或且可以說比任何一個其他的人都盡力的多。中產階級將自己底敵人——貴族、僧侶和他底國王——都打倒了。然而中產階級祇是在和自己敵人爭鬥時,才用物質論宇宙觀。但是他一經取得政權,便拋棄物質論和無神論,而自己爲壓迫人民計乃與教會締結聯盟。在現在,法國中產階級,是世界保守之柱石。物質論和無神論之旗幟,現在轉到勞働階級底手中。正和勞働階級之物質解放,表示階級社會之完全消滅一樣,他底精神解放,是和宗教和觀念論偏見之完全消滅密切連繫的。

六

被壓迫的社會階級爭取自由退爭鬥,常和反對教會和宗教之鬥爭相聯繫。只要考察近三百年來的歐洲歷史，便可斷定此語之無條件的正確。十七世紀英國中產階級在其反對舊制度時，是以自然神論體系，爲自己思想上之代表，用以對立啓示之宗教。有一二思想家，亦有更進而成爲無神論者，然而他們在自己階級中未得反響。自然神論，是要否認一切正宗宗教的。它是中產階級欲用此作痛擊僧侶之工具。僧侶和貴族同是屬於當時之統治階級。中產階級知道得很清楚，必須在人民底眼中使僧侶消失他底榮光和在社會上所佔之特殊地位。但是僧侶是利用天上代表之資格，即向人民所宣傳之正宗宗教代表之資格，在地上確立其特權的。故要剝奪僧侶從國王及貴族所分得之政權，只有在人民不相信基督教本身及其學說和教條之條件下，才有可能。

我們現在不來分析十七世紀英國（當時小資產階級起了巨大的革命作用）所發生之戲劇式鬥爭。當時運動是在一定宗教觀點底名義之下直接發生的。代表各階級利益之政治集團，都是按着宗教派別之路線而進行的。政治上最極端的分子——擁護下層階級利益之平等派——都是信教的人。他們（指平等派，下仝——譯者）只是要求教會與國家分離，言論自由，和廢除任何教會之保護。他們都是（一般說）信教的人，依着下層階級底利益，隨着激進之政治的和社會的改革之提出，同時亦提出了教會方面之改革。他們要求公民結婚，廢除教會什一稅，俗人可以選舉牧師，最重要的，是言論自由。他們反對一切權力者和牧師在教會中之暴行，認爲每個人都可以充作牧師，因爲『聖經』及聖言之解釋，乃是感化的事業。他們也否認儀式。但是，他們同時又是『舊約』之熱烈信奉者。反對僧侶和教會底鬥爭，便採取這種形式。

但是，宗教在本質上是沒有被人批評的。而且有些庸人反在此時更加發揮宗教的烏烟瘴氣。總而言之，鬥爭只是偏於反對宗教上底暴行和干涉。"人民"是在要求——我們上已述及——良心底自由。

如果在第一次革命中，中等及下等階級是起了决定作用，則在第二次所謂"光榮革命"（一六八八年）中，領導作用是上等階級。但是在第二次革命中，卽是城市資產階級以及與其同合作之貴族，對於宗教，亦是沒有批評的。自然神論算是對於一切正宗宗教及實際上一切之崇拜、一切之祭儀等之否認，只承認一個理智的最高存在物，而視之爲世界最初原因。此處所需指明者，卽思想家得到此種結論，他們實際上已是在個人生活和社會生活之中，嚴格提高自己之觀點了。他們認爲可以用異教之觀點對待神，但是他們又以爲必需在"有條件虛假"名義之下，對教會及基督教，亦作實際上底維持。〔在英國〕，不論資產階級，或是小資產階級，即是在最革命的時候，亦沒有走到無神論，這種情形，應由英國之社會的和政治的進化來說明。在"光榮革命"之後，英國上層階級之中，特別發達一種哲學上之虛偽，此種虛偽普列哈羅夫論之如下："在社會發展底過渡階段之中，即當某一階級對立於其上之階級，剛剛取得勝利——雖仍非完全的勝利——而該階級中由鬥爭所引起之思想上的衝動，亦尙未完全消滅之時，處在此種社會發展底過渡時代之中，一種哲學上之虛偽，開始成爲思想者對於"有秩序"社會之一種義務"。

在自由思想（這是新階級需要之反映）底代表者進行反對教會的鬥爭之時，他們便要求無限制的自由思想，而帶着自己異教的學說而在社會生活中公開發現。

到了政權已經獲得而教會權力已經廢除之時，這個同一階級以其思想家爲代表，便立刻出來發言道："自由思想，僅是統治階級之權利。"溫德班對於某個此等思想家之觀點，作過完全正確之形容。他說："在客室中則譏笑正宗宗教代表之狹隘和盲目，而在社會生活中則以爲宗教是必要之力量，爲着國家之基礎——人民底服從——不至破壞，宗教力量是不能放鬆的。"原來如此！統治階級首先是將宗教視爲奴使人民之工具。可惜，民衆還沒有理解這種統治階級最無恥代表者所不惜公然道出之眞理。

在事實逈本質上，自然神論和“有神論”很少區別。有神論是對於賞善罰惡的、且干涉一切細小生活並嚴厲管理世界之個別的神之一種信仰。據此種學說，神係依啓示而發現自己底存在。僧侶和國王，是這個專制者在地上之代表人和他底官員。他們只對於這個專制者負責，而不對人民負責。如此地上逈利益是和天上之神底利益，有密切的連繫。他是非常注意人民底服從，卽非常注意他們對於國王、皇帝、僧侶及一切專制人之奴服。

自然神論是什麼呢？自然神論之於有神論，亦如共和國或君主立憲之於專制政體者然。英國十七世紀及十八世紀上半期，自然神論恰有廣泛之普及並發達成爲體系。自然神論亦以爲神、最高存在物是存在的，不過他——和英國國王那樣——已是不干涉和直接管理世界。神是無肉無血之抽象存在物。神之代表世界，亦是依着世界所存在之內在法則。神只保持有創造主作用推動世界機器之最初發動者之作用，和對人賞善罰惡於死後之權利。我們看到，自然神論，在本質上亦是神學，不過是“合理化”之神學罷了。

在法國革命底成熟時期，我們又見到此種反對正宗宗教之鬥爭，而與反對僧侶和教會當作反對政治機關之鬥爭相連繫。同樣在十九世紀四十年代底德國，亦有遇見。每當中產階級走入政治舞台，他便要對統治階級之宗教觀點，加以破壞的批評。但當他一取得政權，便投到僧侶底懷抱中去，俾“人民底服從”不至動搖，這是他底統治之基礎。所以，很明顯地，凡需要人民服從並以自己幸福建立在奴使和剝削人民上之一切階級，其對於宗教逈批評，都是不堅決，在本質上亦甚有限。由此可得如下之一般結論：處在以私有財產爲基礎逈社會中，無神論是不能成爲普遍之宇宙觀。很明顯，無神論只有在將來新社會中，那裏沒有了階級成見之物質基礎，才能得到勝利。

無神論隨勞働階級底勝利之後，亦唯能漸次獲得民衆，而宗教亦只能漸次死亡。在中產階級的社會中，宗教是奴隸和剝削制度所養成。可是在現在社會中，統治階級是利於人民底服從的，然而我們問：爲什麽被統治的階級利於推翻這個壓迫及壓在其上逈主人——爲什麽他們而且只有他們（因爲大多數統治階級自己都嘲笑宗教及信教逈人）還不拋棄此等精神的鎖鍊？那末這首先就是因爲在現社會中，人民已命定是愚暗的，而“服從”大部分便是建立在此種愚暗之上。自然，宗教偏見是建立在教育、傳統、和愚昧之上，然而愚昧又是奴隸狀況底結果。此外在此尙須　　者（這是主要的)，宗教在現社會底條件自身中，便存有根源。在現社會中，被壓迫階級感覺自己經常依存於一種力量，這種力量是他底權力所不及而又立於他底頭上。但是論述這一點會使我們涉及太遠，這裏所僅能指出者，卽在這個爲盲目力量所統治的社會中，有許多地方還是無理的，卽不可解的、無可說明的。這種不可解的力量，站在人類之上而統治着人類，變成了超自然的力量。至於在將來的新社會中，那個社會是建立在一種新原則之上，那裏人是支配事物之主人，這樣一個社會，宗教偏見便無存立之餘地，而且那時人民之開化，是以極巨大步驟前進。

自然神論在主張人類思想自由上及科學研究上，是有過偉大功績的，不管他是有很大之溫和性和內部矛盾性。必須指明爭取科學宇宙觀之鬥爭，對於那些在自己著作中主張或散佈此等宇宙觀之人，常有極大之危險。"戰鬥的教會"不以文字上"反駁"可惡的學說爲限。它還採取更實際的方法：凡批評宗教的人，皆割其舌，焚其身。這只要回憶柏呂諾或瓦林痛苦之死，便可知道。教會是懂得鬥爭的。它擁有物質的力量，它是不和異教徒，抑是自由思想家開玩笑的，無神論者更無論了。在此種條件之下，鬥爭自然是不相等的，自由思想家大多數都隱存自己眞正的思想。

一切在宗教方面之自由思想，都遭無情之追究和壓迫。但是在十七世紀，商業、工業及城市生活發達的國家中，例如荷蘭與英國，宗教學說之科學的批評，比其它任何地方都早。荷蘭在十七世紀時，已成爲政治僑民和宗教僑民之避難所了。國家得到政治和宗教底自由，出版和言論之自由。在這裏刊印各種反對專制之政治小册子和各種反對宗教及教會之無神論的著作。在荷蘭和英國，在十七世紀時，牧師之手就已大大縮短了。他們已沒有可能把不信教的人送到刑場上去。隨着此等自由精神，批評得有廣大發展。除了促使教會及其服務人底威望墮落之社會條件外，我們尙應注意，生產力發展所引起之各種知識上之科學發明（天文學、物理學、生理學中），亦促進比較自由思想之發展，這些科學發明都是要求認識天然的原因，而否認超自然的原因。顯然地，以前對於異怪以及一般的宗教獨斷之信仰，是要加以否認的。可是自然神論却力圖劃一信仰與科學，調和人類與非理智的信仰。這種運動是從兩方面發生：教派方面和人間的思想家和著作家方面。前者是將"內心的"啓示和聖書上的啓示對立，由此使在信仰領域中接近於合理主義（或譯理性主義等）。他們給理智以巨大的地位，不過這個理智是特別而倒置的罷了。可是這種宗派，是表示教會之自動崩壞。

至於人間的思想家和著作家方面，則在科學及社會運動影響之下，用另一種方法，揭開信仰和理智（卽科學）之間所發現之矛盾。自然神教亦是欲將理智要求和宗教啓示加以對立這一個企圖底表現。但是他們不僅不能完全否認宗教及信仰，而且力求在全部宗教中揭出它所備具之全部總內容。自然神論變成爲理智的宗教，或自然的宗教。其信徒所持的觀點，以爲人之最初信仰，是與自然和理智恰合。惟牧師因欲取得支配人民之權力，故爲自己利益計，改變了最初信仰。自然的或理智的宗教，是解放了正宗宗教所貫穿之粗俗的迷信和偏見。自然宗教底內容，是人類所天賦的觀念。此等觀念顯在衆人中皆曾具有，所以唯存在有一種宗教——該宗教以爲世界所存在只是欲人爲善之最高存在物。自然神論者，至少是大多數，還是相信未來生活，卽相信精神之不死。據他們底意見，這些理論，是構成自然宗教之內容，而爲理智所許可。所以，凡是正宗宗教中，卽一切教條之與此種中產階級理智相矛盾者，便應推翻。英國第二次革命時代中，此種思想得到廣大之傳佈。

自然神論之觀點，由此侵入於法國。英國（當時）算是先進國，十八世紀二十年代開始，有教養之法國人（或譯有學問之法國人）常到彼處；旅行底目的，是直接研究英國社會的、政治的、和理智的生活。福祿特爾、孟德斯鳩及其他法國有教養之社會份子，都到過英國。在這個同一的時候，法國因工商業之發展而大活躍。中產階級亦成爲有權威之力量。他從自己環境中提拔出有影響之智識階級——作家、醫生、藝術家和學者。自然地，此等人民集團，和處在極惡劣環境下之農民所處迺環境，都是養成了仇恨貴族、僧侶、和朝廷之情緒。英國底"思想"，給法國以很好的基礎。第三等級底思想家認定自己在第一時期之任務，是將英國政治的和科學的觀點遍佈於法國。自然，隨着民權思想而俱來迺，自然神論亦運到法國國土來了。所有這一類最傑出之著作，都譯成法文。新起而有力之中產階級，以自己思想家爲代表，認定必須造成科學的宇宙觀。但是，在第一時期中，此等思想家，到處都在發揮他們從英國所取得之思想。他們以爲與教會及僧侶所灌輸之迷信與宗教偏見作鬥爭，是自己迺任務。

法國自然神論者最天才之代表，是福祿特爾。他進行反對正宗之宗教、基督教及僧侶迺劇烈鬥爭，但是自己却仍是信教迺人。他亦和英國自然神論者一樣，相信賞善罰惡之最高存在物底存在。此處必須指明者，福祿特爾之異正主張，可以是隱存起來，因爲在他十分勇敢之中，仍不能不常持以慎重。或且福祿特爾在其胸中，是爲一個無神論者，這我們不知道。或且不是對於福祿特爾個人需要的，而是如他自己所謂這是對於人民需要的，藉使其不至不服從自己底統治者。這樣一個說法，無異告訴人民以由此應得到的結論說：統治者以爲宗教對於他們是不需要的，而對於人民是需要的，因爲否則人民需要暴動反對統治者了。福祿特爾是以牧師爲人民之欺騙者，爲灌輸人民以迷信及野蠻思想之人，但當他說："如果神不存在，則應虛構之"這句話時，自己亦是站在此等牧師同一觀點之上了。福祿特爾視無神論和迷信（卽教會的宗教）爲相同之物。他說："無神論和迷信實是兩個怪物，它們同是吞滅和割裂社會。但是無神論者是在自己謬誤之中，保持理智，這種理智足以削除其爪牙；而迷信則緊握不斷的無智，而更磨利其爪牙了。"我們看到，他主要還是站在無神論方面。但是這個有名的政治家，是不能和無神論協調的。他堅主信仰賞善罰惡之神，是有益的，可以預防"下民"之暴動，因爲"當下民開始判斷〔事物〕之時，一切便要滅亡。"

一切有思想的人，都能顯見自然神教之和科學、經驗、及理智之不相容，正和正宗宗教之不相容是一樣。科學是不允許一般對於超自然東西或超自然力之信仰，有存在之地位，這是一方面。另一方面，我們看到，中產階級因對立啓示的宗教而提出之理智的宗教，其在該思想底偉大代表者看來，仍是用以作爲人民之鎖鍊，不過比較可以思議一些罷了。在此應明白者卽該思想之大多數代表人，都是眞正相信自己底理智之神的。但是，同一的中產階級，亦在自己環境中提出了無神論底代表。自然神論依其內部發展邏輯之力量，是會走到無神論的。實際上，我們知道，有名的約翰·托蘭德，是自然神論偉大代表人之一，但在老年之時，却站在無神論和物質論觀點之上。

我們看見，『健全思想』一書底著者波爾·狄特力里·荷爾巴赫便是澈底的物質論者和無神論者底代表。他不僅和正宗宗教及神學鬥爭，而且和所謂自然宗教鬥爭，認爲它和基督教的神學，一樣地矛盾和一樣地迷信。法國中產階級和貴族及僧侶之尖銳的階級鬥爭（這些僧侶是握有巨大財富的），至少在左派的中產階級中或他底一個集團中，使其完全否認一切宗教。隨着這種階級底矛盾，革命的資產階級中各集團，有可能而且必須用科學的宇宙觀來代替宗教。他們已不再談理智與信仰、宗教與科學之間，締結何種的調和，而是要根絕一切宗教，認定一切宗教是許多罪惡之根源，且爲一團不値得任何客氣批評之矛盾。荷爾巴赫算是站在戰門無神論之立場上。他不是擁護，而是斥責，不是防禦，而是進攻。牧師聯合劊子手，教會聯合國家(政府)，鎖閉人民於黑暗之中，鎖閉人民於物質上和精神上夠奴隸狀態之中，已經是非常之長久了，現在眞理之光照耀人民而昏退敵人之時候到來了。

荷爾巴赫用健全思想底觀點，來證明宗教思想之全部盲目。在他看來，一切宗教無非是迷信和偏見總和之成爲體系者。宗教觀念是由沒有一切意義之字句和以落後及病態想像爲根原之幻影(或譯幽靈)構成的。荷爾巴赫正確地說，“今有以研究不可知事物爲對象之科學存焉。該科學和所有一切科學相反，單單從事於無從理解東西之研究。霍布士稱此科學，曰愚昧之王國。此王國乃服從相反於人在其生於斯之世界中所能理解之一切之法則之地域也。在此小說式之王國中，黑暗當作光明，清白者成爲虛僞，不可能者變爲確實，理智視同不實在之領導，健全思想變爲無意義之夢囈。此科學名之曰神學，彼乃表示人類理智之不斷蹂躪者也”。

宗教是不知日常現象原因之野蠻人所發明的。野蠻人因其對於他所不了解現象之無知與恐怖而發明宗教，然而此種宗教對於近代文明民族有重大之影響，而決定他們底宇宙觀、道德、和行爲方法——總而言之，他們底全部生活。

荷爾巴赫同時證明，一切觀念論的哲學體系事實上是建立在神學之上，他們由彼"感化"了自己。後來費爾巴哈——亦是和荷爾巴赫一樣之物質論者和無神論者——對此問題，有詳細之發揮。

神學無非是無知之體系。落後人民"需要黑暗、神秘、恐嚇、神話、怪異、不確實的東西。——這些對於他底想像，均有經常的影響。空想、童話、活見幽靈的傳說、和巫士等對於理智不發達的人，皆有極大的誘惑力，他們是將彼幾於實際的事件"。理智不完的人對於不能理解現象之無知和恐怖，乃爲虛僞人及欺騙者——即所謂宗教之創始者，及以後的立法者——所利用，因爲"一切宗教皆因欲取得統治而產生。"僧侶及立法者以統治人民爲目的，故使人民轉移視線於天上，俾其不注意地上的關係。他們之用神話撫慰人民，就似保姆一樣，用歌唱和恐嚇，哄騙兒童入睡，或使其不要吵鬧。人們之拒絕理智此一唯一真確之領導，而成爲無知和欺騙者之犧牲品者，就是如此。

自然荷爾巴赫所以爲僧侶及暴君——即統治階級——之利用人民底無知，而使人民久處於黑暗之中，俾使其能加以統治而爲其奴隸之主張，是正確的。然而在他以宗教爲宗教創始者因欲剝削人民而發明及爲自覺欺騙之產物時，則不正確。自覺欺騙之說，以及宗教之自覺發明之說，是不對的。

在另一方面，以宗教爲人類天賦之觀念一觀點（卽自然神論），亦完全經不起批評。現在我們已知，宗教思想是社會底"反映"，而由一定社會關係所產生的。在宗教起源之科學批評一方面，雖有許多尙待研究，但其根本之點，已得說明，不過此點我們在此不能述及。然而不論宗教起源是怎樣，更不論宗教發生之具體條件底揭發是何似，以下一事均無可疑之處：在宗教世界中，"人類頭腦之產物，都成了獨立的東西，自己賦有生命，而且立在人與人相互間之特定關係之上。"

宗教之批評和硏究，可以而且應該從它底歷史根原方面之觀點來進行，但亦可以用硏究宗教學說的教條本身內容之方法來進行，卽測知其與近代智識之相合處與矛盾處是如何。自然，宗教迷信發生之歷史條件，更可以顯明照出該內容、該教條之知識價値是如何。此蓋爲解剖之最好的方法。

在它一方面，宗教所以發生之原因與條件之認識，乃爲與宗教偏見作堅决鬥爭之鎖鑰。由此可以消除其原因，原因消除，由彼而生之現象，亦可隨之而消滅。但是，不論宗教迷信之歷史根源是如何，不論它發生之歷史的說明是如何，這個"愚昧之王國"——卽宗教，亦可單由人類理智及科學之判斷，而毀壞之如摧枯拉朽。(或直譯爲如壞紙造之屋)。所以，我們可以說，荷爾巴赫亦如一切啓蒙學者一樣，對於宗敎起源問題，是說了許多愚直之言，但此終不妨礙他是曾光榮地用了與宗教有不可調和矛盾之科學宇宙觀底觀點，執行了破壞和解體基督教這一批評的工作。

不要忘記：荷爾巴赫是用了物質論(科學宇宙觀)這個觀點，來批評宗教及揭發神學之全部無知。自然，荷爾巴赫是沒有歷史物質論這個觀點，所以在他對宗教作歷史分析時，是錯誤了。但是荷爾巴赫堅持物質論的宇宙觀（在一般哲學及科學之意義上的），所以他在體系之部分上說，卽在分析宗教思想之爲對世界、神、和人之觀點之特定體系〔這一部分〕上說，其批評都是正確的、深刻的、和破壞的。在這一部分中𨓜批評，是有十分充分的性質。不論我們對於宗教與神之起源理論，是持何種觀點，神之爲幻想和想像的東西而非眞實和現存的東西這一事實，均是不可動搖的。

在這方面，我們不能不引荷爾巴赫證明不是神創造人、而是人依自己模型創造神所說𨓜一段很漂亮的話。關於這一點，費爾巴哈只是承繼荷爾巴赫所已指出之途路。在一方面，神誌神學的觀念，是在性質上一點都不類似人類𨓜東西，但在它一方面，人們又賦與神以許多人底性質。

荷爾巴赫說："自然，在這種困難之中，人們找出了一個解救底方法：即人們加倍用誇大過人底性質，來裝飾神，而且誇大到無限底程度，以至不能理解。由此種人與神底結合，即由此種人過神中，會得到什麼結果呢？只是有幻想幽靈而已。

但丁在『神之喜劇』中說，神在他面前就如三道霓虹，其光芒重疊，但當這位詩人欲審視他所目眩之光芒時，他只看見到他自己。"人崇拜神，就是崇拜自己。"

神是人類幻想之產物。在實際上，任何神、任何精神都不存在。若按照神學家賦與無形東西之性質而言，他是不能佔有何種空間，不能引起任何物質運動，不能創造什麼東西；可是，人們却以為宇宙生活是由精神和神領導的。人們必須和此等無知、此等愚昧之王國，（在此王國之中，一切虛偽和自欺都成為了天性和理智），斷絕關係。荷爾巴赫問道："從物質中來找一切存在物，豈不更自然，更易於理解嗎？這種物質，其存在是我們感覺可以證明的；其影響我們是可以不斷經驗的。我們經常看見它是實在的、活動的、發生運動而生長的，這不比用不可見的力量、無形的性質來形成事物，其中既抽不出東西，而自身亦不具有什麼東西，只是無形之物，不能做什麽，亦不能使什麽運動〔更自然而更易於了解嗎〕？"

物質論和無神論彼此是不可分離地連繫着。他（指荷爾巴赫——譯者）是以物質論（卽世界現象之科學的說明）作爲脫離有害的意識及滅絕人民底宗教偏見之唯一的救星。人們通常都以爲，宗教是道德之基礎。然據宗教信徒之學說，德行是什麽東西？是對於人類本性之完全割棄，自己理智之隨便遺忘，他不可知的幻想存在物意志底執行，和慾望之厭惡。此種道德是與那種以無形之物爲世界之首並以人類精神爲眞正本質之學說，完全吻合。然而這種道德，是與人類之眞正本性完全矛盾。人類是慾望的、物質的生物。嗜好是人類之本質。故當人們以爲一切罪惡出自人類嗜好之腐化性時，那便無異於說彼等虛僞之學說是和人類之本性相矛盾。但是與人類本性相矛盾之道德，是要不得的。一切道德之基礎，是慾望。

在這個確認肉慾、嗜慾、嗜好爲正常之主張中，顯明地表現了中產階級反對禁慾主義的基督教道德（這種道德勸人民爲死後永遠而光榮的生活而禁止慾望和割斷一切地上幸福）之一種抗議。荷爾巴赫所提出的問題是解決得不正確，因爲他以爲人"性"是不變的，且因道德之眞實性是應和人類"本性"相一致，故以爲有一種永遠而不變的道德法則之存在。然而荷爾巴赫在其欲將道德建立在物質論基礎之上時，則是正確的；雖然因爲他沒有歷史的觀念而履行該任務不算好。他以爲，道德法則對於一切時間和一切民族都是固定而不變的；如此在這一方面本質上是又復回到觀念論上去了。然而荷爾巴赫以爲宗教不僅不曾建立道德底基礎，而且它自己還是不道德之根原之時，則一千次是正確的。道德是建立在物質論基礎上的，——如荷爾巴赫之所說，但是，他底物質論於此尚不夠。

人們都以爲基督教是人道的，他們對於人民，欲加以慈悲……等等。荷爾巴赫對此很正當地答覆說，採用"反對貧窮之預防辦法"更符合於"人道精神"。自然，荷爾巴赫不能發揮這個理論。然而他之答覆，却是非常特色的。消滅貧窮不比基督教徒所提出對人民慈悲一事更見正確嗎？"消滅貧窮"之道，不能在"人道精神"中去找，而必在社會本身之發展中，在以改變現社會代以新社會爲目的之勞働階級之鬥爭中去找。荷爾巴赫沒有亦不能從本質上加以觀察，認清基督教慈悲祇是以人剝削人爲基礎之社會制度底表現。荷爾巴赫自己是中產階級底代表，若說他談得到反對貧窮之預防辦法，則此，第一和我們近今所理解者，並不相同；第二，中產階級在十八世紀是有可能在形式上負彌補封建的社會階級之貧窮的責任。

不管荷爾巴赫極端反對"利用宗教爲維持壓迫人民之工具"適君主，但他却完全意外地說出對於開明君主可能出現之希望，希望該君主能解除人民之壓迫、並不用此種十分有用之"工具"，而開化人民而導之入於眞正之道路。這自然是一個烏托邦，然而這是十八世紀啓蒙學者及思想家之非常的特徵。他們均不相信人民。卽是荷爾巴赫亦以爲"簡單的人民是談不到無神論的論據的。"啓蒙學者以爲一中產階級之思想領袖，常下視人民爲"下民"，彼係愛聽牧師之神話，因"自己之落後、輕浮、粗略和魯鈍"之故而與他們相合者。處此種對待人民之態度下，荷爾巴赫除集中希望開明君主之外，別無他路。不過這個可能性，荷爾巴赫亦不大相信。

人民缺乏理智而盲目服從權力。"落後及奴隸狀況使人民成爲罪惡和不幸之人。唯有科學、理智、自由始能糾正他們，而使他們較爲幸福，但是一切人皆利於使他們昏愚，而維持他們於謬誤之中。牧師欺騙他們，暴君腐化他們，俾使對於他們的壓迫，得以鞏固。暴虐政治永爲人民不道德及生活貧困之根源"。人民"將自己過失歸於自己天性之不完全，將自己不幸歸之於神"，而不注意及自己痛苦之自然和明顯的原因"。人民本應將自己不幸歸之於罪惡的制度、虛僞的學說，最主要的應歸之於開化，知識之缺乏。"人們之不幸，祇是因爲落後；他們之落後，祇是因爲一切環境妨礙他們之開化，他們之如此罪惡，祇是因爲理智發達不夠。"但只要將眞理揭發，人們便會知道自己關切之利益和自己痛苦之實際原因"。

自然，在此種了解事物之情形下，荷爾巴赫對於人民之關係，必然是貫通以不信任和懷疑論。人民是不能一下子就開化了的。對於人民偏見和迷信之鬥爭，是不容易的。荷爾巴赫並不會站在許多自由思想家之觀點上，以爲人民仍然需要宗教。荷爾巴赫對此答覆說：虛僞永遠有害。所以他和別人不同，不欲向人民隱蔽眞理。但是人民這種解放他底精神鎖鍊——宗教迷信——之過程，需要很長的時間，對於他底偏見，需作不倦的鬥爭。人民間理智之佔優勢，不能很快可以達到的。對彼需加以開化。故教育人民之事業，是在於彼之開化(或譯啓蒙)。

我們都知道，荷爾巴赫在現實上是不相信"開明君主"會引導人民入於新途徑。這在他不過是一種理論上逍可能。所以他只有一條路可走：傾向於第三階級。他是應當實現理智上之優勢。但是荷爾巴赫之錯誤是兩重的：固然，中產階級在革命時期有一部分熱心於物質論和無神論，但是"它日"在革命之後，便承認宗教之必要而放棄不久以前之熱心了。第二，荷爾巴赫將一切皆歸之於"開化"（啓蒙）事業，是錯誤的。固然，啓蒙是一條大力量。但是，啓蒙自身亦是决定於社會發展之程度。它無孤立之意義，而且其意義亦有限制。最主要的，是宗教係爲世界觀之一定形式，亦如一切之觀念形態一樣，皆構成某種之現實性——不管它是幻想的——此現實性唯有隨引起和養成宗教情緒及宗教思想之全部條件消滅時，始能消滅。所以我們亦說：啓蒙事業者，良好之事業也，然欲改變人之思想（此處所說之人，指個人而非階級全體——，則必須改變社會實際之本身。隨着此種實際環境之改變，人之觀念、觀點、思想亦改變。而且，啓蒙之成爲條大力量，乃正與此種實際環境之變遷有關。啓蒙之能有影響於實際本身之改變，唯有在實際環境於客觀上已發現有改變之"傾向"之時。

中產階級之傾向於物質論和無神論，唯在革命掀湧之時，但他依其本質而言，是不能拒絕宗教。故十分自然地，在他一旦自覺得已成爲統治階級之時，便亦如前人一樣，以宗教作奴役"人民"之工具。但是以後歷史上前進階級之解放利益，首先要求彼粉碎此種工具。我們已證明，自然神教爲中產階級之眞正宗教。而無神論則表示一切宗教之否認。正如新的歷史階級不同於中產階級，而欲消滅一切階級一樣，在宗教方面，他亦以否認一切宗教爲自己的任務。物質論，無神論和新的社會制度，彼此有不可分離之連繫。這是必須認識的。以前我們中人，對於宗教尙採取非常"容忍"和客氣之態度。只有新起之集團，始走新途路。以前的人都以爲宗教是每個人底"私事"。至於在人民中進行無神論之宣揚，則以爲有害於對宗教情感之尊敬，宗教情感似爲不可侮辱也者。必須直接指明：迷信、落後、和偏見，是値不得尊敬的。反之，此種尊敬，對於他所實際尊敬之人，反非常侮辱。無神論之宣揚，在我們近代條件之下，是眞正之要舉。一切"尊敬"與"侮辱"之胡說與爛調，不過證明其作此言者，尙未最後脫離宗教之昏迷。至於必須很好地來進行此種宣傳，那是另一回事。精神上之奴隸，是與物質上之奴隸，互相連繫，反對二者之鬥爭，必須同時進行。

無神論是近代歷史階級解放鬥爭之非常重要的部分。但是我們如果站在無神論基礎之上，則不應認此僅爲某種宇宙觀而爲一種獨立自足之事物。反對宗教偏見滷鬥爭，應附屬於近代歷史階級之全部鬥爭。此種鬥爭（反對宗教偏見滷鬥爭——譯者），唯有在這種連繫之中，始能獲得積極的結果。無神論爲辯證物質論必不可免之結果，彼乃爲一科學宇宙觀。科學是仇視信仰，而與信仰相反對，它倆是互不相容的。宗教迷信之充分和完全的消滅，一定對科學知識之繼續發展，有巨大之推動。因爲宗教信仰，對於科學與哲學，皆有直接的和間接的反響。法國啓蒙學者之舊物質論和無神論，對於他自己底時代，是科學的；科學與生活底發展，又增加許多新的東西了。但是十八世紀法國無神論對於宗教底原則批評，有許多尚未陳舊，而保持自己意義於我們底時代。以下烏利亞諾夫對於那些以爲舊的無神論文獻已經陳舊、非科學、和簡陋的說法所作之答覆，我們是完全同意的："再沒有比這種似乎有學問而實際上不是不學無術便是對於馬克思主義完全無知之詭辯說再壞的了。我們用這種"誇大的"想法，只能證明"我們底萎縮、無生氣、和無知"。必須知道："人民是不能單靠純粹馬克思主義的啓發，而跳出愚昧的。……十八世紀舊無神論者之勇敢的、生動的、天才的、尖銳而顯著地不斷攻擊統治教會之事業，對於鼓動人民脫離宗教迷夢，比那些枯燥、無味，而且完全不能用何種精彩事實來作說明之馬克思主義的空談（這種空談充斥於我們底文獻之中並常改竄了——這種罪惡無可隱祕——馬克思主義），不是一千倍地有用嗎？"。

第九章　德尼斯·第德諾

一

十八世紀法國哲學家中最偉大的人物，無疑是德尼斯第德諾。公平說，唯有他才是這個不安靜的年代中多方面性格之化身；他有革命情熱，和努力以科學方法爲基礎創造全部的物質論宇宙觀。他底特色，是巨大的組織天才、動人的口才、羣衆化的性質、深廣的廉潔、豐富的思想、普遍的認識、尖銳的批評頭惱、和直接的實際活動之熱烈。第德諾和荷爾巴赫不同，並不以完成的物質論的『自然之體系』留在自己後面。他不傾向於此，並不以此任務自任。對他更重要的，是形成研究的科學方法之工作。所以，幾乎他底全部哲學著作，都帶有方法論的性質。由此觀點而言，則約翰·摩爾里說"唯第德諾在頭惱中有科學方法之思想"，且唯他"明顯地理解理論之重要性、及廣泛的組織和領導思想之重要性"，是完全對的了。

這位思想家在一七五四年所刊行滷著作，名：Pensees sur l'interprétation de la nature(『自然之解釋』)，(註) 便是以發揮和闡明著者討論自然研究的或解釋的方法爲其基本任務。

一七七〇年所作之『物質與運動之哲學上原理』一書，係與『自然之解釋』直接一致。這兩本著作在其領導思想之豐富上說，均有巨大興趣；據第德諾底觀點，這種思想應爲研究自然之基礎，應爲自然科學之基礎，可以不是誇大地說，不論是第德諾這兩本書中滷那一本，我們均可以遇見無數豐富的和非常深刻的思想，在許多方面，均與當時自然科學領域中最先進的傾向相類同。很明顯地，第德諾和辯證物質論之關係是極密切，而應認之爲辯證物質論最天才和最深刻的先驅者之一。

大家知道，辯證物質論認定運動並非物質之偶然的和外來的性質，而是物質之主要屬性。無物質便無運動，反之

(註) 本書在巴黎是用匿名出版的。在封面上，出版處是倫敦。

亦然：沒有運動亦無物質。第德諾知道很清楚，運動是物質底主要形式。他說："我不知道哲學家們所謂物質無所不同於運動和靜止這一假定，有何意義"。"哲學家們這個假定，只能是類似乎幾何學上的假定；該假定是承認點可以沒有量度而存在，線可以沒有廣和厚而存在，面可以沒有體積而存在。否則他們所說的，只能是指相對靜止，一物與它物之對比上的靜止。一切都是處在風雨顛簸的船中之相對靜止之中。在那裏，沒有什麼絕對靜止，卽是該船之構成分子及包容在船中之物體，亦不在絕對靜止之中。"(註)

有些哲學家以爲——第德諾說——物體自身是沒有任何動作，沒有任何力量。因此，他們便不得不在物體之外，去尋覓運動底原因，而由此便只承認有一種外來力量，影響於它並使它運動。他們在宇宙間，只看見一種引力的動作，這是非常謬誤的；因爲物質從其本來性質而言，其自身是充滿着力量和動作，若是我們從分子或原質中加以考察。——第德諾說——"我們應當視一切份子都是賦有三種動作的東西：重力的動作，它本性所固有的內力之動作，和其它所有份子對彼所生之動作"。份子固有之力，和對彼發生動作（或譯影響於彼 之外來力量不同，它是永不消滅的，故謂"物質與

(註)　Diderot, Oeuvres Completes, 1875, t.ll. P.65.

實對抗運動”，那是盲目的。“原子是推動世界，這個理論再正確沒有了，謂原子便是運動的世界，亦同樣是正確。因為原子是有固有的力量，它不能不發生動作”。——第德諾說。

所以，絕對靜止乃是一種抽象，一種抽象概念，而世間沒有任何眞實東西與之符合的。抽象物質底性質，我們所得祇是空洞的存在、生存、以及隨此而俱來之靜止底概念。至於運動，是物質之眞實性質，而與之不可分離，正和長、廣、和厚之不可分離一樣。第德諾呼喊道：“你們從幾何學和玄學中，能夠做一切你們所高興做滷事，但是我，是一個物理學家和化學家，他之視物，當以其存在於自然中之情形如何而定，而不是以其在我底頭腦中〔之情形如何而定〕。我看見它們為活動於各樣各式中之固有性質，有發生動作和運動滷能力；——在自然中是如此；在實驗室中亦是如此：在那裏，硝、炭、和琉黃三種份子結合之下，火花便必然會爆發起來的”。(註)

二

『自然之解釋』係分各段落而書成，在結構上是和倍根底『新工具』相同，至於使他來解釋自然科學之方法論基礎

(註)　同上書，P.66

的直接推動，是莫伯修底著作，該著作出版於一七五一年，係用波曼（Bauman）底匿名，該書名是：De Universali Naturae Systemate"。

第德諾在第一節中，便提出在科學認識中經驗論和合理論之相互關係底問題。他說，哲學家可依此點而分爲兩部分。"其中一部分，據我底意見，是工具多而思想少，而另一部分，則多思想而完全沒有工具。眞理之利益，是欲使思想之人，同意並進而和行動之人相結合，使思想的哲學家服從運動，而實驗者看到他前面之無限運動之目的，俾能結合起來同時集中一切我們底力量反抗頑強的自然，並在這種聯合之中，每個哲學家都完成了自己底作用。"

所以，第德諾是希望在經驗和思維之間、實驗哲學和合理哲學之間、事實及其結合的理論之間，建立一種聯合。我們這位思想家，對於事實之單純堆積（這卽是狹隘的經驗論，它是不能更進而成爲說明事實之理論的），對於抽象之思維（這是忽視事實材料，而建立空中樓閣），是同樣地不滿意。我們所可以處置者，只是長久的經驗和有所限之思維。……應以經驗爲基礎——而經驗則須根據於事實。事實又爲思維、理論所照耀。思維應爲經驗所限制，經驗必須藉思維之力而擴張。當事實是以我們思維爲根據這一範圍之內時，我們所從事的是概念，而此概念不過是我們底意見。概念唯有和外在對象相連繫，才能成爲確實。"在自然中沒有任何根據之概念，正可以和北國無根之樹葉相比擬。只要輕風一起，便可掃蕩全部樹葉，——只要一點事實，亦便可掃除觀念底全部樹葉了。"(註一)

認識過程是從感覺到思維並從思維到感覺之過程。必需從具體的實際出發，而不斷使自己深刻化(如他之所說)，並再復回到具體上面來。

第德諾說，"我們所用有三種主要的研究方法：自然之觀察；思維；和經驗。觀察搜集事實，思維結合事實，經驗證驗結合底結果。觀察自然必須出力；思維必須深刻；經驗必需正確。這三種方法，同時並遇是很少的，而天才的創造者，亦不常見。"(註二)

哲學之眞正方法是在於，將來仍是在於(這是可信的)，用理智之助來接近理智；由理智和經驗之助而達到感覺；使感覺適於自然；利用自然，以發明工具；再用工具，以研究和改善作業，這種作業底研究和改善，須委之於人民，俾使其學習對於哲學之尊重。"(註三)

(註一) Diderot, Oeuvres Completes, 1875. t.11. P.14。
(註二) 同上引書，一八頁。
(註三) 同上書，一九頁。

由此理論和實踐生活之連繫，便實現了。哲學（第德諾了解之哲學，便是一般的科學）不應當和實踐相分離。反之，它應帮助生活而首先應發展"作業"，卽發展我們今天所謂之生產力。哲學或科學之實際進步，是該哲學或科學效用性底標準，此處所謂效用性云者，並非指直接效用性，亦不是指狹義的功利主義之意義，而是指我們理論和生活實踐間之加深連繫而言。

三

第德諾所要求的是具體的知識。在他是沒有純粹抽象的、形式的觀點。他和倍根一樣，同是站在事物的、具體實際的知識之立場。所以他反對抽象科學，他離這方面常十分遙遠。他說，"抽象科學老早而且不斷爲有理智之人所研究，人們不是不去研究重要的知識，便是研究得毫無系統，而無任何一定的觀點、計劃、和方法。無限地將字句堆積起來，至於事物之知識，則仍在不知之列"。

屬於抽象科學者，除了玄學之外，尙有數學。雖照第德諾在否認數學態度之中，表現有極端性質，然而他反對數學觀點之片面性的抗議，仍爲一種完全健全傾向之表現。我們在第德諾那裏，見到他克服數學的和機械的自然觀之企圖。

他起來擁護物理、化學、生物學，反對機械的、數學的自然科學。

他說，數學的領域，是理性的世界，所以它底定義不能直接運用到物理世界中來。自然，第德諾沒有反對一般的數學，不否認它對於物理學底作用。但是，必須記着的是數學乃爲純粹的抽象科學，它使形體埋沒其個別的性質。“這一領域中所認爲嚴格眞理者，當其走到我們而到達我們底地上之時，便要失去它這種優點了。由此我們可得結論說：實驗哲學之職責，它是在於校正幾何學的結構。這種結論，就是幾何學家自己亦都承認。然而爲了什麼又用經驗來校正幾何學結構呢？就用經驗底結果，不是更簡單些嗎？很明顯地，數學科學，特別是高等數學，沒有經驗是得不到正確結論的，它們祇能成爲一般玄學（物體在此是失去它底個別性質的）一類的東西；而可以存在的，唯有　　可惜得很——命名爲“經驗在幾何學中之應用”或“論測量上之錯誤”等著作了”。

第德諾以爲，即在百年後，歐洲亦再數不出三個偉大的幾何學家，十八世紀偉大的數學家，已“樹立一個赫克烈之幾何學的碑石”，人們在以後再不能越過了。第德諾是說得不確。十九世紀數學家，作了巨大的進步。在另一方面，數理的物理學，亦達到重大之成績。所以，第德諾關於數學家之預言，以及他所謂數學科學成爲一般玄學一類底東西，如數學結構需要經驗加以證驗不如就用經驗底結果更爲正確等判斷，自然是不對的了。但是，在另一方面，第德諾指出那些從事抽象的和有條件的現象之研究的數學家，常就把該抽象的和有條件的現象看爲事實本身，指出這些數學家們在自己結構中抽去事物之眞實性質，而欲將此等抽象結構和眞實世界混同起來等情形，則都是正確的。

抽象科學——第德諾以爲——是以語言符號爲自己底根據。"開始說：一個人，一匹馬，兩頭牲畜；到了後來便說：一，二，三。一切屬於數之科學，便是從此產生。表現於抽象上的觀念，在人方面是沒有的。在一切物體之中，有三種量度：長，厚，高，他們便研究其中之每一種。——一切數學科學便是由此而來。一切抽象，無非是觀念之空洞的符號。將符號和物理分離，觀念便消失了；觀念之認識，唯有在符號轉化爲物理對象之時，才是可能的。故在談話上和文獻著作上，常必須借用例證。"(註)

第德諾在上述一段中分析抽象科學之形成——首先是論數學之形成，在一般上說，是正確的。不論如何，第德諾這

(註)　第德諾：仝上引書一八〇頁。

種力圖說明抽象的象徵(即上述的符號——譯者)和物理對象之間的區別，進而指明這種象徵或符號必須化爲眞實的對象——這些都是表示他底思想中健全物質論的傾向。此外，尙須指出者，十八世紀底幾何學，在實際上，完全是起了一種特殊之作用，而以它作爲一般科學之最高表現。法國是承繼自十七世紀的傳統（十七世紀是數學和機械學佔優勢的世紀），欲將一切人類的知識溶化於數學定義和歐克里得的理論之中。所以，第德諾反對幾何學當作一種普泛的科學，並爲一切具體科學、一部分爲社會科學之模型，這種抗議必須承認是正確和有理由的。

四

斯塔諾在自己有名的著作："The Concepts and Theories of modern physics"中指明(係根據伯托里達底文章和波根多佛的"紀事")說：第德諾已以可驚的正確形成了"力之同質異形說"，並謂他這個發現在一百年底時間中，還是完全不明顯的學說，此處所云指第德諾在『自然之解釋』書中的四十五節內所闡發之思想而言。第德諾在那裏提出了非常重要和深刻的思想——自然界中力之統一及其相互轉變的學說，同時亦提出了能力之保存和轉化之學說。他此等在方法論方面之判斷，是合理的辯證法之漂亮的模範。他說，“在數學中，當你考察曲線底性質時，可以確信它在實質上是和表現於各種形態中者，爲同一性質，在自然界中亦是如此，當經驗的物理學大有進步時，便可以承認一切現象——重力、彈力、引力、磁力、電力——都無非是同一性質之不同表現”。我們這位哲學家是以爲，所有此等現象，在其本質上都是同一的，不管它們在現在是處在一種孤立之狀態。必須想到有一種結合它們爲一個總體之“中心現象”存在着。因此，不同之力或性質，任何時皆可化爲統一物，化爲一個本質，化爲“普遍結合之中心”。第德諾說，後此一切經驗物理學之發明，皆是利於使它們之日漸接近。這種研究方法，是應當作爲物理學之嚮導。

在自然中，一切現象，都是相互連繫着。沒有孤立和彼此不相關之現象。如果我們承認獨立和絕對分離之現象是存在着，那我們同時也應當承認統一之連鎖，是分解爲獨立之個別環扣；而這乃是等於以爲“只有一個奇蹟的地方，可以有許多奇蹟存在着”了。我們是應當以總體之觀念爲出發點，沒有總體之觀念，即無哲學，即無科學。而總體之觀念，是以一切現象有內在連繫爲前提。因此，即使是有一個事實是絕對獨立之物，均與總體之觀念不相容，且與一般科學認識相矛盾。

第德諾由自然統一之思想——總體之思想出發，以為同一的機構有無限和多樣之變化。這個統一如應用在有機界時，便表現在一切動物之某種溫度之變化上。第德諾指出說，這個假設對於說明生物機體有關係之現象上，是非常重要的。我們在這一方面所看見的，仍然是與那在經驗物理學（第德諾所理解之物理學通常是指一般自然科學）以及合理哲學之進步上，有重大意義的那種嚮導思想。"如果在有機生物這一種東西之中，不是自然從別處取來的東西，那末，自然界中各部分間的類似之保持以及形式上多形變化之建立，亦都是不可能的了"。"在考察了原型（不論那一種）外表之不斷變形，是如何地以不顯著之過程使這一物界與它一物界相接近起來，以及它們是如何地在兩物界（例如動物界和礦物界等等——譯者）之間以一種可疑不定的，而大部分是在使這一物界失去形式、性質、和機能，而又使另一物界得到形式、性質和機能的那種東西，為它們底界石（我們假定可以用此分別界限之界石這一術語，在實際上那裏是沒有什麼區分的）——考察了所有這些之後，誰不會自己覺得必需相信唯一的原始物——一切生物之原型，是曾經一時存在過的呢？"（註一）

這樣看來，第德諾已在一七五四年完全明白地形成了有機形式之進化論了。他在此是從有機體之結構及機能之統一出發。他以一個"原始生物"作爲動物界之基礎，這種"原始生物"藉變形之過程而產生了所有豐富的動物形態。第德諾在這裏是站在不自覺的辯證法觀點之上，而提出了一種非常豐富之思想，認爲自然界中無絕對之對立，全體生物皆以無數的中間形式或中間環扣而互相連繫着。很明顯地，第德諾是反對物種不變之學說，這種學說是和他底全部進化觀點相矛盾的。他又說，正如植物界中和動物界中之各個體，是在發生、發展、破壞、和消滅一樣，一切物種都是在發生、發展、和消滅。

柏格教授亦以爲第德諾這個思想比較那種以爲個體像重複其祖先發展過程這一定律爲優越(註二)。無論如何，有一事實爲我們所無可疑的，便是第德諾在一般上是站在進化論觀點上面，部分說，卽是站在物種可變的觀點上面。第德諾說："如果信仰沒有告訴我們以動物出於創造主之手時便是如我們現在所見的這個樣子，如果我們可以對於動物之始終有最小的懷疑，那末哲學家以自己底推測，是否仍不能

(註一)　同上書，十五頁。

(註二)　柏格著「進化論」，四六一——四七頁。

假定一切動物永遠有單個的、分散的、和混雜於物質之質中之各原素，所有此等原素皆偶然而結合起來，（因爲這個結合是可能的），並由此等原素結合經過了無限之發展和組織之階段而形成胚胎呢。……"（註一）

然而宗教——第德諾帶嘲笑地補充說——使我們解除了重大困難並避免許多謬誤。但宗教底根據——這我們在第德諾文中可以遇到許多——是不可重視它。這些宗教上之根據，在他通常是帶着尖刻譏諷之性質，或是用爲規避當時法國僧侶及國王法庭注意該思想家所闡發之"有害思想"之一種方法。

是以，信仰告訴我們動物由創造主一手製成，但理智所告訴我們者，則完全爲另一種之情形：它是謂宇宙萬物處在漸次和不斷變遷之中，一切生物係從一個最初之基本形態中發生出來的。動物係最初一塊——胚胎——是經過無數列之階段發展及組織之形態而發生出來的。第德諾說："如果生物是漸次地經過了看不見之變遷各階段，則不停止之時間，結果必使前此早經存在之形式，現今存在之形式，以及將來世紀存在之形式之間，發生極大之差別。"（註二）

（註一） 同上書（即『第德諾文集』），俄文本，一卷，一二四頁。

（註二） 同上書，一二二頁。

第德諾描寫胚胎所從而發生之發展底各連續階段如下狀：其能力由運動，而知覺，而觀念，而思想，而判斷；而感性，而熱情；由符號，而手勢，而發音，而轉析音，而言語，而法律，科學，和藝術。生物及其各種形態底連鎖，"由分子到人類"一直拖連着。而此動物形式之全部長系列，又不過是一個唯一的動物胚胎之不同各階段及轉變之諸形式而已。

第德諾在他自己這個傑出的進化論中，不僅僅是論及動物界爲止。動物界和植物界之間，並未劃有鴻溝。反之，依第德諾底觀點，植物界是動物界之根原，同此，植物界自己又是發生於礦物界，而後者則發生於普遍自然物質"。(註)

第德諾底進化論思想，甚至談及無機界。這一方面只是到了我們近代，才有顯明之確定。即是五金，也不是永遠像我們現在所見的那樣。——這些結論是從他底世界發展之一般概念中由邏輯之必然性而得到的。

五

第德諾在『自然之解釋』中，隨着上述思想之分析，而提出了許多原則底問題來。在他以爲，科學對於這些原則問題之滿意答覆，至少須經過千年。關於年代問題，第德諾之預

(註) 『第德諾選文集』，二卷，二二一頁。(德波林編，俄文本)。

言或係不確，但他所提出之問題，直到我們現在，尚未得滿意和徹底的科學解決，則爲確然。在這些問題之中，除了世界進化底問題（這個問題在我們現在已在各種知識領域之中加以多方面的研究）以外，尙有許多非常重要之問題。第德諾提出了十五個基本問題，均爲科學繼續研究之問題。我們在此不加以非難或分析，不過其中有數點，須加以論述——雖是簡略的。

先說第一個問題。第德諾在此是從完全正確之思想出發，以爲自然是處在不斷變遷和轉化之狀態中。若是如此，則試問一般哲學能否成爲宇宙總體知識之最後完成的體系？他說："若在現象間不存在相互連繫，則哲學無存在餘地；在另一方面，可以承認在此等現象互相連繫存在情形之下，該現象之每一種都是暫時的。然而如果生存狀態是在不斷擺動，如果自然尙在工作之中，則卽有相互連繫之連鎖，哲學亦無存在餘地。那時一切我們自然底知識像語言一樣，都是暫時的，我們所謂之自然史，亦不過是一瞬間之極不完全的歷史而已。"(註)

因此，第德諾以爲，哲學是以存在有現象相互連繫之總體爲對象。但是全體現象互相連繫之存在，並不排斥該現象

(註)「第德諾選文集」第一卷一一二三，一二四頁。

之每一種均爲變遷與暫時之現象。這是完全正確的。但是當第德諾由此得來結論謂自然一旦是"尚在工作之中"，則卽有互相連繫之連鎖，哲學亦無存在餘地之時，第德諾亦正確，亦不正確。他之正確，是因爲在自然不斷變遷過程之中，絕對哲學、一成不變之最後的智識體系，是無存在餘地。絕對哲學之所以不可能者，還因爲自然自身是包括不盡的，它是無窮的。第德諾說自然是尚在工作之中云云，顯然是承認自然有停止其工作之可能，有停止其變遷之可能，這自然是不正確的。在另一方面，哲學家是將絕對知識和相對知識混同了。絕對知識是永遠不能得到的，我們知識總是"相對的"。然此一點亦不排斥相對知識之爲絕對知識，或換言之，不排斥我們經過相對知識而認知絕對知識。知識本身亦應當作爲由相對暫時成分構成之過程來觀察。所以哲學如不當作停止的、不變的、和有限的性質之絕對體系，而祇視之爲反映不斷變遷而永遠無窮的世界之"相對體系"，那是可能的。第德諾在別一處發揮此種思想，則比較確定些。他在那裏說，因自然總在相互連繫中，所以人類欲得絕對之知識，是沒有的，因爲絕對知識，欲知一切。自然是無邊無底的。但第德諾又說，在它一方面亦不贊成誰否認了物理世界邏輯標準和知覺與理智的證據之存在。這樣，第德諾對於絕對知識和相對知識之相互關係——問題之指明，是完全正確的了。

六

第德諾提出適第二個問題，是物質底構成底問題。我們如何想像物質：是異體同形的，還是變種生殖的？第德諾是以第二種意義解决了這個問題。第德諾以爲必須假定物質之基本原素，在質量上是不同類的。大家知道，這種觀點亦爲恩格斯所主張。第德諾說："物質原素之中，應有主要的差異"。"在我以爲，一切自然之創造，不能是從異體同形適物質而發生的，正如將他們列爲同一色彩之不可能一樣"。恩格斯，同意於黑格爾，曾反對"片面的數學觀點"，根據後者底觀點，物質在質量上是永遠同樣的，而祇是在數量上有限制。黑格爾以爲這種觀點，是屬於全體十八世紀法國物質論的。第德諾，據我們以上看來，他是完全特定地反對誰說物質在質量上是同類的。

在近代自然科學中，存在有承認物質在質量上爲同類之特定傾向。然而必須說，這種傾向是根據於假設，而尚無實驗上之證實。科學無疑是走向承認物質之統一和同類，但是離開承認物質之爲完全質量上適同類，則相去尚遠。

所以，據第德諾底意見，物質之最初原素，在質量上實是不同類邀東西，自然界間一切現象之不同形，亦可由此加以說明。很明顯地，第德諾是提出了最初原素之數量的問題，和原素質量上差別的性質問題。但是，第德諾因爲當時自然科學之落後，不能答覆此等問題。自此以後科學有長足的進步，然而對於第德諾所提出問題的澈底答覆，則即是我們近代科學亦尙未有。

和最初物質之性質問題相關的，尙提出了無生物質有生物質之相互關係邀問題。我們通常都有無生物和有生物之區別。但是，試問其間有何關係呢？是否假定其爲兩種形態邀物質——無生物與有生物——而存在的呢？抑是爲該形態中之一種而存在並由一種形態可以轉化爲它種形態之物質呢？而且，在此一形態與它一形態之間，一般上有何種區別呢？所有此等問題在此都只是把它提出之而已。第德諾後在兩本傑作中（它們寫於一七六九年並第一次才刊印於一八三〇年），曾欲對此等問題，加以解決。這兩本書，都是對話體：『達南柏與第德諾之對話』與『達南柏之夢』。

在此等著作中，所有思想，均與諾賓列(註)之思想相似，不過須說明者，即第德諾在此等著作中所闡發之基本思想，

(註)　可見諾氏底四卷文集，名"De La Nature"——一七六一——一七六六年。

在『自然之解釋』中，已有一般之指明了。我們今不能來考察萊普尼茨及其一元論學說對於第德諾有何影響這一個問題。但第德諾對於斯賓諾莎及其物質普遍有靈說之依存，則是無可置疑的了。

第德諾在上述兩本著作中，重提他在『自然之解釋』中所提之問題，並予彼以充分之答覆。物質除了外延和運動之外，尚有知覺力。它是物質之一般和主要的性質，簡言之，是物質之屬性。在以前叫做物質這東西，現在具體化於分子一概念中。知覺力亦和運動相似。可以表現於活動的形態之中，亦可以表現於不活動的形態之中，似乎是活之力和死之力一樣。"物體由一地移轉另一地，這並不是運動，而只是物體之動作——第德諾說——運動者，在轉動之物體中，亦在不轉動之物體中"。知覺力之情形，正亦類此。"正如活之力表現於移轉、死之力表現於壓力一樣，活動之知覺力為動物之性質，或且為植物之性質(以某動作表現出者)，而不活動知覺力之存在，由它轉化為活動狀態之過渡中亦可以得到證明。"(註)

因此，不活動之知覺力，有似於潛在之力，而活動之知覺力，有似於活之力。然而知覺力在一般上應作何了解呢？

(註)　第德諾著：Oeuvres Complètes, t. 11, P. 106。

第德諾在其『生理學要素』一書中，有完全明白的答覆。第德諾在那裏說：知覺力無非是動物之運動，爲牠所必需之補充物。運動停止的地方，知覺力亦停止。它是存在於一切之物質，即存在於一切最初物質原素之中。第德諾說："舉動物爲例，如你試加以分析，一一抽去牠的一切性質，你便可將彼化爲具有長、廣、厚、和知覺力之分子了。如若消除其知覺力，則你唯見有不活動之分子。可是，如果將那三種量度（指長、廣、厚——譯者）去掉，則知覺力亦會消滅了。在任何時候，都可以證明知覺力者爲一切存在物所固有之感官，凡說得上存在物之無數現象中都存在有的。在此種情形之下，物質是有五六種主要性質：活之力（或死之力）、長、廣、厚、不可入性、和知覺力"。(註)

在第德諾底時候，分子是物質分割之界限。故他以此爲出發點。第德諾是否將分子之各主要性質充分指出，對於我們是不重要的。無論如何，若將它歸納起來說，則根據第德諾所說，此等性質是外延、運動和知覺力。生命是以知覺能力、經驗刺激之能力爲其特徵。生命可以分爲三大階段：全體動物之生命、各個別有機體之生命、和分子之生命。動物之生命以及個別有機體之生命停止了，但是分子之生命是

(註)『第德諾文集』，二卷，二二五頁。

永不停止的。分子是不死的。

第德諾已經注意到物體造成變化底現象了。"我可以替你們舉出無數冷的、凝固的、和乾枯的昆虫之例子，那些昆虫是完全失去熱度、運動、和知覺力的，但能藉刺激方法，藉熱度和溫氣底帮助，而使牠復活起來。

"但是人方面底例子亦很明顯。在人停止了一切運動許久時間之後，但那裏還不是絕對的死。人不從絕對的死過渡到生命，但可從生命過渡到暫時的死，和 vice versa。"

第德諾由此得到結論說，自然中存在兩種死底形式：絕對之死和暫時之死——即相對之死。

同時第德諾又說出一個有趣而深刻的思想：每個高等形式底存在，均結合一切下等形式於自己之中。今可以人爲例來說，則我們在其中便可見到：不活動性、知覺力、植物生命、昆虫之生命、和人之生命。他是一切存在形式之有機統一。這是說，每種存在物，均於自己之中混合有物質在其所經過的歷史途路上之一切前行階段。

我們已經知道了：第德諾是站在進化論之上，而準備了拉馬克和達爾文。第德諾之進化論，常用自然過程之辯證的解釋。他寫道："一切變遷，一切消滅，唯總體不變。世界是不斷地產生，又不斷地死滅。它在每個時候，都是在生和死之狀態中……"。在廣泛無邊之物質海洋中，沒有一粒分子有和它個分子相似的，亦沒有一粒分子在其連續之每一瞬間之內和自己相似。……"

永久變遷和轉化——一物到它物之轉化——之過程，因有時間上之巨大距離，使各種各樣之變態，均成爲可能的。因一切都是處於普遍'湍流"之中，故在矛盾與對立之現象之本身之間，均無絕對之界限。"一切事物相互交錯，因之，它們之一切形態，亦相互交錯。……一切都在不斷變遷之中。一切動物，都是相當之人類；一切礦物都是相當之植物，一切植物都是相當之動物。在自然界之中，沒有什麼特定的東西。"

在自然之中，在本質上只屬於某一特種事物之東西是沒有的，而某種性質無參雜有別種性質之者，亦是沒有的。因爲一切均在於相互連繫之中，一切皆相互貫通。這一種卓越的辯證哲學，和玄學毫無共同之點。它（這個哲學——譯者）進而肯定偉大的總體——在此總體之中，其各部分是變遷的和暫時的，其中嚴格地說，是沒有個別和獨立之個體，且在其中是存在着暫時形式之永遠的變遷。"試放棄你們底個體並答覆我：自然界中存在有一個（卽使是一個）和別個相似之原子嗎？沒有的……難道你們不同意：自然界中一切是互相限制而在事物之連鎖中不容有一個環扣之缺乏嗎？你們還要說什麼個體呢？那是沒有的，卽是在記憶中亦是沒有的。…卽有的只有一個偉大的個體，這卽是總體。在這個總體之中，亦如在機器之中，某種動物之中一樣，有某一部分，你是可以隨便叫它什麼，但你如稱這個總體之一分爲個體，那你亦是不正確的，正如你將鳥之翼，翼之羽毛，稱之爲個體一樣地不正確……"(註一)。

因此，在狄德諾看來，個體是相對的概念，其意義是從它和所有其它東西之不可分離上而且構成爲總體之一部分上說的。又是從個體（或形態）處於不斷變遷和轉變狀態上說的。狄德諾從達南柏之口中問道："什麼是存在物？某種傾向之總和……"我"能否能成爲別的東西？不能，"我"是有特定的界限……而形態呢？……各種形態，無非僅是具有它所固有適一般界限之傾向。生命呢？生命是無數連續之動作和反動作。……當我生時，我在體質形式之中動作和反動作，……我死之時，我在分子形式之中動作和反動作……因此，我完全沒有死嗎？無疑是沒有的。在這種意義上說，我是永遠沒有死的。不論是我，不論別的其它任何東西……誕生、生活、消滅——這是表明形式之替變"。(註二)

(註一) 『狄德諾文選集』，一卷，一六六頁。

和這有關係的，應當說幾句話說明第德諾和"胚胎形成論"之關係問題（這個理論是賽爾·波烈在其所著Contemplation de la nature(一七六四)一書中所特別主張的)。第德諾在這個問題上發現於我們面前的，仍是一個深刻和進步的堅持科學觀點之思想家。"以爲所謂胚胎適那個東西是類似動物，那是沒有必要的，胚胎者，具有特定組織之一點——一定的動物由彼底發展而產生之一點也"(註三)。以爲在原子之中，就包含有已形成之象，而此象之原子，又包含有牠象以至無窮——這種假定是盲目的。"形成論"是當科學中尚完全沒有"發展"這一觀念之時代產生的，那時人們是以不變的、一成不改之完成和最後形式中之動物形態這一觀念爲出發點。達南柏以爲如果沒有"形成論"則動物之第一代底出現便無從說明了，第德諾對此答覆說："如果你爲雞蛋先於雞子、抑是雞子先於雞蛋一問題所混亂，那是由於你假定動物一開始便是如我們今天所見適那個樣子所致"。然而這是盲目的和無意義的。

七

(註二)　同上。

(註三)　同上書，二卷，二二三頁。

在說到生命起源時，還必須再說一次第德諾之根本思想。他欲克服物質實體與精神實體間之二元論，並且主張實體之統一性。物質實體（其中包含有它底基本性質——知覺力）之統一性，使其有可能結合成爲一個總體：不管它是死的自然，還是活的自然，都是如此。若物質是能夠變成有知覺之物質，則物質一定在潛在上，或如黑格爾所說，在其爲"自在之物"上，已是知覺的了。物質中處在潛在狀態中的東西，是在物質之發展過程中表現起來的。所以不應當將死的物質之知覺力，視爲一種沉死的、不變的存在，而應視之爲生成的，處於形成狀態中之存在。隨着對於問題這一種見解，第德諾尙提出他對於物質之理解，他以爲物質是由變種生殖之原素構成的。在絕對同類性存在的地方，便無對立和矛盾存在之餘地，無相互影響存在的地方，亦無發展存在之餘地。（註）當第德諾欲說明一種形式轉化爲它種形式是經過統一物質內部發展之途徑而發生之時，他是站在完全的方法論觀點之上的。但是這種物質之統一，並不排斥物質內部之多面性，而在某種意義上說，還是以它爲前提。我們不知道這種多面性可以發生到何種限界，若是對立統一的原則，是成

（註）　見Rosenkranz, Diderot's Leben und werke 1866, B. II. S. 242-243.

爲普遍之法則，則顯然地，物質之統一並非從玄學形式中來思議，卽不是在排斥一切質量上差異之形式中來思議的。

所以，承認統一實體，則發展過程一定會肯定生命這個東西是內在地從統一的物質中產生出來的。如此則又必須以爲物質是有走向知覺或知覺力之潛在能力，它在一定條件之下，就會變成顯著的，而表現於活動之中了。第德諾對達南柏說："試舉雞蛋爲例。它便會顚覆一切神學學派和全部地上之殿堂的。什麼是雞蛋呢？當它尙未由彼生出胚胎之小胞（卽蛋黃——譯者）時，是爲無知覺之體質。但當它由彼生出時，它是什麼東西呢？仍是無知覺之體質，因爲胚胎之小胞自己衹是不活動的和簡單的流質罷了。什麼可以使這個體質有了其它的組織如知覺力、生命呢？是熱度。熱度是如何創造的呢？運動。運動之後來結果是怎樣？……開始這是蠕動之一點，這一點漸次擴張而着色；再後卽爲形成之身體：有嘴、雙翼、眼、爪、蛋黃質。它擴張並變成內臟，最後，這便成爲一動物了……"。

由此得到什麼呢？由此可以得到一個結論：一個不活動之物質，爲其它不活動之物質，熱，運動所保育，便會產生知覺力，便可得到意識、記憶、思想（因爲在人類和動物之間這差別只是在組織上）。知覺力之根源是什麼？它是作爲一種

"潛在原素"存在於雞蛋這個不活動之體質中呢？還是由外面經過卵殼而侵入的呢？第德諾對於這個問題，是以下面的意義來答覆。他以為欲說明生命之起源，便必須假定知覺是物質之共同性質；物質之原子或分子必須當為具有知覺力之胚胎來看待。

有些作家根據這點，欲對第德諾底物質論有所責難，並欲以第德諾底物質論轉變之為觀念論或物活論。然而這是無謂之舉。第德諾自己視上述分析的概念為徹底的物質論，而不為神學留有地位，且推翻一切形態之觀念論。至在問題本質上言，則必須指明第德諾是把知覺力視為物質之性質——發生的和生成的性質；知覺力本身，第德諾是完全從物質論點上來考慮的。責難第德諾為物活論，亦是完全盲目，因為他是以統一物質所固有由無生命到有生命這一個發生的內在過程為出發點，而不容許任何外在的精神之力，或任何特殊從外侵入之事物或力量干涉這個過程的。

普列哈羅夫與伊里奇均同意於第德諾之觀點，而同時觀念論者及物活論者，不是將第德諾之觀念棄絕之，便是將它預先以觀念論及物活論之說法，加以曲解。現在，我們試聽一聽普列哈羅夫和伊里奇，對於"物質有靈說"，如何說法。普列哈羅夫說："在近代自然科學之中，特別是在新拉馬克主義者之中，所謂物質有靈之學說，卽謂一般物質特別是一切有機物質，佔有一定程度之知覺力——這個學說是非常普遍。這個學說，有些人認爲是和物質論直接相反之學說，(例可看法蘭士所著 Der heutige stand der Darwin's-cheu Frage", leipzig 1907)，實際上就正確之理解而言，此不過是費爾巴哈生存與思維、客觀與主觀統一之學說加以近代自然科學底術語之翻譯罷了。(註)可以很確信地說，馬克思和恩格斯曾以最生動的興趣，獲取這個學說爲已有，而列之爲自然科學中之上述的傾向（這個傾向在現在固然尙是分析得非常不好）。(註)普列哈羅夫正確地以第德諾之物質論，作爲"斯賓諾莎主義之親屬"。

伊里奇在這個問題上，亦同意於第德諾。他說："物質論完全和自然科學相合，以物質爲最初的東西，以意識、思維、知覺爲其次的東西，因爲最顯著形式之知覺，只是存在於高等形式的物質之中（有機物質），而"在物質結構本身的基礎"之中，只能假定其有和知覺相類似之能力。這種假定，例如有名之德國自然科學家愛恩斯特・赫克爾，英國生物學

(註一)　普列哈羅夫又補充說："不要忘記："物質有靈"的學說，十八世紀許多物質論者均傾向及此。斯賓諾莎更無論了。

(註二)　見「根本問題」。

者魯易德·蘭爾甘等皆是，至於上引第德諾之推測，更無論了"。(註一) 伊里奇在下頁又寫道："說到物質論(馬赫是以自己觀點和這個物質論對立而未明白和直接稱之為"敵人"的)，則我們可以第德諾例子作為物質論者之眞正意見，此等意見並非以為從物質運動中得到知覺或將知覺和物質底運動併在一起，而是以為知覺為運動的物質之一性質。恩格斯在這個問題上，亦是站在第德諾之觀點上的"(註二)。

列坡星斯基在自己囘憶中說，他底意見，以為"構成石頭之物質和作為人底方式之物質之間，是有質量上之差異的，同為物質，人能思維，而石頭不能思維，普列哈羅夫却安然囘答說："卽石頭亦能思維"(註三)。普列哈羅夫這個答覆，和第德諾對達南柏之答覆完全相同：達南柏亦在下述形式中提出同類的問題："若你將知覺力認為物質之所有，而為物質之一般和主要的性質，則豈不是必須假定石頭亦能知覺嗎?"。但第諾對此問題，亦安然答覆說："為什麼不能呢"?

物質是統一的。實體不同之物質是沒有的；如果還是對

(註一) 伊里奇全集，十卷，三頁(一九二三年版)。

(註二) 仝上，十卷，三一——三二頁。

(註三) 列波星斯基著，「岐路之上」，一九二二年版，一五九——一六四頁。

的，則必須承認統一物質可由其自身發生一切不同類之現象，以及生命、意識、思想。否則便要承認生命現象及心理現象，需用某特殊起原、某精神實體來作說明，如此是使物質論和一般的一元論不能相容了。

普列哈羅夫曾同意於斯賓諾莎主義者斯坦恩之說法，斯氏以為，凡否認無機物體中有知覺力（即使是最少程度的）的人，對於動物細胞中何以能夠忽然間像手槍之射擊一樣發現出知覺一事，便完全不能說明了。這裏"手槍之射擊"之意，不可與新性質因突變方法而發生的意思相混。普列哈羅夫同意於斯坦恩關於"手槍之射擊"之說法，並在此指明：因果關係——自然界中之不斷性底原則是一點沒有排斥漸變性之中斷，即不排斥突變。然而如果我們承認新東西之絕對的發生（即憑空會發生起來之意——譯者），那是等於承認新東西可以無原因而發生，即新性質可以從烏有中發生起來了。否認"手槍之射擊"在此處是指否認無因果性並係承認不斷性。這自然是正確的。然而普列哈羅夫當他將無機物到有機物之轉化，祇看作數量上之變遷時，亦有陷入極端之處。實則不是如此，此處尚發生有質量上的變遷——突變。所以，我們以為第德諾和普列哈羅夫以為石頭亦會"思維"之主張，是不妥當和不正確的。

普列哈羅夫在解釋拉梅特利之時，發揮自己思想於下述話中："讀者現在看到，在拉梅特利看來，靈性程度是具有決定的意義。在他看來，無靈的存在物，便是知覺能力尚未超過一定的最小限度時之存在物。若是他以爲"思維"是有機體底成果，則他這句話是說：唯有有機之"個體"始有比較高等形式之"靈性"了。(註)普列哈羅夫又在同處表示同意於拉梅特利底說法，並謂植物與動物之"靈"是完全萌芽的東西。若礦物以及植物之情形是如此，則謂石頭之有"靈"或有"心理"，情形變更"壞"了(其意就是說：石頭底"靈"連萌芽也夠不上了——譯者)。石頭底"心理"云云，是完全談不上的。

"普遍有靈說"勢必至於承認玄學式的一致，那是以爲質量上不同之事物可以溶合而爲抽象之統一，這種統一祇承認有一個數量之變遷，但意識是統一的物質實體之特定發展階段上所發生之新性質。(或譯新質量，在本書中，或譯質量或譯性質，希讀者注意——譯者)。至於"程度"云云，那只有在此一新性質業已發生之處，始可談及。所以，我們以爲比較更正確之辯證法論點，應以爲無機物中之知覺力，並非已知的東西，非現實上存在的東西，而是生成的、發生的

(註)『普列哈羅夫全集』，十一卷，一五頁。

性質。在無生物上，我們亦謂後者是沒有靈性之性質。絕對的無生物不能產生生命，不能變爲有生物。故必須假定是無生物中之潛在能力變成爲有生物。在這種意義上所謂之無生物，祇是相對之無生物。但"相對"底程度，是有決定意義。相對無生物是處在絕對無生物之界線上，但是並不與它相合，卽不與絕對之無生物相同——。

與此相關聯者，尙有轉化底問題——物質之一形式到它形式之轉化，無生物到有生物之轉化，有生物到有思維之生物之轉化，更進，一種有機形式到它種高等形式之轉化。所有此等轉化，在其漸變性和不斷性之中，都是必須經過中斷底方法，突變底方法來完成的。這是我們已說過的。此等轉化亦是第德諾注意和特別有興味之對象。但是很明顯地，第德諾在其對於實際之不同階段逬連繫問題上，有一般正確之立場外，尙不能對該問題有充分之解答，因爲他之佔有辯證法，並未達到完全程度。進化論中最重要的成分之一，便是新質量發生逬問題，及與此問題有關之突變底問題，卽不斷性之中斷底問題。新質量，存在物本身之變遷，該存在物成爲它種存在物之轉化——都是經過突變而完成的。突變又有相反突變和非相反突變兩種(註一)。隨着形式和性質之相反與非相反底問題，又有形式和性質是否直接引入於下等性質或形式底問題。這都是需要加以特殊硏究的。

一切性質之變遷，其進行都是有直線的順向和相反的逆向，在逆向方面是有相反的突變。正如水之經過突變轉而爲冰，反之，冰經過突變轉而爲水一樣。在有機界中，新性質之形成過程等，都是可以作爲非相反突變的例子。(註二)因此，非相反突變(在社會生活中便是革命)，是進化發展之條件。不過這一個有趣味的題目，我們擬在它處論及。在這裏只要指明一事：卽我們所已說過的，突變發展問題，在第德諾是提出不了的。

但有一事應加注意，卽第德諾曾力圖克服機械物質論。第德諾之批評只與數量範疇有關係之抽象物質一概念一事，卽可說明此點。抽象物質，據在機械論者所設想，應是從異體同形之分子（卽形成不活動體質之同類的分子）構成的，其運動祇是自外而來，卽祇經驗外來之推動。第德諾批評這種物質理解，並用變所生殖的和活動的物質(卽與運動有不可分離之連繫的物質，而此運動又爲物質本身之"內

(註一) Wiesner, Gedanken über den Sprung in der Eut wicklung ("Deutsche Rundschau" 1914, Eebruar)。

(註二) 同上，又見Erschaffung, Entstehung, Entwicklung, 1916.

在'力量者)與異體同形之物質相對立。數學機械的觀點，是將物質化爲單純的數量，這在第德諾看來，是不夠和片面的。所以，他提出了質量底範疇，並以爲數學機械的觀點，應由物理和化學之觀點加以補充。

第德諾亦明白：機械物質論還有另一方面底缺點：它(指機械物質論——譯者)是以不變原子或原素爲出發點，在此情形之下，一切變遷均祇化爲位置或地位之移轉而已。因此，原子彼此間之關係，是外在的，而不是相互間之貫通。第德諾所了解之分子是和機械觀思維之原子不同，他以爲分子本身是不斷變遷着的，且並非僅僅從外部發生相互之影響；它們互相溶合和相互貫通，而形成內在之統一。(註)第德諾借達南柏之口中說道："正如一滴水銀和它滴水銀之相合一樣，一個有知覺的和活的分子和它個有知覺的和活的分子亦是如此……開始是兩滴，在相遇之後，祇成爲一滴了。在未起化合作用之時，是兩個分子，在起了化合作用之後，祇成爲一個分子了……知覺力在一切體質之中是共有的東西………我在想像上固能將動物纖維任意區別爲若干的部分，但是纖維却是不斷的、統一的……"。

(註)　見Rosenkranz，Diderot's Leben uud werke，B.Ⅱ. S,250。

在自然界中，只有一個奇蹟。——第德諾說。這便是生命、知覺力、不活動狀態到知覺狀態之轉化。"但在考察——他又補充說—— 物質如何從不活動狀態轉化到知覺狀態之後，我一點也無須再奇怪了"。生命及意識之起源底統一說明，便可推翻一切神學及觀念論之謬見。因此，活的東西是從死的東西中發生來的。因爲死的東西祇是相對之死，而活的東西亦祇是相對之活，卽同時亦是死的。然而這個活與死之統一，並不排斥活的對於死的矛盾及其構成爲一特殊性質，這種特殊性質以一定形式和有機物質相關聯，卽與它之高等形式相關聯着。

八

隨此尙必須說明一下第德諾和赫爾維修間的相互關係。第德諾在其所著的『思維』一書中對於赫爾維修之『精神論』這一有名的著作（出版於一七五八年，並在法國社會中引起"普遍的忿怒"），曾作一般的扼要分析。第德諾說："愚蠢者、猜忌者、和僞善者，自然是會忿怒他底原則，但是這種的人亦不少"。第德諾又在另一地方說："對此著作之普遍的忿怒，只能證明對於德行之虛僞是何其多"。第德諾自己對於該書，亦覺有許多缺點，其中有許多不正確的一般原則，但亦有許多部分的眞理。在一般上說，第德諾亦承認『精神論』一書，是傑出人才的著作，該書對許多偏見是曾予以致命的打擊的。該書雖不是怎樣天才的，但在當時終是屬於該世紀偉大著作之林。第德諾的預言，是證驗了的。他對該書之一般評價，是正確的。唯因"對於德行之虛偽"一事，尙難用以說明法國社會廣大之層級何以均對於赫爾維修書籍之忿怒，故此事對於第德諾是成爲不理解而如謎的、尙待解釋之事了。"該書是專門爲了全民族而寫的，因爲該書到處是明顯的、急切的、和有興趣的，因爲到處連婦人亦是著者崇拜之對象，——令人不了解的，便是這種擁護下層階級反對上層階級之言論的書籍，出現於一切被壓迫之層級業已高呼不滿之時代中，出現於不滿情緒業已十分流行，政府已不成其非常可愛或非常可敬的時代中，而該書尙覺有幾乎全體的人出來反對，實是十分驚奇的了。"

由此看來，自認屬於被壓迫思想家之列的第德諾，是擁護此書並認它是該世紀之偉大的著作。唯對於該書這種總評價，並不阻止第德諾來指明該書中之許多弱點、不正確之判斷、和錯誤的理論。第德諾認爲赫爾維修著作底基礎中，有四個錯誤的理論。第一個錯誤理論，便是赫爾維修認知覺力爲物質之普遍性質。然而我們在上面業已知道第德諾自己亦主張過如此見解。但是我們現在所說的第德諾對於此點之見解，是屬於六十年代之末和七十年代之初的，這個論評赫爾維修之『思維』是在一七五八年寫的。我們可以說，第德諾在五十年代時，尙未站立於此種觀點之上。

赫爾維修之第二個理論錯誤，第德諾認爲是在於他以利益作爲德行底標準。再次，便是在於將人類之差別，歸納於肉體上之滿足，而最後一點在於他以教育而不以機體說明人與人間之差異。

第德諾在論及最後一個"錯誤"之時，同時對當時之索爾賁大學(Sorbonne)底博士們，加以銳烈之攻擊，將他比之於追尋無神論者之獵狗。"人與動物之間的差異，在他們(指赫爾維修——德波林註)只以爲在於機體上之區別。例如將人面伸得長些，而設想該人所有之鼻、眼、口、耳，亦如狗一樣，蒙之以毛皮，更置之於四足之上，——在此變換之後，這個人——雖然是索爾賁底博士——便可以執行狗之一切機能了。他只要用吠，而不必論說了；他只要嚙人，而不必再用詭辯的方法了；一切之活動都專在嗅覺，一切他之精神包含在鼻子上，他只要跟着小兔走，而不必追尋無神論和異教徒了……在另一方面以狗爲例，使牠以後兩足爲站立，圓其頭臚，縮短其面部，剃去其毛皮與尾巴，——則你將由該狗一

變而成爲能作運命及幸福祕密之深奥思維之有學問遊博士了"。(註)

上述幾點對於赫爾維修之駁論，第德諾在對『人論』的註解中尚有繼續之發揮。在此還必須再指明一次第德諾對於『精神論』之一般評價。他以爲該書寫得"太規則"了。這種評駁，是表徵了第德諾自己，但並不會罵到赫爾維修。差不多全部第德諾底著作，都帶上"雜沓的無秩序"之痕跡。他說："規則化是表徵非常甯靜的、非常自持的智力。有發明力之智力則是興波作浪的、運動的、無秩序推想的；至於規則化之智力是將一切排列得有條有序，而以爲一切都是已經固定也者……這便是該著作之主要缺點。如果一切著者所寫之著作，都是堆積在雜沓的無秩序之中，如果隱存的秩序只是在著者頭惱中存在着，則他底書將要更無限地急切，而其深刻將更無限地危險了"……(註)這幾行所以覺得有趣味的，是它確切地表徵了第德諾本人之性格，是永遠興波作浪的、好動的、和前進的。

九

(註)『第德諾文選集』，二卷，六頁。

(註)同上書，一一頁。

反對赫爾維修之"駁論",是許多的註解,第德諾在這些註解中可說是隨着赫爾維修底脚步走,幾乎沒有一個赫爾維修所提出遊理論不加以批評。有些作者,以此"駁論"作爲著者對赫爾維修該書之重大的責難,同時似乎在十八世紀物質論者之間,有深刻的原則上之分歧。在實際上,自然不是如此的。若將第德諾之反駁點一加考察,便可知兩個著者同是站在物質論觀點上,而分岐者則是部分的問題。

第德諾承認,赫爾維修底書,不管其有一切之缺點,但在全體上說是一傑作。他將該書介紹給立法者、以及教育家和父親。

一切第德諾之反駁,都是帶着修改底性質,這個修改在赫爾維修之判斷中都是必要的,藉此可以使其成爲正確。第德諾說:"很難承認他底判斷是完備的,但是修改其結論和用正確推斷代替他底錯誤推斷,亦是容易,這個錯誤推斷通常所犯的,亦祇是過於普泛的性質。只需對彼加以限制"。(註)

必須承認第德諾在其批評赫爾維修之中,大部分是正確的。在我以爲,第德諾之思慮,比赫爾維修是更辯證法一些。在這裏我們可舉許多例子來證明。試舉物質與知覺力之

(註) 同上引書,一〇〇頁。

間、以及知覺力與思維之間的關係一問題來說。第德諾在原則上同意於赫爾維修，以爲知覺力爲思維之基礎，知覺力便是表示思維及一切思想活動都是肉體知覺發展之結果。但是第德諾不以此等一般之考慮爲滿足，而要求赫爾維修從肉體知覺這一現象爲出發，再明確地由彼抽引一切理知之行爲。可以說，第德諾之要求是不可能的，因爲，他自己亦承認，“我們對於物質、機體、運動、熱度、有機物質、知覺和生命等之觀念，尙極不完全”。

第德諾又同意於赫爾維修，以爲知覺力爲物質之普遍性質，然他要求赫爾維修或其他的人用經驗和考察方法來證明這個理論。他說：“但是誰能用經驗和考察方法證明肉體知覺力之爲物質本質上所固有，亦如不可入性一樣；或是誰能從特定機體之存在中確實地將彼抽引出來，我將更重視他……

“我歡迎一切物理學家和一切化學家，從事研究什麼是動物、知覺力、和活的實體？

“我在考察了雞蛋之發達及其它一二自然現象，我曾明白地看見到那些在外表上是不活動但實是有機物之物質，是如何藉純粹物理的方法，使不活動狀態轉化爲知覺的和有生命的狀態。但是我尙沒有這種轉化底全部環扣之必然

聯系"。(註)

很明顯地，科學最重要任務之一，是在於說明由不活動之物質到有知覺之物質以及有思維之物質之間適轉化。可是必須知道"這種轉化全部環扣之聯系"，在其爲不斷之漸變性，以及因新質量之發生而有之突變方面，在我們現在還是沒有求到。故第德諾指出科學之任務，是在於揭發不活動物質和有知覺物質之間所存在之連繫和中斷是完全正確的；但所奇怪者，是要求赫爾維修用經驗和考察方法來證明這種連繫。這個任務即是我們近代科學尚未解決。

赫爾維修是忠於自己一般之觀點，該觀點係以爲知覺是存在於一切動物機體之基礎中而主張知覺與思維、和思維與行動，二者同一。第德諾正確地反對這種主張，而提出（亦如他在各處所提出的）更正確的方法原則。第德諾之思想是以爲不管思維是以知覺爲最初根原，但不能將判斷和知覺直接合一或混同。在人類行動上亦是如此。我們行動和我們肉體知覺有關係，且由彼發生，由這個事實不能便說肉體之痛苦和滿足，便是人類行動之唯一動機。第德諾是認定在肉體知覺和人底活動之間，有一系列之直接環扣，故肉體感覺是必要的條件，而並不常是活動之最接近的動機。"無

(註) 同上書，中係我截取的。

疑地，爲能活動，知覺對於機體，對於我們亦一樣，是必要的。然而我以爲——第德諾說——這乃是主要的、最初的條件，這是一定的 Sine qua non；至於我們願望和憎惡之直接的、最接近的動機，又是別種東西了"。"如果我說：要存在俾使其能知覺，要知覺俾使其能成爲動物和人類，要成爲動物或人類俾使其能有鄙吝心、野心和疾妬心——因此，機體、知覺、存在……是疾妬、野心、鄙吝底原理……如果我如此說，你能忍得住哈哈大笑嗎？爲什麼呢？這是因爲我將一切動物行動之條件，當作爲所謂人類這一個特殊動物適個人行動之動機了。

"自然，我做我所做適一切事情，凡是我所願意的，都是愉快的感覺，我所害怕的，都是不愉快的感覺，然而感覺一字，便只有一個意義嗎？"(註)

爲了某種理想而犧牲自己底生命之人，難道亦是以自己底死爲某種肉體上適愉快嗎？——第德諾問。——難道沒有與肉體底結果毫無關係適純粹社會的滿足和嗜欲嗎？

所以欲將一切均化爲肉體的知覺，在第德諾看來，是不正確的。第德諾之駁論，在方法論上說，便可形成之如下：抽象上之同一並不能說明特定的具體現象，同一之外，尙有

(註)　同上書，四一頁。

差別，此差別是不能簡單地化爲抽象上之同一。存在、機體和知覺，是一切動物所共同具有的，正因此它是我們活動和思維之一般條件。但是人類是特殊的動物。他底行爲和活動，不能簡單由全體動物所共同具有之一般性質來說明，而必須從人類所具有之特殊條件、特殊原因和動機，甚至必須從特殊環境、層級之人類中來"探討"。知覺力是一般之條件，而不是我們活動和思想之唯一原因。"你要說我們工作、我們犧牲、我們努力、我們滿足、我們過失、我們德行、我們痛苦、榮譽心和社會崇敬心等等之目的，常常是感覺上的愉快，誰也沒有反對你的"(註)。

所以，第德諾是欲限制赫爾維修之結論，而在最後，他是同意肉體知覺是我們願望之根原，不過感覺自己是會變態、變形而採取它種形式：在肉體知覺之上會生長起理智的、精神的、和社會的動機和興趣，這些都是不能直接化爲肉體之知覺的。

十

赫爾維修以爲人類和動物間之區別，是在他們機體上之區別。第德諾對此亦認爲是正確的。但是他以爲赫爾維修

(註) 同上書，五六頁。

當他以教育爲人與人之間差別之原因時，是自相矛盾了。第德諾對於赫爾維修所主張人類形成中之教育作用理論，加以限制，這個駁論是可以同意的。

第德諾很正確地說："教育之益處，是在於它使天性上的偏向，良好者有完善之可能，惡劣者有削改之可能，但是教育永不能更換有短缺之能力"(註)自然，最好的立法者，最完成的社會制度，都不能替換良好的天然能力，不能更換人類的機體。但是，個人能力之發現和發展底可能，則是有賴於某種社會制度了。其中赫爾維修，從歷史方面說，是正確的，而他嚴格地指明社會教育之作用，社會制度對於形成人類之影響，是有革命的意義，因爲他要求社會關係之改變，更有利於個性發展的社會制度之建立。在我們看來，赫爾維修亦不曾以爲：機體是烏有，而教育是一切。赫爾維修主張一切通常之人類機體是具有同等的理智能力，雖然這種絕對形式中的主張，是不正確的，但却是表現了時代之德謨克拉西的情緒。在另一方面，它在某種意義上說，亦還是正確的。赫爾維修是欲以自己嚴格之公式指出傑出之人對於自己底地位，首先應明白專門人才和衆人之間的距離，全非如通常人所設想的那樣大。在它一方面，從赫爾維修學說

(註)　同上書，一五六頁。

之中，還可以得到結論說，無數人民中之天才可因生活條件及不良立法而消滅，不能發達和發現。第德諾自己亦不止一次指明可因教育之助而改善自然的稟性。我們以爲，在這兩個思想家之間對於這個問題的分歧，已是不大。即第德諾亦同意"機體差別、機體中流質及固體之原素、營養氣候對於能力之影響，比通常人所設想的爲小"。

今由個別之人進而來說全體民族間之差異。第德諾對赫爾維修說："你說法律、道德、政府是民族差別之主要原因，並謂若社會教育不足以使個別之個人平等，則它總可使大多數人民之間平等；我們對於古昔人所謂在希臘時已不復活之德摸斯芬某時可以發現於寒帶的國土上、或能發現在熱帶的烈焰之下這一聞見，亦首肯無言"。(註)

我們以爲，第德諾在這個判斷中，對赫爾維修作了極大的讓步，因爲大多數人是由個別之人集合而成的，所以社會教育若能"平等"大多數人，則它亦便能"平等"各個人了。此外，如果他們所說的是指能力和才能之平等，則此爲社會教育所不能實現，而且亦不應以此爲務。此處所說的祇能是指各個人應有之條件上的平等。因此，實現物質上的平等（它非以能力與才能之平等爲前題）是必須的。不論赫爾維修，

(註) 同上書，五六頁。

還是第德諾都走近了這個問題。赫爾維修寫道，他不知道如何"守護私有財產逊神聖法律;"遺產承繼法是可以反對的，它是奢侈原因之一。第德諾和赫爾維修都祇是反對"奢侈"，卽反對"自己財富之無度的濫用"。那時"社會分爲兩階級：極少數有錢人民底階級與極多數貧窮人民底階級"——第德諾說。不難理解第德諾這裏關於階級形成之非常簡陋的見解是說些什麼。他祇是相當正確地提出社會分成階級這個事實底本身罷了。在實質上說，第德諾甚至連他所謂逊奢侈，亦未反對。因爲他寫道："富人如果沒有超過他所有逊財富之合理的限度來滿足自己之[illegible]欲望和嗜好，亦不得謂之奢侈"。因此，他只是反對過度的財富之濫用。很明顯地，這種濫用之消除，是不能變更社會狀況入於改良之地步。

第德諾亦和赫爾維修一樣，是第三等級之代表者。他們以這種代表者底資格，對於社會人之"幸福"，具有特殊之觀念。第德諾寫道："赫爾維修欲維持社會人之幸福於中等的狀態之中。我亦是同樣想法，以爲應存在某種文明程度，較適應於一般人之幸福而又不太離開野蠻狀態，如一般人所設想的那樣。然而當其遠離如何使之回復，當其達到又如何使之居彼不動？則非我所知了。"(註) 故由此可知第德諾

(註) 同上書，一八一頁。

和赫爾維修均以爲應存在某種正常而適合於人類天性之理想的中等社會狀態。一切罪惡都是由於不滿於簡單的生活，他們永遠在力求更大之幸福及生活之良好條件。這些工人們不論是替他們指定多少的工資，都是不停止其正當之怨怒。

第德諾說："你們曾經想到，有多少不幸的人得到可怕的殘廢，和因礦坑工作、製造白鉛粉、浮送木材、開掘汚池等而死去嗎？

"在加爾奈底無限深坑的礦穴中，匿藏了成千的人，差不多是不知天日，而且罕有活到三十歲的。那裏還可以看到婦人，十二歲的男子。

"若是你們將這種廣大的墓穴關閉起來，那便是將國家毀壞下來，而注定所有薩克遜民族之命運走入餓死之途或是流亡了"。

"卽是在法國本身，亦有好多工場，雖然很少是人數衆多的，但大半都是危險的！"(註)

我們看到，第德諾已想到工人底困苦地位了。然而他找不到脫離此種困苦地位之出路。他提不出任何改良工人狀況之建議。他得到的結論就是這樣："不是不用金屬，便是容

(註)　同上引書，一八一頁。

受致死之礦穴"。第德諾自己是準備不用金噐，同様他亦準備居茅屋而不要宮殿。"人類結合於社會中，俾有可能對自己經常的敵人——自然——作鬥爭，並得到很多成功的機會。——但是他們不以戰勝它們爲滿足，他們欲奏大凱旋。他們覺得了茅屋是勝於穴居，於是他們乃居茅屋。這是顯然的，然而在茅屋和宮殿之間，又有何種巨大距離呢？居住於宮殿之中，又如何比茅屋好些呢？我對此有疑惑焉"。

所以，第德諾和盧梭不同之點，是在於後者叫我們囘到森林而爲穴居，而前者則理想在穴居和宮殿之間的"中等"狀態，而讚美茅屋。第德諾已經論到我們文明在於"衰老"的萎縮中了。當他談論所謂適合一般人類天性之正常的中等幸福狀態之時，他完全是以十八世紀啓蒙學者之精神作判斷。這種中等狀態是處在野蠻稚態和近代的文明之中央。所以他以爲"如果盧梭不宜傳囘到森林而從事於半文明和半野蠻之社會計劃的著作"則他算是做了更有益的事業了。

從事於"理想"社會之計劃的著作，是完全沒有益處的。在實質上說，第德諾自己有時亦理想社會之發展，是按着該社會所有之某種法則，所以無論是阻止其發展，抑是囘轉歷史於森林，均是不可能之事。可是他又談論爲人類幸福必須停住 Promesheus（希臘神話中之神）子孫之進步。在這一點上，第德諾亦是和赫爾維修與盧梭一樣，同是當時法國小資產階級、手工業者、甚至工人層級之代表者。他們是幻想回到舊的良好時期，因為他們還不知道：進步處在全部貧困和痛苦情形(這貧困和痛苦情形，也是進步帶來的)之下，同時還會克服它們；至於回到過去，那是不會有的。然而在另一方面，這種關於完善社會、關於"黃金時代"、關於野蠻和近代文明間之中等狀態之理想，不管其在一般上是保守底性質，亦是能夠作為、且實際上亦常常作為推動革命情緒之刺激物，其推動進步之發展，在法國大革命中，表現得最為顯著。

由上說，第德諾是以必須"簡單化全部我們底制度"——如他所說的觀點。很明顯地，這個口號是首先以其尖端反對當時底統治階級，而表現出"中等"階級之願望及熱心。制度"簡單化"之必要，在第德諾頭惱中是和"財產平均分配之理想相連繫着的。"財產分配愈不平等，則窮沒窮人之奢侈亦愈擴張"。——第德諾常是如此說。但是如果以為第德諾提倡平分財產，那是錯誤的；別人常替他得出了這個結論。因為第德諾以為只有當人們"更大了解人類之內在價值之時，隨着貪慾之減少和對於教育意義了解之增進，則財富分配之不平等亦才減少"。

由此言，是社會中財富分配之本身，是依存於社會道德和教育。在最後說，第德諾是同意財產分配是比例於每個公民之勞働和努力。在此基礎之上（卽比例於勞力而行之財產分配——譯者）並不會發生有害的結果，反之，是確立了社會幸福之基礎，只要減少金錢底意義，使其能夠支付全部國家義務卽可。……第德諾這種論斷是非常膚淺和簡陋的。這種論斷證明第德諾不理解社會發展之內部彈力，卽是不理解財產分配之不平等，社會之不平等所由產生之原因與條件。在這一點上，盧梭比第德諾深刻得多。第德諾之責盧梭，謂他宣傳人類囘到森林及穴居云云，乃是空的。盧梭是很好地知道囘到森林，是不可能之事。盧梭和第德諾及其他同時代人不相同，他正確地找到了人類發展過程之動力：特定的滿足需要方法之意義、人爲技術、分工及隨此而來之私有財產底發生過程，其次階級及最後倘有國家等等底作用。

據我們意見來說，沙蘇里奇對於盧梭觀點之下列數行的分析，是正確的：

"盧梭——他寫道——將人類在「開始用工具發掘自然界之天然物」以前，均稱之爲自然狀態。在第一次發現和發明，第一次人類自製工具之後，便開始由漸次而緩慢，而趨後急速地從自然狀態變遷爲人類在其發展過程中所自造之人爲狀態。此時人類所發明的，不僅是技巧和知識，所創造的不僅是自己物質和道德底環境——事物和制度，而且改造自己、自己底的需要、知覺、自己人對人的關係，——「所謂人類自己精神和嗜好之天性」。"(註)

在動物和人之間，除了牠們底相類之外，是存在着鴻溝，非相反的突變。但是在野蠻狀態和文明狀態之間亦有鴻溝，因爲一切生活之物質基礎、生產關係，次之，制度以及人類天性本身，皆有急劇之變化。故復囘原始狀態是不可能的。

十一

第德諾上述所闡發之觀點有密切關係者，尚有他在『對於蒲根維爾旅行之補充』中所分析之思想，該書第一版印於一七九六年，但係寫成於一七七二年。蒲根維爾在一七七一年印行自己環游和到達韃丹之紀遊。這部游記對於第德諾發生重大印象，使他底頭腦中引起了關於婚姻、家庭、私有財產、宗教、道德及其它等等之有趣味的思想。在韃丹半島上沒有私有財產，韃丹人住在共有制度底條件之下，他們有和文明人不同的家族形式，在他們沒有任何宗教，他們進行簡單的、"自然的"生活方式，並自己覺得是幸福的。然而論

(註) 泊爾恩奇著『盧梭』。一九二三年，六 七頁。

有力的歐洲人，忽然間來破壞他們，瓦解的原素，侵入到這個和平和幸福的島人生活中去，欲使野人連結於自己文明之下，並使他們服從自己底權力。

“我們——韃丹人底代表對蒲根維爾說——服從純粹的自然本能，而你們欲將它和我們精神生活分開。這裏，一切是屬於公衆的，而你們向我們宣傳在你的和我的之間有一種不明白之分歧。我們底孩子和我們底女人是屬於我們大家的，而你們將這個優點一起和我們分割了去，然而你們在他們之間注入和引起了不明白之痛苦。”(註)所有的人都是兄弟，因爲他們都是一樣的——卽都是自然之產兒，而你們欲奴隸我們。我們敬重我們底模範，以我們底道德維持我們。他們都比你們更聰明和更有德行。我們不欲將你們無用的知識來更改你們所說我們底那種落後。我們有我們所必需而有益於我們的一切。難道我們對於我們自己不知道創造多餘的需要這一件事，應該加以輕視嗎？我們餓的時候，我們有吃的；我們寒的時候，我們亦有穿的。你們曾到過我們底茅屋，據你們底意見，他們有什麽缺乏的？你們如願意，去追隨你們所謂的生活幸福吧，但是，讓有理想的人在他理解自己不斷勞動下去所得只是虛僞的幸福之時停留下

(註)『[illegible]文選集』，卷一，二一八頁。

來態。"(註)

很明顯地，第德諾關連於蒲根維爾之"旅行"而發揮之思想，其目的首先是欲批評存在於歐洲之私有財產制度、婚姻、宗教及其它。第德諾對於韃丹人之簡單的、"自然的"生活方式，是同情的。他用同情的態度闡述韃丹人之宇宙觀，然而同時亦知道歐洲在其發展或在其"衰頹"之中已走到很遠去了，所以復回原始共產主義，已是不可能了。不過，第德諾底結論，等我們在下面再說。

由上說，在韃丹是共有社會制度佔統治地位，私有財產是不存在的。他們完全沒有任何婚姻底形式。與蒲根維爾一同到韃丹的牧師，對韃丹人代表奧諾說明文明人有上帝規定特定生活法律和對它尊崇的方法。婚姻形式亦是如此。奧諾拒絕理解這全部文明底玄學。據這個韃丹人底意見，一切法律，連婚姻形式及與此有關之各種制定亦在內，都是和本性及理智相矛盾的。"那些是和天性相違反的，因為那些是允許有思想、有感覺、和自由的生物可為牠個和牠同類之生物底所有物。這類法律能以什麼為根據？——奧諾問。難道你不知道在你們國土中，那些沒有任何感覺、任何思想、任何願望、任何意志、且為人們所棄取、所玩弄、所欺騙而不知

(註) 同上書，二一九頁。

痛苦和悲怨遊東西，和不可欺騙、不可襲取，且具有自由、意志、願望、可以給與時間或不同意於給與時間，知道悲怨和痛苦，並且對牠底天性和性質如不加強力便不能成爲貿易對象遊那些事物，是混雜起來了嗎？”(註一)

歐洲式的婚姻，對於人類之要求，是不可能的。它是要求對於全部生活之經常性、不變性、和正確性。但全體自然却是處於不斷變遷過程之中。“用同一的個性來限制最多慾的喜悅還有什麽比這更加盲目？在瞬息萬變的上天之前，在有崩壞危險的洞口之下，在可以粉碎成爲塵埃之危岩或業已古老遊樹木、入於震動之石頭之上，而欲兩個有形遊生物宣誓不變，還有什麽比這更加盲目？”(註二)

我們不再詳細論述關於韃丹人底生活制度、他們底習慣和道德了。這裏對於我們重要的，是牧師所得遊結論，以及第德諾對彼之同意。牧師說：“韃丹人間之社會意見和法律，都是認定唯有在自己天性上不良者，才是壞東西。在那裏，勞働和收穫，都是共同的。所有權在彼只有很有限的意義。所喜歡的嗜好，均爲簡單的肉體上之慾求。在那裏不會引起我們所有遊任何一種之貧困。全島有如大多數人之家

(註一)　同上書，二二七——二二八頁。

(註二)　同上書，二二八頁。

廳，而茅屋就像我們大屋子內之各個小房間一樣。”

牧師謂他們曾想在韃丹野人之中渡其餘生。至於第德諾，他則根據全部分析而提出意見，以爲凡人皆服從三種立法：自然的立法，公民的立法，和宗教的立法。宗教立法由韃丹人之證明，已知其多餘的了。至於公民立法應該祇成爲自然立法之表現。韃丹人中間，是統治着自然立法的，故生活是在比文明人更良好而更自由的條件之下；文明人之全部制度，是建築在強力和人類天性之倒置的觀念之上的。你試稍注意研究文明民族之政治公民制度和宗教制度，則你便可相信一切人類歷史，都是人類中少數強盜之壓迫史，強盜們按自己個人利益來建立這個制度。

所以，在第德諾看來，韃丹人之爲地球上最幸福的、自由的、和有德行的民族，是一點沒有懷疑的。然而重新回到野蠻狀態是可能的嗎？自然，第德諾對於這點是很懷疑的。那末我們要怎麼辦？——他問道，並答覆如下：“我們在盲目的法律尚未形成之前，就要反對他，而我們所期待的，就要服從它”。“愚者與愚者相處，比智者一人獨處是好得多”——第德諾呼喊道。

我們在上面已經看到：第德諾最後不得不僅以政治上和經濟上作某種非根本的改良（沒有礙及以私有財產爲基

礎之社會制度之改良)爲滿足。固然,這還沒有到時候。在他底宇宙觀中,合理主義和啓蒙學派之成分,尙甚濃厚。他是以抽象人及其抽象天性爲根據,並隨着以爲存在有適合於所有時代中所有人民之某種正常社會狀態。然而這是理想的狀態,爲各種原因而不能成爲現實的狀態。因此,文明人走向理想社會制度之門,是關閉着的。第德諾不能夠預見文明社會之繼續發展,依其順序會走到共有制度之實現,在這個共有制度中"各個人之財富與共同之財富是密切相連繫的"。

十二

一八六九年四月十五日馬克思在致恩格斯的信中說道:"我今天偶然在自己屋子裏檢見兩册『拉摩』。現寄上一册給你。這本無以比擬之著作,可以供你再作一次的賞玩"。接着,馬克思便引一段黑格爾在『精神現象學』中對『拉摩』之解說,並在信末說了以下的論斷:"黑格爾之解說,比猶爾・孫南之解說(你可翻閱該書卷末該文之摘要)更有興味。這個Cardinal de la mer並不在第德諾底『拉摩』中發現道德底衰退,且糾正此說,而指出拉摩之腐化,都是起源於他之非爲一貴族出身,並因此而強烈苦惱。…由第

德諾到猶爾・蓀南……這正是生理學家所謂逆行變化之現象。法蘭西革命前和魯易腓力浦時代之法蘭西精神。"(註)

這是馬克思之判斷。現在我們來看一看『拉摩』一書之本身。這本傑作是哲學家在一七六二年寫成的,他是在非常秘密之下保存這個原稿本。在第德諾死了以後,他底著作遺稿——『拉摩』亦在內——都運到彼得堡。在一八〇四年,『拉摩』原稿落入策勒底手中,他便把該原稿轉交給哥德,請他將該著作譯成德文。『拉摩』對於這位詩人,竟予以那樣大之印象,使他立即開始工作且在一八〇五年便把它於萊不奇格出版。在一八二一年,巴黎發現哥德版之法譯本。第二年,第德諾文集之編纂者和發行者伯里約爾將法文的真本公佈出來,這個稿子是由第德諾底女兒萬達爾夫人轉給他的。以上便是第德諾這本傑作之外部的歷史。

現在試轉來述『拉摩』之內容。第德諾以對話之"引言"形式,扼要地敍述他和拉摩認識過情形,順便將拉摩之性質,預先加以形容。

拉摩者,——"這是一個高傲和卑賤、健全思想和無思

(註) "Der Briefwechsel zwischen F. Engels und K. Marx",herausg. von A. Bebel u. Ed. Bernstein IV Band, S. 160-161.

慮之混合物。必須指明在這個人底頭腦中——第德諾說——混雜有十分奇怪之概念，以爲公正的東西，亦就是不公正的東西，因爲自然所給他之良好性質，其表現是不傲慢的，而惡劣性質則亦不怯懦"。他之外表，是時常變換，甚至於不像他自己。有時他是很壞而衰弱，正像犯第三期肺病的病人一樣，而在第二個月，他又肥胖而豐滿起來。有時他穿着汚垢的內衫、破爛的短褲，沒有鞋子；有時他則抹粉，穿鞋，捲髮，漂亮其衣服，而昂着首走路。"他一天過一天地生活着，有時快樂，有時鬱鬱。並不依着環境轉移。早上，他一從床上起來，他底第一個關心的事情——便是在誰那邊過中飯，過了中飯以後，他又想着在誰家過晚餐"。拉摩一切生活底智慧，可歸結如下："飲上等的酒，吃有味的大餐，和最好的女人糾纏，睡鬆軟的眠床，除此以外，其它一切，都是小事。"在近代社會中，這些構成人類幸福之"財物"，都是有財富才能達到的。"拉摩是應當成爲他現在所有過這個樣子的——他評論他自己——他這個樣子是一個有錢的強盜中之幸運的強盜，而並不是虛張的道德者，也不是孤獨或與衆窮人共同以麵包皮屑過活之有德行的人。簡單說，無論你們底幸福，無論像你們這樣有德行的人之幸福，我都是不管的"。——他對第德諾如此說。

爲要使滿足有可能計，財富是必要的。——拉摩底滿足或是如拉摩這一類底有錢的、有閒的人，及社會上他種層級中人之滿足，都是在於粗野的而且僅僅是感官上遊愉快和各種的消遣。拉摩自己說，他是自比於社會上最重要的一部分人，而且甚至自比爲朝廷上最重要的一部分人。在實際上他底"思想"，他底觀點，也就是他們底觀點。但是，他在自己地位上說，和他們是有嚴格之區別的，因爲他是一個窮人。然則他用何種方法和途徑，去達到統治階級所謂上流社會之"生活哲學"呢？他只有裝做滑稽、巧言阿諛遊那種作用，同時作爲"良好社會"中之寄生蟲。爲要達到此種目的，必須有一種特殊性質，拉摩之佔有這種特殊性質，可算是一種完人了。他說："我有各種變化無窮之堪以稱許遊憂愁之面，其中鼻、口、額、眼均參加動作，我有可驚的屈伸自如遊腰，特別柔軟的脊柱，能高下雙肩，伸張手指，垂俯頭顱，閉目而失去知覺，我又能裝做自下靜聽天上安琪兒和神底聲音；正是這些，足以作阿諛。"

自然，窮人拉摩之能購得"幸福"，他知道只有用一種過失行爲，這種過失行爲是適合於他底同國人之道德的；並且是照着他底保護者之興趣而來的。"如果德行能走到財富，我或將是一個德行的人了，或且我亦將像別人一樣，也會裝做一個有德行適人了。但是他們對我所喜歡的，却是要我成爲一個好玩的人，而我就這樣做了。至於說我這是過失行爲，那我是應當有這一個性質。而且，當我說過失云云，那還是借用你們底表現方法，而我們假若加以說明，你所叫做過失的，就是我所以叫做德行適事情，而我所叫做過失的，而又叫做德行"。

道德——據拉摩說——是非常有變遷夠，除了在計劃上應該如何這一個標準以外，其中是沒有什麽無條件之正確和無條件之虛僞。這個標準，據拉摩底意見，即是兒子亦必須教育。他有一子，他會認爲有必要給他以這樣的一種教育。然而最重要的，同時亦是困難的任務，——拉摩說——不是在兒童中發達這種過失——這是可以使其十分豐富的，而是在於使他還能知道應有的方法，知道不怕羞恥和法律。"這是社會和諧中適不和諧之音調，需得知道恰好地去佈置、準備，和成功地去執行。沒有什麽比那無數的完全和諧音調更加平凡，必須鼓勵，打破三稜鏡，將它底各樣各色之光茫，置之不顧。"

第德諾指出說，實質上，拉摩底道德，他底人生智慧，是許多人在生活中所用的，不過誰沒有這樣公開地來說罷了。拉摩和別人不同適地方，是在於他承認過失——這個他別人亦是有，他並不虛僞。他之惡德，比他人不多亦不少。他只是最公開和最澈底的，而有時在自己道德敗壞上他是有更加有深刻思想而已。

『拉摩』一書，我們已說過，他是於一八〇五年第一次用德文出版的，黑格爾底『精神現象學』亦是於同年完稿，而於一八〇七年出版。『拉摩』對於黑格爾，亦同對於哥德一樣，是予以巨大印象的。這從偉大的辯證論者，在自己著作中是以描寫隨世界史運動而俱來之意識形態底歷史爲目的的，他立刻便應用了第德諾底著作，正確地認是它是一種反映革命前法國社會中某部分人理智狀態之特定的觀念形態或意識形態。黑格爾將拉摩所代表過意識形態，形容之爲瓦解的形態，而第德諾在黑格爾眼中，則是正確的和甯靜的意識之代表者。革命前是在這兩個形態之間，且進行鬥爭。

我們在這裏沒有可能來論述形成"瓦解的意識"之前行階段；所謂高貴的意識和卑下的意識，亦卽是統治階級對被統治階級之爭鬥，這個被統治階級之視"統治政權只是當它爲一種鎖鍊和壓迫"，他嫌惡主人，"他只是帶着隱存的仇恨心來服從主人，而永遠是準備着反叛的。"

據黑格爾底意見，高貴者，卽貴族，在開始主要是爲着"全體"利益而犧牲個人底利益。高貴的意識，是以"服事的英雄主義"爲表現。但是這個沉默的英雄主義變成了"盡忠的英雄主義"。專制底意識是由兩個意識構成的。君主的自我意識則是以"貴族"和"忠臣"之專制底意識爲根據。獨一之人——君主，自承爲全體的權力，因爲貴族之環繞王座，並非爲了一個國家政權之服事，而是爲了裝飾，他們永遠是對這個登到王座的人說話"。

很明顯地，黑格爾對意識形態之運動底描寫，亦只有一部分是正確的，因爲他所提出的意識形態，是在抽象的情形之中，是在於它和現實的階級利益不相連繫之中。君主底意識，是由貴族底意識和臣下底意識所養成。但是表現於"服事"和"盡忠"之中的貴族意識，那是特定物質關係和連系之反映，在貴族與非貴族之間，以及在貴族和專制權力之間，都是如此。貴族之服事和盡忠於君主權力，是因爲君主政權，其自身亦是服務和盡忠於貴族之故。因此，貴族意識中之"自我牲犧"、自己割棄私人的利益而爲"全體政權"等等，無非便是"全體政權"爲貴族、即爲特定層級或階級之利益而"自我犧牲"和"割棄"罷了。

唯黑格爾知道服事和盡忠是建立在特定利益之上，而歷史過程底辯證法是使實際走到崩解，隨此而意識形態亦崩解的。在若干時期以後，"服事的英雄主義"會變成"

利益——致富和愉快——之純粹利己主義的追逐，而"盡忠的英雄主義"會變成虛僞之假面具。高貴的意識，變成卑下而鄙賤之意識了。至於卑下的意識，却變成高貴的意識了。"財富在其自由意志之中，發現了"自我"外化，並經過這個外化克服它底內部實質的方法，脫離內部騷動的形態而移轉於它一形態。它之移轉底形態，是一切鎖鍊都打斷了的形態。換言之，它是純粹中斷之狀態，在這個中斷狀態之下，一切平等的東西、一切堅固的東西，都成爲被打碎的東西——這是因爲平等及其爲自己之存在，變成完全不平等的了——，而且這種中斷的狀態，因而首先是撕破了恩人之意見和願望。財富直接便處在一切固定的東西、一切實體都已消滅的一種鴻溝之前，便臨在這樣一種無底之深淵前面來了。而它（指財富——譯者）之視此深淵，亦不過是當爲通常的事故，自已高興的游戲，自己任意之偶然。它底精神是絕對空洞的意見，爲精神所拋棄了的外表。"（註）

如此，據黑格爾底意見，王權和貴族是生長而至於否認了自己，而第三等級則提高之而成爲自由和平等之意識了。腐壞的、崩裂的、"瓦解的"意識是自己快到滅亡前夜的統治

（註） "Hegel, Phänomenologie des Geistes, herausg. von Bolland, Leiden 1907, S461——462。

階級所具有的。而無權而受壓迫之階級底意識，（黑格爾以『拉摩』爲根據），則把它形容之爲正確的和甯靜的意識。它是借"拉摩"底口中，說出時代瓦解之意識。'這一個人（指拉摩——譯者）所說關於自己的話，其內容因此主要是全部概念和全部現實之變形，普遍的自欺和欺人。所以直接說出這種欺騙而不羞恥，是最偉大的眞理。這些話實際上是那種"將三十種不同性質——意大利的，法蘭西的；喜劇的，和悲劇的——之樂譜，無秩序地加以合奏之音樂家"所演之神經錯亂，有時他用深濁之音而引入於地獄中去，有時則壓住呼吸的咽喉，用假聲衝破空氣，而斷續地發狂和沉寂，發令和嘲笑"。這些話在甯靜的意識（它是正確地和那用純一的樂譜之善良和眞理的好音相一致的）看來，則是"智慧和瘋狂之痴想，聰敏和鄙野，正確觀念和錯誤觀念；完全感官上之墮落，完全無恥和完全公明和眞理之混合物。"

黑格爾在這裏用觀念論術語所表現之思想，就是說貴族在正在形成民族國家的特定歷史時代中，是進步的因子，貴族的利益在某種程度上是和社會發展（或正確些說國家發展）之利益，和"全體"之利益相吻合。在這種意義上，各個人是爲全體利益而"犧牲"私人利益。然而繼續的發展使貴族及"其高貴的意識"趨於崩壞。在"全體"（雖然此體之人格化是君主）和部份（或個人）之間遊中斷，（或譯破裂），是已經成熟了。貴族便開始僅以私人利益爲追逐了，他之利用"全體政權"，也只是以私人致富和快樂爲目的了。即在王權本身，亦發生同樣的情形。那時不論在實際方面，或在意識方面，都發生了中斷的狀態（或譯破裂的狀態）。第德諾在『拉摩』一書中，很技巧地描寫這個墮落和放蕩，道德瓦解和腐敗的世界。第羅諾指明拉摩是以自已底判斷和思想顚倒了一般的秩序，拉摩以已瓦解之統治階級代表者之態度對他答覆說：重要的事是使我如何生存，雖然那裏雜草也不生長了。這種答覆實與下列之名句相一致：Après nous le déluge!

拉摩自己是不屬於這個上流階級的。他是另一種類的人寄生者這一類人底代表者。寄生者是食瓦解的統治階級之腐敗物而培養自己的。他之佔有崩壞的和垂死的階級之"宇宙觀"和"人生觀"是十全的。拉摩不是僅有的一個人。屬於這一類的，有整批的作家、新聞記者、妖婦、舞女、等等人。所有這些人所從事的，只有一件事："上流"社會之粗鄙的趣味和動物的需要之滿足。這一整批的寄生者所追求之目的，是富人方面能予以賜與物。拉摩在研究"貴族"之心理、"…"之心理方面，算是十全了。他是阿諛忠順之能手，這是他底職業所要求的。他底職業便是以自己猥鄙之閒逸和胡說，來補充"上流"社會之無賴和寄生者之內部的空虛。這便是法蘭西革命前之一極。相反之另一極，成熟了另一階級，帶着另一種心理和另一種的宇宙觀。這個階級底代表，便是第德諾自己。我們已知道，黑格爾是將第德諾所代表之意識形態，名之為正確的和寧靜的意識形態。"卑下的"意識因歷史辯證法之力量，一變而成為高貴的意識了，同此，一向高貴的意識，一變而成為卑下和鄙賤之意識了。第三階級現在是代表全體社會之利益了。這個階級之各個人底利益和全體底利益合流。所以這個前進階級之意識，便完全帶着另外一種之性質。他底眼光是看着將來。實際之改造，需適應新的生活條件和前進階級之新的宇宙觀。偉大的革命在叩門了。

這裏因拉摩而闡發關於法蘭西社會革命前理智狀態之思想，大部分可以適用於近代。我們現在所處是中產階級底太陽西落之時。近代階級社會之沒落，已在我們面前發現了許多法蘭西當時社會中如『拉摩』中所表現過特點。如用黑格爾底術語，我們也可以說，中產階級之高貴的思想已變成了卑下的思想了。高尚思想之担負者，現在是勞働階級了，因為他底利益是和全體社會利益和人類底歷史發展利益一致。

上述我們因馬克思底指明關係，而對於黑格爾關於『拉摩』之解說，作了如許的說明。黑格爾這個解說，雖是其全部是抽象性的，它對於各種意識形態之爭鬥和變換過程適辯證法分析，總是可以注意的。但是從黑格爾之觀點來說，意識底運動形態是產生社會形態之變遷，而在實際上，情形恰是相反。必須說明它是因為物質變遷底關係，使舊的意識形態崩解，而產生新的。然而黑格爾之辯證的分析，亦是帶有革命性質的。

第德諾在一般上說，是站在物質論觀點上的。物質論是新的前進階級之宇宙觀。然而他這個物質論應用到社會現象上面來，是帶有抽象物質論之性質，因而變成合理主義。中產階級之思想家是自信他們是為完全的、理智的、理想的社會制度奮鬥，而他們底思想是絕對眞理，不變理智之表現。我們知道，黑格爾曾責難第德諾對於眞理、道德等，有這一種的見解，他說，正確的意識預先將一切估計為不變之事物，這就是表現了自己底狹隘性，甚至淺薄，因為如此做法，便是不正確的做法。

馬克思在給恩格斯適信中，曾說到猶爾・蓀南。因此我在此必須關於他再說幾句話。猶爾・蓀南在一八六一年

本書叫做："La fin d'un monde et du Neveu

de Rameau"(一八六一年)。該書之摘要,馬克思曾說到它。猶爾・蔟南在法國是近代小品文之創始者。他底小品文二十七年間均登載於"Journal des Débats"底報紙上,他在那裏以平素輕快之風格談論世間一切事情,而並不知道什麽。諾桑克拉司說他之同情於『拉摩』一書,等於同情於小品文風格之先驅者,並非沒有理由。蔟南所著之書,不過是模仿和繼續『拉摩』適一類東西。

我們底任務,不來分析蔟南底書了。然而只有一件事可以說一下:即蔟南和第德諾之不同,正是如魯易菲力浦時代的中產階級與十八世紀下半期那些具有革命和物質論情緒適中產階級之不相同是一樣。我們這裏對於蔟南和第德諾之比較,不是指他們才能之比較——第德諾是天才,蔟南終不過是小品文人——而是他們存在之不同時代中法蘭西中產階級的宇宙觀之比較。馬克思所謂"逆行變化",便是謂此。蔟南"指明拉摩之腐化,都是起源於他之非爲一個貴族出身"。然而事實上,拉摩正是貴族崩解過程中適產物,他只是"上等"社會"道德"腐化之反映。蔟南欲將拉摩惡化之全部責任,加在第德諾和物質論哲學上面。這自然完全是蔟南之天主教徒的精神。然而我們看到,即是觀念論者黑格不得不將第德諾底"意識",形容之爲正確的、當者的意識，並給他以正當的歷史評價。

然則蓀南是有何目的？他是必須證明基督教，天主教比無神的物質論爲優越。他是在這種精神之中，來寫整部的小說。拉摩被變成爲有信仰的基督徒，因此他是比無神之人第德諾爲優越，似乎第德諾在拉摩言辭影響之下開始動搖而懷疑到自己底正當。全部蓀南底結構，是人爲的和虛構的，因爲他是違反歷史事實。然而這種結構，除認爲菲力浦時代法國中產階級之“精神”外，沒有更好的形容了。

敬 啟

“民國專題史”叢書，乃民國時期出版的著名學者、專家在某一專題領域的學術成果。所收圖書絕大部分著作權已進入公有領域，但仍有極少圖書著作權還在保護期内，需按相關要求支付著作權人或繼承人報酬。因未能全部聯系到相關著作權人，請見到此説明者及時與河南人民出版社聯系。

聯系人 楊光
聯系電話 0371-65788063
2016年3月28日